정보처리기술사, 감리사, 기사 수험생을 위한

COMPUTER ARCHITECTURE AND OPERATING SYSTEM

핵심 컴퓨터구조 및 운영체제 해설

최종언 저

예문사

PREFACE | 머리말

최근 급변하는 환경 속에서 IT 업계의 변화 또한 점점 가속화되면서 미래에 대한 예측은 더욱 어렵게 되었습니다.

이처럼 미래에 대한 불확실성이 심각해지다보니 관련 분야에서 일하고 있는 분들의 자격증에 대한 필요성이 나날이 높아지고 있습니다. 하지만 자격증을 취득한다는 것이 말처럼 쉽지 않아 의욕적으로 시작했다가도 이런 저런 이유로 중간에 포기하는 분들이 많습니다.

또한 준비기간이나 쏟아 부어야 할 노력의 양이 엄청난 기술사, 감리사 등의 시험을 준비하시는 분들 중 대부분은 현업에서 일을 하고 있습니다. 따라서 공부할 시간적 여유가 턱없이 부족하고, 대부분이 전공자가 아닌 수험자들이기 때문에 CA, OS와 같은 과목들은 어려워 할 수밖에 없습니다.

그런데 CA, OS를 공부하는 방식을 보면 대부분의 수험자가 전체적인 흐름을 이해하지 못한 채 각각의 토픽만 암기하는 수준의 공부를 합니다. 사실 모든 공부가 그렇듯 CA, OS 과목 역시 서로 간에 많은 연관 관계가 있기 때문에 이를 이해하고 공부하면 훨씬 효과적으로 쉽게 공부할 수 있습니다.

따라서 이 책에서는 먼저 전체적인 그림을 설명합니다. 이어서 핵심사항을 요약적으로 설명하고 부가적으로 핵심사항과 연관된 항목들을 추가 설명합니다. 이로써 전체적인 흐름과 맥락을 놓치지 않은 채 각각의 기술이 어떻게 연관되는지 쉽게 알아볼 수 있게 되는 것입니다.

이러한 기술방식은 시간이 부족한 수험생들이 짧은 시간에 효율적인 공부를 하는 데 있어 매유 유용한 방식이 될 것입니다. 또한 대학교재 형식이 아닌 기술사 시험답안 형태로 필요한 부분만 기술하여 실전에 대한 감각을 충분히 익힐 수 있도록 하였습니다. 이러한 구성의 특징을 알고 잘 활용한다면 분명히 좋은 안내서가 되리라 믿습니다.

이렇듯 여러 가지로 최선을 다했음에도 불구하고 아쉬움을 느끼는 것은 많은 내용을 한 권의 책에 담으려다 보니 어쩔 수 없는 일이겠으나 핵심이 되는 내용들은 빠지지 않고 다루었으므로 독자 여러분들께서 모쪼록 충실히 활용해 주시기를 기대해 봅니다.

끝으로 출간을 위해 여러 가지로 도와주신 필패스 기술사회 기술사님들, 그리고 도서출판 예문사에 감사의 마음을 전합니다.

2018. 4
최종언 드림

CONTENTS
목차

PART 01 | Computer Architecture

제1장 컴퓨터시스템 구성 — 001
1. 기본구조 — 003
2. 폰 노이만, 하버드 — 008
3. CISC/RISC — 012
4. 명령어 개요 — 016
5. 시스템 BUS — 019

제2장 CPU 구성 및 역할 — 023
1. CPU 구조 — 025
2. Control Unit — 030
3. ALU(Arithmetic and Logical Unit) — 035
4. 명령어 Set — 038
5. 명령어 파이프라이닝 — 044

제3장 Memory — 051
1. 계층적 기억장치 — 053
2. 캐시메모리 — 064
3. 메모리 인터리빙 — 074
4. 가상기억장치 — 080
5. 차세대 메모리 — 091

제4장 Disk — 095
1. DISK 구조 및 관리 — 097

제5장 I/O 처리 — 107
1. I/O 장치 — 109
2. I/O 처리방식 — 119

PART 02 | Operation System

제1장 운영체제 개관

1. 운영체제 기능 및 역할 ·· 129

제2장 프로세스 관리

1. 프로세스 개념 ··· 143
2. 프로세스 동기화 ·· 153
3. 교착상태 ·· 163
4. CPU 스케줄링 ·· 173
5. Context Switching ·· 183
6. 커널 관리 ··· 189

제3장 입출력시스템

1. Application 입출력 인터페이스 ··· 197
2. Application과 커널 간 통신방법 ·· 200

PART 03 | 응용

제1장 병렬처리 컴퓨터 기술   209
    1. 병렬처리 컴퓨터의 개요 ·· 211
    2. 멀티코어 ··· 221

제2장 고가용성 컴퓨팅 기술   227
    1. 구축기법 및 구축유형 ·· 229

제3장 스토리지 구성 기술   241
    1. 스토리지 분류 및 가상화 ·· 243

제4장 기타   255
    1. 서버 가상화 ··· 257
    2. 도커(Docker) ··· 263
    3. JVM ··· 266
    4. 하둡(Hadoop) ··· 273
    5. 하둡 2.0(Hadoop 2.0) ·· 278
    6. 스파크(Spark) ··· 282
    7. 스톰(Storm) ·· 285

COMPUTER ARCHITECTURE AND OPERATING SYSTEM

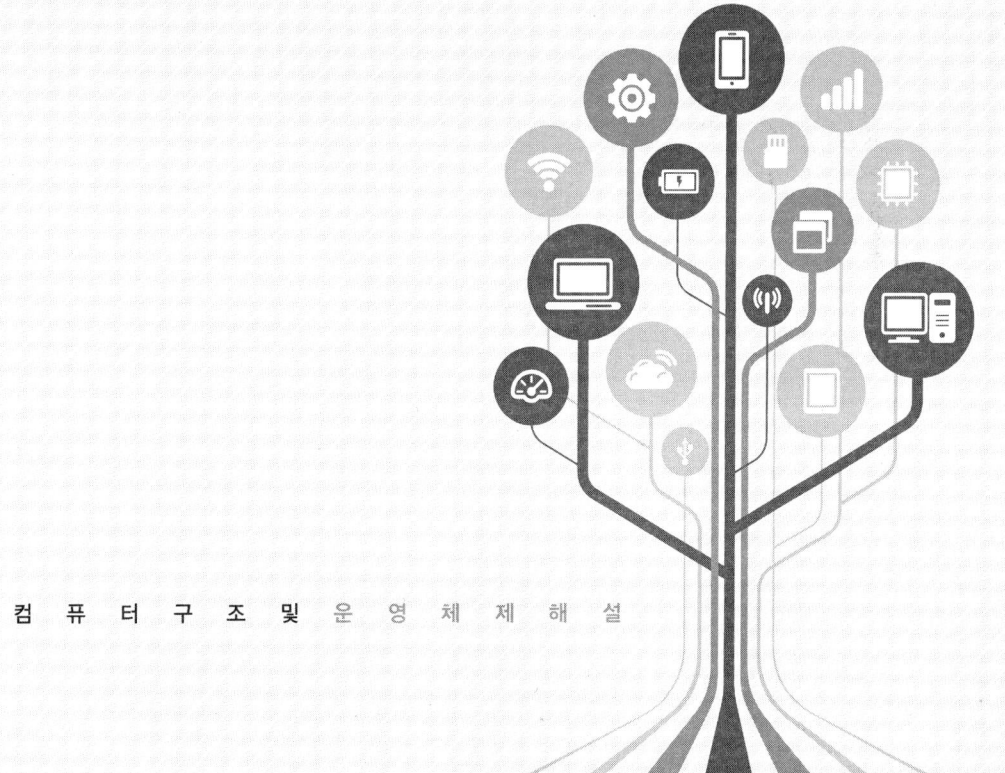

컴 퓨 터 구 조 및 운 영 체 제 해 설

PART 01
Computer Architecture

CHAPTER 01 컴퓨터시스템 구성

SECTION 01 | 기본구조
SECTION 02 | 폰 노이만, 하버드
SECTION 03 | CISC/RISC
SECTION 04 | 명령어 개요
SECTION 05 | 시스템 BUS

SECTION 01 기본구조

CHAPTER 01 컴퓨터시스템 구성

핵심 요약(Key point summary)

1 컴퓨터시스템의 기본구성

```
응용 소프트웨어 (Application Software)
시스템 소프트웨어(System Software)
하드웨어(Hardware)
```

구분	설명
H/W	컴퓨터 정보들의 전송 통로를 제공해 주고, 그 정보에 대한 처리가 실제 일어나게 해주는 물리적인 실체들 CPU, Memory, Hard Disk, Bus 등의 컴퓨터 구성장치 및 프린터, 백업장치 등의 주변장치를 포함
S/W	정보들이 이동하는 방향과 정보 처리의 종류를 지정해주고, 그러한 동작들이 일어나는 시간을 지정해주는 명령(command)들의 집합 시스템 소프트웨어(system software) : OS(Windows, UNIX, Linux 등) 응용 소프트웨어(application software) : 워드프로세서, 웹 브라우저, MS-Excel 등

2 컴퓨터의 기본구조 및 구성요소

가. 컴퓨터의 기본구조도

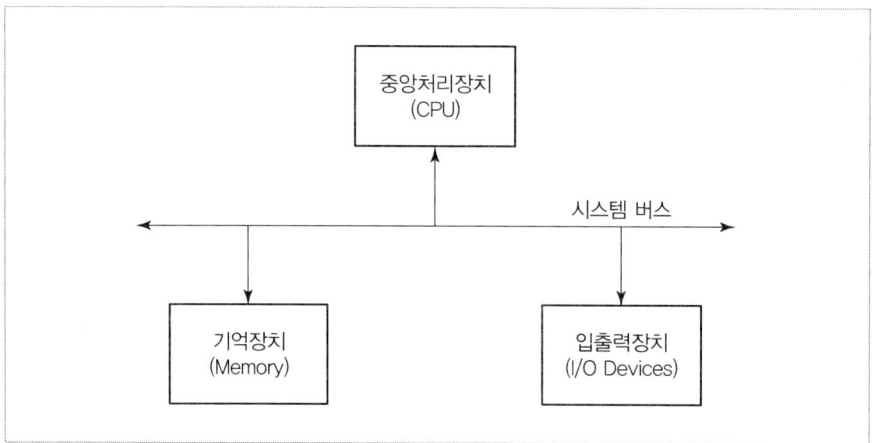

주요기능 : 컴퓨터 프로그램 코드들을 정해진 순서대로 실행
1. 필요한 Data read → 2. 처리(Processing) → 3. 저장(Store) 하는 일련의 순서를 실행하는 주요 기능임

나. 컴퓨터의 주요 구성요소

구분	설명
중앙처리장치 (CPU)	■ 프로세서(processor) • '프로그램 실행'과 '데이터 처리'라는 중추적인 기능의 수행을 담당하는 요소 • Data 처리 길이에 따라 32비트와 64비트 CPU로 구분되며 최근에는 서버용과 PC용에서 64비트를 많이 쓰고 있는 추세임 • 사람의 두뇌 역할을 하는 컴퓨터의 주요장치
기억장치 (Memory)	■ 캐시 기억장치 • CPU와 주기억장치 간의 속도 차를 보정해주기 위해 사용하는 고속처리가 가능한 기억장치 ■ 주기억장치(main memory) • CPU 가까이 위치하며, 반도체 기억장치 칩들로 구성 고속 액세스 • 가격이 비싸고 면적을 많이 차지 → 저장 용량의 한계 • 영구 저장 능력이 없기 때문에, 일시적 저장장치로만 사용 • 최근에는 비휘발성 고속 액세스 메모리 개발하여 부분적으로 사용 중(SCM, Storage Class Memory)

기억장치 (Memory)	■ 보조저장장치(auxiliary storage device) • 2차 기억장치(secondary memory) • 기계적인 장치가 포함되기 때문에 저속 액세스 • 저장 밀도가 높고, 비트당 비용이 저가 • 영구 저장 능력을 가진 저장장치 : 하드 디스크(hard disk), 플래시 메모리 (flash memory) 등
입출력장치 (I/O device)	• 입력장치(input device), 출력장치(output device) • 사용자와 컴퓨터 간의 대화를 위한 도구 • 전통적으로 키보드, 모니터 등으로 대표되나 현재는 터치스크린, 3차원 홀로그래픽 등 다양한 장치들이 개발되고 있다. • 주요 특징 중 하나는 각 입출력장치는 사용 Data 크기도 다르고 명령어도 달라 CPU와 직접 연결하여 사용하기에는 비효율적이다. 그래서 각 I/O 장치별 제어기가 있어 CPU와의 통신을 통해 장치의 동작을 제어하고 Data를 제어한다.

각 구성요소별 상세 설명은 다음 장부터 별도로 하겠지만 일단 개략적인 설명을 하면, 컴퓨터 기본 요소 중 가장 핵심이 되는 것은 CPU이다. 그러나 CPU만 있어서는 컴퓨터가 제 기능을 하지 못한다. CPU와 기억장치 및 I/O 장치가 연결되어 서로의 상태와 Data를 주고받아야 한다. 이 부분도 뒷부분에서 자세히 설명하겠지만 여기에서는 CPU와 기억장치 및 I/O 장치들이 어떻게 서로 접속되고 상호 작용하는지 간략히 설명하도록 한다.

■ **CPU와 기억장치의 접속**

CPU와 시스템 내의 다른 요소들 사이에 정보를 교환하는 통로가 되는 시스템버스를 통해 정보를 소통하게 된다.

시스템버스는 주소버스(Address Bus), 데이터버스(Data Bus), 제어버스(Control Bus)로 구성되며 주소버스(Address Bus)는 CPU가 외부로 발생하는 주소정보를 전송하는 신호선들의 집합이다.

이 주소선들의 수는 CPU와 접속될 수 있는 최대 기억장치 용량을 결정해준다.

예를 들어 주소버스의 폭이 16비트이면 최대 2^{16}, 즉 64K의 기억장소를 지정해 줄 수 있다. 데이터버스(Data Bus)는 CPU가 기억장치 혹은 I/O 장치와의 사이에 데이터를 전송하기 위한 신호선들의 집합이다. 데이터버스의 폭은 CPU가 한 번에 전송할 수 있는 데이터의 비트 수를 결정해준다.

예를 들어 데이터 버스가 32비트인 시스템에서는 CPU가 기억장치로부터 한번에 32비트씩 읽어올 수 있다.

제어버스(Control Bus)는 CPU가 시스템 내의 각종 요소들의 동작을 제어하는 데 필요한 신호 선들의 집합이다.

제어 신호선 들의 수는 CPU에 따라 혹은 시스템 구성에 따라 달라진다. 기본적인 제어 신호들로는 기억장치 읽기/쓰기(memory read/write), I/O 읽기/쓰기(I/O read/write)신호가 있다.

주소는 CPU에 의해 발생되어 기억장치와 I/O 장치로 보내지는 정보이기 때문에 주소버스는 단방향성이다. 반면에 데이터 버스는 읽기와 쓰기 동작을 모두 지원해야 하므로 양방향 전송이 가능해야 한다.

■ **CPU와 I/O 장치의 접속**

I/O 장치에는 외부와의 데이터 입력 및 출력을 위한 각종 주변장치들(키보드, 모니터, 마우스, 프린터, 백업장치 등)이 모두 포함된다.

보조저장장치들도 CPU가 직접 제어하거나 액세스하지 못하고 I/O 장치들과 마찬가지로 별도의 인터페이스 회로 혹은 제어기를 통해야 하기 때문에 I/O 장치들과 같은 방법으로 CPU와 접속되어야 한다.

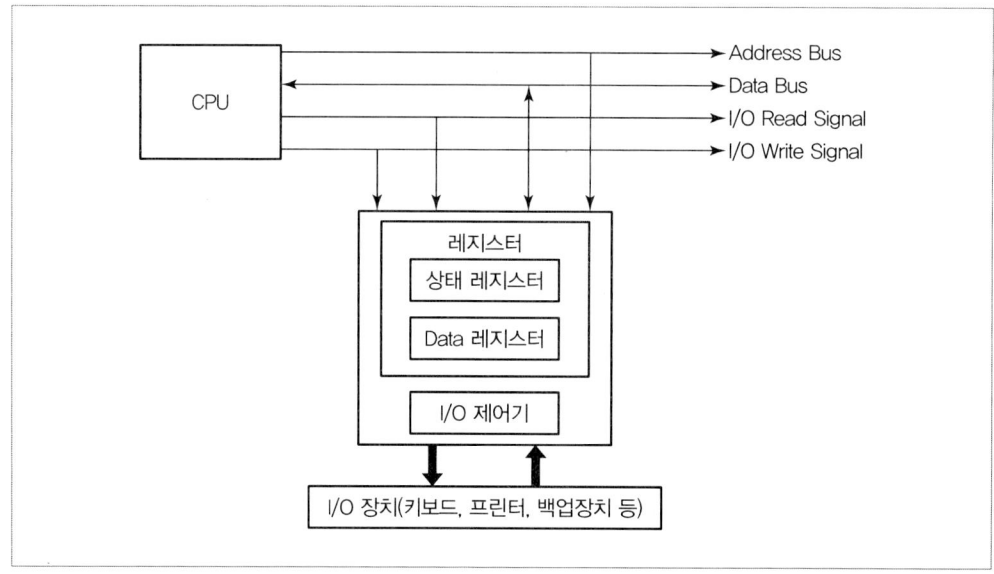

[CPU와 I/O 장치들 간의 접속 사례]

I/O 장치 제어기

① 기능

CPU로부터 I/O 명령을 받아서, 해당 I/O 장치를 제어하고, 데이터를 이동함으로써 명령을 수행하는 전자회로장치(예 키보드 제어기, 프린터 제어기 등)이다.

② I/O 제어기가 필요한 이유

각 I/O 마다 다른 명령어와 Data 크기 및 CPU에 비해 실행속도가 현저히 떨어지기 때문에 CPU와 직접 연결하여 장치를 제어하기에는 무리가 있다. 이에 CPU와 I/O 장치 사이에 제어기를 두어 이러한 처리를 위임하는 것이다.

상태 레지스터는 I/O 장치의 현재 상태를 나타내는 비트들을 저장하는 레지스터로 준비상태(RDY) 비트, 데이터 전송확인(ACK) 비트 등을 저장하는 레지스터이다.

데이터 레지스터는 CPU와 I/O 장치 간에 이동되는 데이터를 일시적으로 저장하는 레지스터로 CPU와 I/O 장치 사이에 임시저장 장소 역할을 하기 때문에 데이터 버퍼라고 부르기도 한다.

SECTION 02 폰 노이만, 하버드

CHAPTER 01 컴퓨터시스템 구성

핵심 요약(Key point summary)

1. 폰 노이만 아키텍처와 하버드 아키텍처

가. 개념 비교

폰 노이만 아키텍처	하버드 아키텍처
• 하나의 메모리에 명령어와 데이터가 모두 저장되는 구조	• 서로 다른 메모리에 명령어와 데이터가 각각 저장되는 구조

나. 도입 배경

폰 노이만 아키텍처	하버드 아키텍처
• 유연하고 일반적인 목적의 컴퓨팅 • 개발자/사용자에 의해 저장된 프로그램 실행 • Stored Programed 방식의 메모리 중심 구조	• 하버드 마크 I의 릴레이를 사용한 극히 작은 메모리 영역으로 인한 버스 분리가 가능한 구조 • 읽기/쓰기의 병목현상 문제 해결 • H/W 발전과 시스템 자원의 가격 하락

2. 폰 노이만과 하버드 아키텍처의 비교

가. 폰 노이만과 하버드 아키텍처의 구조적 비교

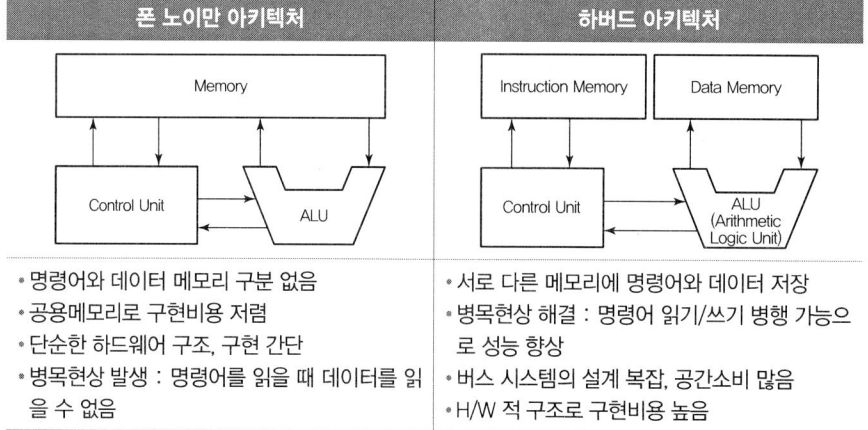

폰 노이만 아키텍처	하버드 아키텍처
• 명령어와 데이터 메모리 구분 없음 • 공용메모리로 구현비용 저렴 • 단순한 하드웨어 구조, 구현 간단 • 병목현상 발생 : 명령어를 읽을 때 데이터를 읽을 수 없음	• 서로 다른 메모리에 명령어와 데이터 저장 • 병목현상 해결 : 명령어 읽기/쓰기 병행 가능으로 성능 향상 • 버스 시스템의 설계 복잡, 공간소비 많음 • H/W 적 구조로 구현비용 높음

나. 폰 노이만과 하버드 아키텍처의 특징 비교

구분	폰 노이만 아키텍처	하버드 아키텍처
처리방식	• 메모리에 저장된 프로그램의 특정지점부터 실행 • 명령어와 데이터 구분 없이 주어진 내용 전체를 실행함	• 명령어와 데이터 구분이 가능하므로 동시 접근 수행 가능 • 현재 명령을 마침과 동시에 다른 명령어 실행 가능
저장	• 데이터와 명령어 구분 없이 해석하는 프로그램에 따라 의미가 구분	• 분리된 저장 공간별로 다른 크기의 주소 크기 사용(word/byte 단위)
명령어 코드 변경	• 데이터와 동일한 형태로 명령어 코드 수정 가능(동적 프로그램 수행 변경) • 해킹에 악용될 우려 있음	• 명령어 코드 수행 중 수정 불가능함
장점	• Stored Architecture의 기본 개념 제시 • 공유 메모리 사용으로 구현이 쉽고 저렴함	• 파이프라인 기술 사용을 위한 최적의 환경(구조적 해저드 제거)
단점	• 파이프라인 구조적 해저드 발생 • 병목현상 발생	• 별도 메모리 사용으로 구현 비용 증가 및 회로구조 복잡

다. 폰 노이만과 하버드 아키텍처의 활용 비교

구분	폰 노이만 아키텍처	하버드 아키텍처
활용분야	• 외부의 대용량 메모리 접근을 위해 고성능 CPU에 사용 • 인텔 계열의 CPU에 주로 사용	• 소형 마이크로 컨트롤러 구현시 높은 성능 향상 효과(Havard+RISC) • 임베디드 소형 프로세서(ARM 계열)
고려사항	• 외부 메모리 접근 위한 캐시메모리 크기, CPU Prediction 알고리즘에 따라 성능이 크게 좌우 • 최근 CPU 성능 향상으로 Harvard 아케텍처와 차이가 줄어듦	• 명령어/데이터 병행처리의 높은 사용이 가능한 소형 CPU와 임베디드 시장에서 강세 • 높은 안정성 보장을 위한 언어적 측면의 컴파일러 개발 필요

- 단순 MCU 개발 : 폰 노이만 구조가 성능은 불리하지만 저비용 소형 MCU 등에서는 유리함
- 고성능 DSP 개발 : 최신 ARM, TI DSP 등에서는 명령어와 데이터 메모리 분리한 하버드 채택

3 폰 노이만 아키텍처의 문제점과 해결방안

가. 폰 노이만 아키텍처의 문제점

- CPU 비효율적 활용 : 한 번에 하나의 명령어 처리로 상대적으로 빠른 속도의 CPU를 비효율적으로 사용함
- 주기억장치 병목현상 : 명령어와 데이터를 동일 메모리에 저장하기 때문

나. 폰 노이만 아키텍처의 문제점 해결방안

구분	기술	세부 기술
병렬처리개념 도입	병렬처리기법	• Pipeline, Super Pipeline, Super Scalar, VLIW, EPIC
	멀티 프로세서	• SMP(Symmetric Multi processor) • MPP(Massively Parallel Processor)
주기억장치 병목 해결	버스 분리	• 명령어와 데이터용 버스의 분리
	Memory Controller 내장	• CPU에 Memory Controller 내장 방식 도입(사례. 인텔 네할렘 아키텍처)
	캐시 메모리	• CPU와 주기억장치 사이에 고속의 캐시메모리를 계층적으로 구성(사례 : 인텔 L1/L2/L3 캐시 구성)
구조적 해결	Harvard 아키텍처와 병행	• Harvard : 칩에 내장된 캐시 메모리는 명령어 캐시와 데이터 캐시로 분리하여 사용 • 폰 노이만 : 캐시가 적중하지 못한 경우 데이터를 데이터와 명령어로 구분되지 않은 메인 메모리에서 가져옴

폰 노이만 아키텍처와 하버드 아키텍처의 가장 큰 차이점은 메모리 영역을 명령어와 Data를 공유해서 사용하는 것인지 아니면 명령어 영역과 Data 영역을 별도로 분리하여 사용하는 것인지가 핵심이다.

1. 폰 노이만 아키텍처
    ① 프로그램 내장 방식(이전 컴퓨터는 새 계산시마다 H/W의 조정 필요)
    ② CPU는 한 번에 단 하나의 명령어만 실행가능(SISD)
        모든 명령어는 순차 처리(Fetch → Decode → Execute → Stored의 Cycle)
    ③ 데이터와 명령어의 메모리 공유 특징을 가지고 있다.

2. 하버드 아키텍처
    ① 폰 노이만 구조의 문제점 극복을 위해 명령어와 데이터 메모리가 구분되어 병렬적으로 작업이 처리되도록 구현된 폰 노이만을 변형한 컴퓨터 아키텍처

② 메모리를 분리하여 파이프라인 사용 시 최적의 환경 제공

프로그램 실행 순서인 Fetch → Decode → Execute → Store의 4단계를 반복하는 것에서 아이디어를 얻어 상호 불간섭 공간영역(메모리)에서 작업을 진행하여 동시에 각 단계가 중첩되어 동시 진행(병렬 처리) 특징을 가지고 있으며 이런 구조적 특징으로 폰 노이만 아키텍처는 Micro programmed 방식에 적합하고 하버드 아키텍처는 Hard wired 방식이 적합하다. 이는 곧 CISC 구조와 RISC 구조로 분류할 수 있다.

일반적으로 폰 노이만 아키텍처를 CISC, 하버드 아키텍처를 RISC라고 생각하고 있는 사람들이 많다. 어느 정도 맞는 이야기이긴 하지만 정확한 이야기는 아니다.

즉 폰 노이만은 메모리 영역을 명령어와 Data를 공유하여 사용하기 때문에 물리적으로 하버드 아키텍처에 비해 간단하다. 그러므로 하버드 아키텍처에 비해서 복잡한 명령어 회로를 많이 만들 수 있기 때문에 폰 노이만 아키텍처가 CISC 명령어 컴퓨터에 적합한 것이지, 꼭 폰 노이만 아키텍처가 CISC이지는 않다.

SECTION 03 CISC/RISC

CHAPTER 01 컴퓨터시스템 구성

핵심 요약(Key point summary)

1 전자계산기 명령어 집합 구조, CISC와 RISC의 개요

가. CISC와 RISC의 개념

CISC	• Complex Instruction Set Computer • 복잡한 명령처리를 하나의 명령어로 실행할 수 있도록 다수의 복잡한 명령어를 H/W화 한 복합 명령형 컴퓨터 • 가변길이 명령어 구조를 가진 Computer
RISC	• Reduced Instruction Set Computer • 복잡한 명령을 단순한 명령어들의 조합으로 처리할 수 있도록 소수의 단순한 명령어를 H/W화한 축소 명령형 컴퓨터 • 고정 길이 명령어 구조를 가진 computer

나. 명령어 집합 구조의 등장 배경 및 변천 과정

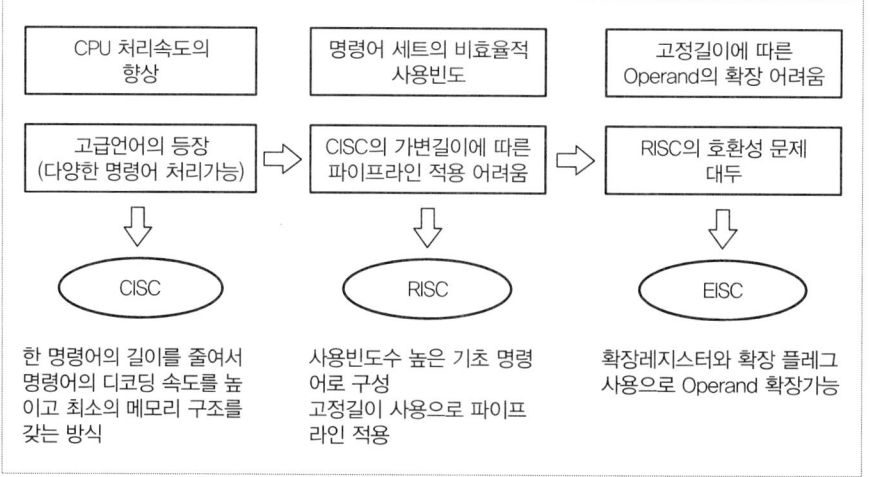

가변길이와 복잡한 회로구조인 CISC에서 사용 빈도수가 높은 기초 명령어 기반의 고정길이인 RISC의 등장과 RISC의 간결성과 CISC의 확장성을 동시에 갖춘 EISC로 발전함

❷ CISC와 RISC의 명령어 형식 및 비교

가. CISC와 RISC의 명령어 형식 비교

CISC	RISC
1Byte: Op-Code 2Byte: Op-Code Op-Code / Op-Code Operand 3Byte: Op-Code Op-Code Operand / Op-Code Operand Operand 4Byte: Op-Code Op-Code Operand Operand	Op-Code Operand1 Operand2 ← 32비트로 고정 →

- CISC : 필요한 정보만을 명령어로 저장(가변길이) 하므로 낭비되는 코드를 줄일 수 있으며 이에 따라 프로그램 크기도 작아짐
- RISC : 32비트의 고정된 명령어 길이로 파이프라인 적용 용이

나. CISC와 RISC의 비교

구분	CISC	RISC
명령어 수	많음	적음
명령어 형식	복잡함	단순함
명령어 길이	가변적임	고정적임
명령어 호환성	유리(명령어 추가 용이)	불리(명령어 추가 제한적)
CPI	1보다 큼	1에 가까움
컴파일러	단순함	복잡함
제어장치	Micro-Program 방식	Hard-Wired 방식
주소 지정방식	복잡함	단순함
메모리 접근 명령	대부분의 명령어가 가능함	Load/Store 명령만 가능함
레지스터 수	적은 편	많은 편
활용 사례	Intel 계열(x86)	ARM, MIPS

CISC와 RISC의 장점을 혼합하여 구성한 명령어 집합구조인 EISC에 대해 알고 있을 필요가 있다. 이미 기술사 시험에 나왔고 향후 나올 확률이 있으므로 숙지하고 있어야 한다.

CHAPTER 01 컴퓨터시스템 구성

1. CISC, RISC의 혼합 명령어 집합구조, EISC의 개요
   가. EISC(Extensible Instruction Set Computer)의 개념
      오퍼랜드 부분을 OP코드와 독립적으로 구성하여 OP코드가 필요로 하는 길이만큼 오퍼랜드를 확장하도록 하는 명령어 구조
   나. EISC의 등장 배경
      RISC의 확장성 문제 : 확장 레지스터와 확장 플래그 사용으로 operand 확장 가능

2. EISC의 명령어 집합 구조와 주요 특징
   가. EISC의 명령어 집합 구조

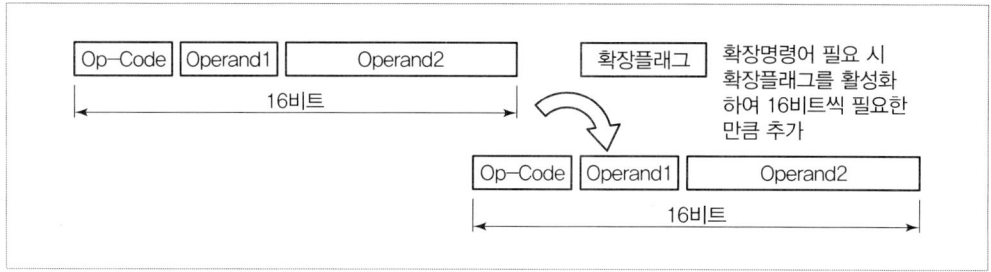

확장 명령어는 확장 레지스터의 값에 새로운 값을 추가해 새로운 확장 데이터를 확장 레지스터에 넣고 확장 플래그를 활성화시킴으로써 필요한 크기의 오퍼랜드를 만듦

   나. EISC의 특징

주요 특징	상세 설명
높은 코드 밀도	• 16비트 오퍼랜드를 가지는 구성으로 필요한 만큼 오퍼랜드를 확장하는 방식을 사용하여 프로그램 크기가 작아짐
효율적인 CPU 아키텍처	• 오퍼랜드를 필요한 길이만큼 확장하는 구조로 16/32/64 비트 모두에서 사용 가능
저전력	• 기존 CPU 대비 H/W 구조가 간단하고 코드 밀도가 높아 전력 소모가 적음

모든 명령어가 16비트 크기를 갖고, 확장 명령어로 오퍼랜드를 필요한 만큼만 확장함으로써 높은 코드 밀도를 가짐

다. 명령어 집합 구조의 비교

구분	CISC	RISC	EISC
특징	• 복합 명령어 구조 • H/W 구조 복잡	• 32비트 고정 명령어 구조(H/W 구조 간단)	• 16비트 고정 명령어 구조(H/W 구조 간단) • 확장 명령어 개발
CPU 명령	• 다수의 명령어 • 명령어별 길이 다양함 (실행 사이클 다양)	• 명령어 길이 고정 • 실행 사이클 동일	• 16비트 명령 사용하여 32비트 데이터 처리
회로 구성	• 복잡함	• 단순함	• 단순함
메모리 사용	• 높은 밀도 메모리	• 낮은 밀도 메모리 사용(비효율적)	• 코드밀도가 높음 • 임베디드 시스템 유리
프로그램 코드 사이즈	• 작음(130~140)	• 큼(160~180)	• 가장 작음(100)
프로그램 측면	• 적은 명령어 사용	• 많은 명령어 사용 • 파이프라인 사용	• RISC보다 더 깊은 파이프라인 가능
컴파일러	• 복잡함(다양한 명령어 사용)	• 단순함(소수 명령어 사용)	• 특수 컴파일러 사용 • 국산 기술에 의해 개발(ADC corp)

CISC, RISC, EISC를 공부할 때 명령어의 종류, 형식, 길이 등 즉 명령어에 초점을 맞추어 생각해야 한다. 종종 명령어에 초점을 두지 않고 폰 노이만, 하버드 아키텍처에 초점을 맞추어 공부를 하는 수험자들을 보았는데, 상호 연관관계는 있지만 CISC=폰 노이만, RISC=하버드 식의 연결은 문제가 있다. 이러한 오류를 범하지 말길 바란다.

CISC는 명령어 종류와 길이 형식이 다양하며 이는 곧 프로그래밍을 유연하게 할 수 있다는 장점이 있는 반면에 해당 명령어들을 해석하고 각각을 실행하는 메커니즘이 복잡함을 의미한다. 이는 곧 성능 저하와 연결될 수 있는 부분이다.

RISC는 CISC와 반대로 명령어의 종류가 적고 길이 또한 일정하기 때문에 명령어를 해석하고 실행하는 메커니즘이 단순하고 기계적이다. 이는 곧 성능 향상과 연결될 수 있으나 기계적으로 처리를 하기 때문에 프로그래밍의 유연성은 CISC에 비해 떨어지게 된다.

EISC 방식은 에이디칩스에서 개발한 임베디드 프로세서용 RISC 기반 명령어 집합으로 RISC를 기반으로 RISC의 간결성과 CISC의 확장성을 동시에 내장하는 방식으로 오퍼랜드 부분을 OP코드와 독립적으로 구성하여 OP코드가 필요로 하는 길이만큼 오퍼랜드를 확장하도록 하는 명령어 구조이다. 즉 오퍼랜드 부분을 고정된 길이만큼 확장하여 RISC의 단점을 보완한 방식이다.

SECTION 04 명령어 개요

CHAPTER 01 컴퓨터시스템 구성

핵심 요약(Key point summary)

1 개요

가. 명령어의 정의
- 특별한 동작(사용자나 시스템이 원하는)을 수행하게 하는 비트들의 집합
- 사용자가 원하는 연산, 오퍼랜드, 처리 순서를 프로세서에게 지시하는 명령문
- 순차 처리되는 Stored Program 구조

나. 명령어의 종류

종류	설명	명령어
데이터 전송	레지스터 간, 레지스터와 기억장치 간, 기억장치 간 데이터 전송	LDA(Load Address) STA(Store Address)
데이터 처리	데이터에 대해 수행할 연산을 부여해 주는 것으로 산술 및 논리연산 등으로 분류	산술연산 : ADD 논리연산 : AND
프로그램 제어	명령어 실행 순서를 변경하는 연산	BUN

2 명령어의 기본구조와 기본실행

가. 명령어의 기본구조

I	연산코드(OP Code)	오퍼랜드(addr)

구분	설명
연산코드	• CPU가 처리할 연산내용이 저장되는 부분으로 4bit 공간으로 구성되어 있으면 2^4 즉 16개의 연산을 할 수 있다. • Operation 지정, 산술/논리/시프트 연산, Micro Operation들의 집합

오퍼랜드	• OP Code가 사용할 Data의 주소 혹은 Data를 저장하는 저장장소이며 여러 가지 활용방식이 존재함 • 데이터(피연산자, Operand) 저장, 또는 레지스터나 메모리의 주소를 지정
I	• Addressing 모드 비트 • 주소지정방식을 식별 • I=1 이면 간접주소 지정방식, 0 이면 직접주소 지정방식임 • 프로세서마다 다름(점선으로 표시한 이유)

나. 명령어의 기본실행

CPU가 한 개의 명령어를 실행하는 데 필요한 전체 과정을 명령어 사이클이라고 한다. 그리고 명령어 사이클은 CPU가 기억장치로부터 명령어를 읽어오는 명령어 인출(Instruction fetch) 단계와 인출된 명령어를 실행하는 명령어 실행(instruction execution) 단계로 이루어진다.

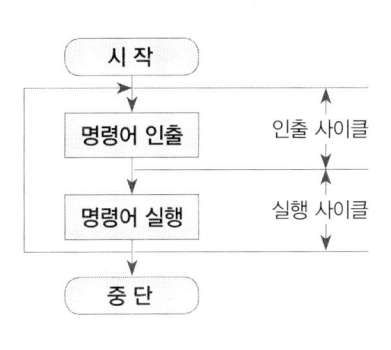

- 명령어 인출 단계 : 기억장치에 지정된 주소로부터 CPU로 한 번에 한 개 씩의 명령어를 가져오는 과정
  ※ 인출 단계 마이크로 연산 표현
   1 : MAR ← PC
   2 : MBR ← M(MAR), PC ← PC+ 1
   3 : IR ← MBR
- 명령어 실행 단계 : 기억장치에서 가져온 명령어를 수행하는 과정
  데이터 이동/데이터 처리/데이터 저장
  프로그램 제어 등을 하는 과정임

명령어는 기본적으로 어떤 동작을 할지를 저장하는 OP Code와 명령어가 실행하면서 필요한 Data의 주소나 실제 Data를 저장하는 저장영역인 오퍼랜드로 구성된다. 하지만 OP 코드와 오퍼랜드의 구성형식은 아래와 같이 다양하다.

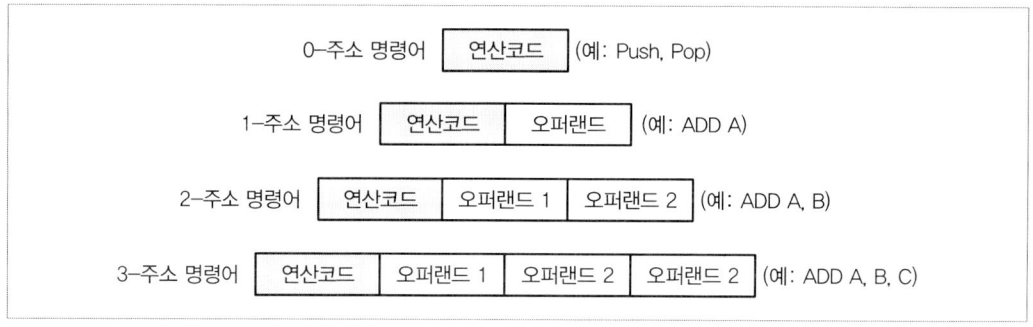

0-주소 명령어	• 연산코드만으로 명령어 구성 • 스택 구조의 컴퓨터에서 사용되고 연산속도가 가장 빠름 • PUSH A/PUSH B/ADD/POP X 등
1-주소 명령어	• 연산코드와 1개의 오퍼랜드 부분으로 명령어 구성 • 모든 데이터의 처리가 누산기(Accumulator)에 의해 이루어짐 • LOAD A/ADD B/STORE X 등
2-주소 명령어	• 연산코드와 2개의 오퍼랜드 부분으로 구성 • 오퍼랜드 부분에는 레지스터나 기억장치 주소를 지정함 • MOVE A, R1/ADD B, R1/MOVE R1, X 등
3-주소 명령어	• 연산 코드와 3개의 오퍼랜드 부분으로 구성 • 오퍼랜드 부분에는 레지스터나 기억장치 주소, 연산결과 저장을 위한 주소를 지정함 • 프로그램 길이를 짧게 할 수 있으나 하나의 명령어 길이가 길어짐 • ADD A,B, R1 : R1 ← M(A) + M(B)

오퍼랜드의 개수가 많아질수록 프로그래밍의 유연성은 커지나 계산과정이 복잡해진다.
즉 0,1,2,3 주소 명령어로 갈수록 느린 속도, 짧은 프로그램, 긴 명령어 특징이 있으며, 반대의 경우에는 빠른 속도와 긴 프로그램과 짧은 명령어의 특징을 가지게 된다.

그리고 오퍼랜드의 주소지정방식은 추후 상세히 설명하겠지만 직접, 간접, 레지스트리 직접, 레지스트리 간접, 변위, 즉치 지정방식으로 분류된다.

명령어의 실행은 기본적으로 명령어 인출과 명령어 실행으로 분류되지만 세부적으로 나누면 아래와 같다.

IF(instruction fetch) → ID(Instruction Decode) → IE(Instruction Execution) → WB(Write Back) 즉 명령어를 Fetch한 후 명령어를 해석하고 해석된 명령어를 실행하고 실행된 결과를 Write하는 것이 기본적인 명령어 실행 과정이다.

이 실행과정을 일정한 크기로 분할하여 Hard Wired Control하는 것이 RISC이고 여러 가지의 다양한 크기의 명령어를 이용하여 Micro Programed Control하는 형식이 CISC이며 이 두 가지 장점을 합쳐 놓은 것이 EISC이다.

SECTION 05 시스템 BUS

CHAPTER 01 컴퓨터시스템 구성

핵심 요약(Key point summary)

1 CPU 주기억장치, 입출력장치들의 상호접속장치 시스템 BUS의 개요

가. 시스템 BUS의 개념도 및 정의

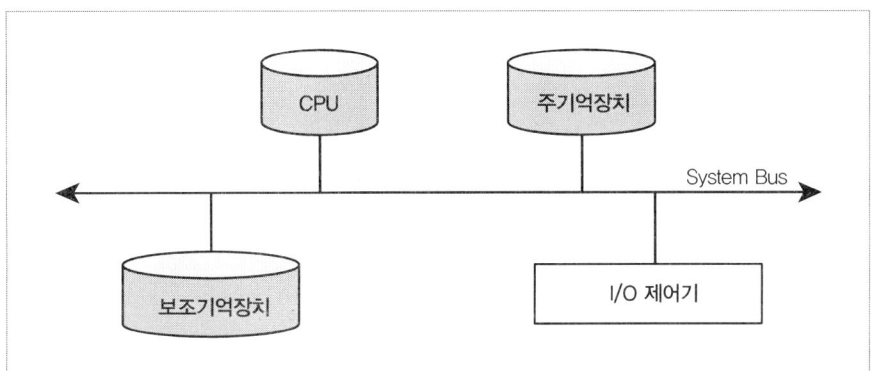

컴퓨터시스템의 구성 요소들(CPU, 기억장치, I/O 장치들)을 상호 연결해주는 중심 통로

나. 시스템 BUS의 종류

종류	설명
데이터 버스	시스템 요소들 사이에 데이터를 전송하는 데 사용되는 선들의 집합
주소 버스	CPU가 기억장치로(혹은 기억장치로부터) 데이터. 쓰기 및 읽기 동작을 할 때 해당 기억장치를 지정하기 위한 주소를 전송하는 선들의 집합
제어 버스	CPU로부터 명령어가 해석되고 제어를 위한 선으로 제어 신호선들은 고유의 기능을 가지고 있다.

2 시스템 BUS의 세부 내용 및 기본동작

가. 시스템 BUS 세부 내용

종류	세부 내용
데이터 버스	• CPU가 기억장치로부터 한번에 8비트씩 읽어 온다면 필요한 데이터버스선의 수는 8개가 필요 하며 32비트씩 읽어오는 시스템에서는 32개로 구성된다. • 데이터는 CPU와 기억장치, CPU와 I/O 장치, 기억장치와 I/O 장치 사이에 양방향으로 전송되기 때문에 데이터버스는 양방향 전송을 지원할 수 있어야 한다.
주소 버스	• CPU가 I/O 장치를 사용할 때도 주소가 필요하므로 각 I/O 장치로도 주소버스가 연결되어야 한다. 그러나 주소는 CPU에 의해서만 발생되기 때문에 단방향 전송 기능만 있으면 된다. • 주소 버스의 폭(비트수)은 CPU가 주소 지정할 수 있는 전체 기억장치 용량을 결정함
제어 버스	제어버스를 구성하는 제어 신호 선들은 각각 고유의 기능을 가지고 있다. 따라서 시스템의 구성과 동작에 따라 제어 신호의 종류와 수도 달라지게 된다. CPU가 기억장치 및 I/O 장치와 데이터를 교환하는 데 필요한 제어 신호들을 가지고 있다. 기억장치 쓰기 및 읽기 신호, I/O 쓰기 및 읽기 신호가 그것이다.

나. 시스템 BUS의 기본동작

- **쓰기 동작의 순서**
  (1) 버스 마스터가 버스 사용권을 획득한다.
  (2) 버스를 통하여 주소와 데이터 및 쓰기 신호를 보낸다.

- **읽기 동작의 순서**
  (1) 버스 마스터가 버스 사용권을 획득한다.
  (2) 주소와 읽기 신호를 보내고 데이터가 전송되어 올 때까지 기다린다.

주소 버스의 경우 주소 버스의 폭(비트 수)이 CPU 주소 지정할 수 있는 전체 기억용량을 결정해준다.

예를 들어 16비트 주소 버스로 주소를 지정할 수 있는 기억장소의 수는 2^{16}=65,536(즉 64K)개, 24비트인 경우 2^{24}=16,777,216(즉 16M)개가 된다. 즉 CPU가 발생하는 주소의 비트 수에 따라 직접 주소지정될 수 있는 기억장치의 최대 용량이 결정된다.

그런데 그 용량은 주소지정 단위에 따라 달라진다. 단어의 길이가 32비트(4바이트)인 시스템에서 만약 주소지정이 바이트 단위로 이루어진다면 16비트, 24비트 주소의 경우 최대 기억장치 용량은 각각 64Kbyte 및 16Mbyte가 된다.

그러나 만약 주소지정이 각 기억 장소마다 한 단어씩 저장되는 단어 단위라면 최대 기억장치 용량은 각각 그 4배인 256Kbyte와 64Mbyte가 된다.

시스템 버스에 접속되는 요소들 중에서 버스 사용의 주체가 되는 요소들을 버스마스터라 한다. 일반적으로 컴퓨터시스템에서는 CPU와 I/O 제어기 등이 버스마스터가 되며 두 개 이상의 버스 마스터들이 동시에 버스를 사용하고자 할 때 순서대로 사용하도록 중재(Arbitration)해주어야 한다. 이 부분(버스사용권 획득 과정)은 I/O 처리 부분에서 세부적으로 설명하도록 한다.

Memo

CHAPTER 02

CPU 구성 및 역할

SECTION 01 | CPU 구조
SECTION 02 | Control Unit
SECTION 03 | ALU(Arithmetic and Logical Unit)
SECTION 04 | 명령어 Set
SECTION 05 | 명령어 파이프라이닝

CHAPTER 02 CPU 구성 및 역할

01 CPU 구조

핵심 요약(Key point summary)

1 컴퓨터시스템의 핵심장치 CPU 구조의 개요

가. CPU 구조의 개념

명령어를 인출하고 해독하고 이를 실행하고 저장하는 일련의 과정을 수행하는 CPU는 산술연산장치(ALU)와 레지스터 세트(Register set)와 제어 유닛(CU)과 이들을 연결하여 상호 통신 가능하게 하는 내부 시스템 버스로 구성되어 있다.

나. CPU 구조의 기능

- 모든 명령어들에 대한 공통 기능
  - 명령어 인출(Instruction Fetch) : 기억장치로부터 명령어를 Read
  - 명령어 해독(Instruction Decode) : 수행해야 할 동작을 결정하기 위하여 명령어를 Decode
- 명령어에 따른 선택적 기능
  - 데이터 인출(Data Fetch) : 명령어 실행을 위하여 데이터가 필요한 경우에는 기억장치 혹은 I/O 장치로부터 그 데이터를 읽어온다.
  - 데이터 처리(Data Process) : 데이터에 대한 산술적 혹은 논리적 연산을 수행
  - 데이터 쓰기(Data Store) : 수행한 결과를 저장

2 CPU의 구조도 및 구조

가. CPU 구조도

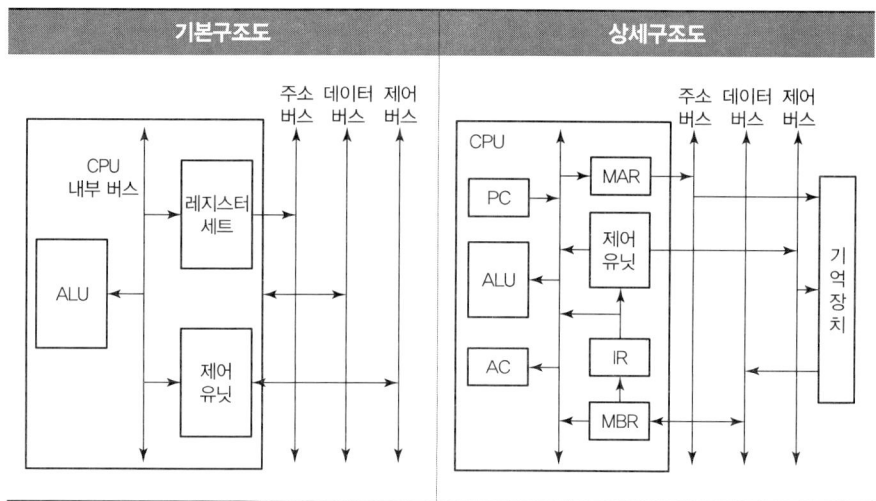

상세 구조도는 레지스터 세트를 좀 더 구체적으로 표현한 그림임

나. CPU 구조

구성요소	설명
산술연산장치 (ALU)	각종 산술 연산들과 논리 연산들을 수행하는 회로들로 이루어진 하드웨어 모듈 산술 연산 : +, -, ×, ÷ 논리 연산 : AND, OR, NOT, XOR 등
제어 유닛 (CU)	프로그램 코드(명령어)를 해석하고, 그것을 실행하기 위한 제어 신호들(control signals)을 순차적으로 발생하는 하드웨어 모듈
레지스터 세트	액세스 속도가 가장 빠른 기억장치 CPU 내부에 포함할 수 있는 레지스터들의 수가 제한됨 (특수 목적용 레지스터들과 적은 수의 일반 목적용 레지스터들)
CPU 내부 버스	ALU와 레지스터들 간의 데이터 이동을 위한 데이터 선들과 제어 유닛로부터 발생되는 제어 신호 선들로 구성된 내부 버스 외부의 시스템 버스들과는 직접 연결되지 않으며, 반드시 버퍼 레지스터들 혹은 시스템 버스 인터페이스 회로를 통하여 시스템 버스와 접속

CPU는 크게 위와 같이 4가지로 구성되어 있다. 그러나 속도향상을 위해 CPU 내부에 L1, L2 Cache까지 장착하기는 하지만 엄밀히 말해 L1, L2는 CPU의 구성요소라기보다는 메모리와 CPU 사이에 속도 보정을 위한 메모리 장치라 볼 수 있다.

제어 유닛와 ALU는 뒷장에서 상세 설명하기로 하고 여기에서는 레지스터에 대해 설명하겠다. 레지스터라 하면 CPU 내부에 위치한 기억장치로서 액세스 속도가 컴퓨터의 기억장치들 중에서 가장 빠르다. 그러나 레지스터의 내부 회로가 복잡하고 비교적 큰 공간을 차지하기 때문에 많은 수의 레지스터들을 CPU 내부에 포함시키기는 어렵다.

따라서 지정된 용도로만 사용되는 특수 목적용 레지스터들과 적은 수의 일반 목적용 레지스터들만이 포함된다. CPU 내에 포함된 레지스터와 용도는 아래와 같다.

- **프로그램 카운터(Program Counter : PC)**
  - 다음에 인출할 명령어의 주소를 가지고 있는 레지스터
  - 각 명령어가 인출된 후에는 자동적으로 일정 크기(한 명령어 길이)만큼 증가
  - 분기(branch) 명령어가 실행되는 경우에는 목적지 주소로 갱신

- **누산기(Accumulator : AC)**
  - 데이터를 일시적으로 저장하는 레지스터
  - 레지스터의 길이는 CPU가 한 번에 처리할 수 있는 데이터 비트 수(단어 길이)와 동일

- **명령어 레지스터(Instruction Register : IR)**
  - 가장 최근에 인출된 명령어 코드가 저장되어 있는 레지스터

- **기억장치 주소 레지스터(Memory Address Register : MAR)**
  - PC에 저장된 명령어 주소가 시스템 주소 버스로 출력되기 전에 일시적으로 저장되는 주소 레지스터

- **기억장치 버퍼 레지스터(Memory Buffer Register : MBR)**
  기억장치에 쓰여질 데이터 혹은 기억장치로부터 읽혀진 데이터를 일시적으로 저장하는 버퍼 레지스터 Windows 시스템과 LINUX 시스템에 많이 사용되는 X86 CPU의 마이크로 아키텍처는 아래와 같다.
  이 부분은 기술사(컴퓨터시스템응용기술사)와 감리사를 준비하는 수험자는 알고 있어야 한다.

CHAPTER 02 CPU 구성 및 역할

아키텍처	구조 및 특징
넷버스트	구조 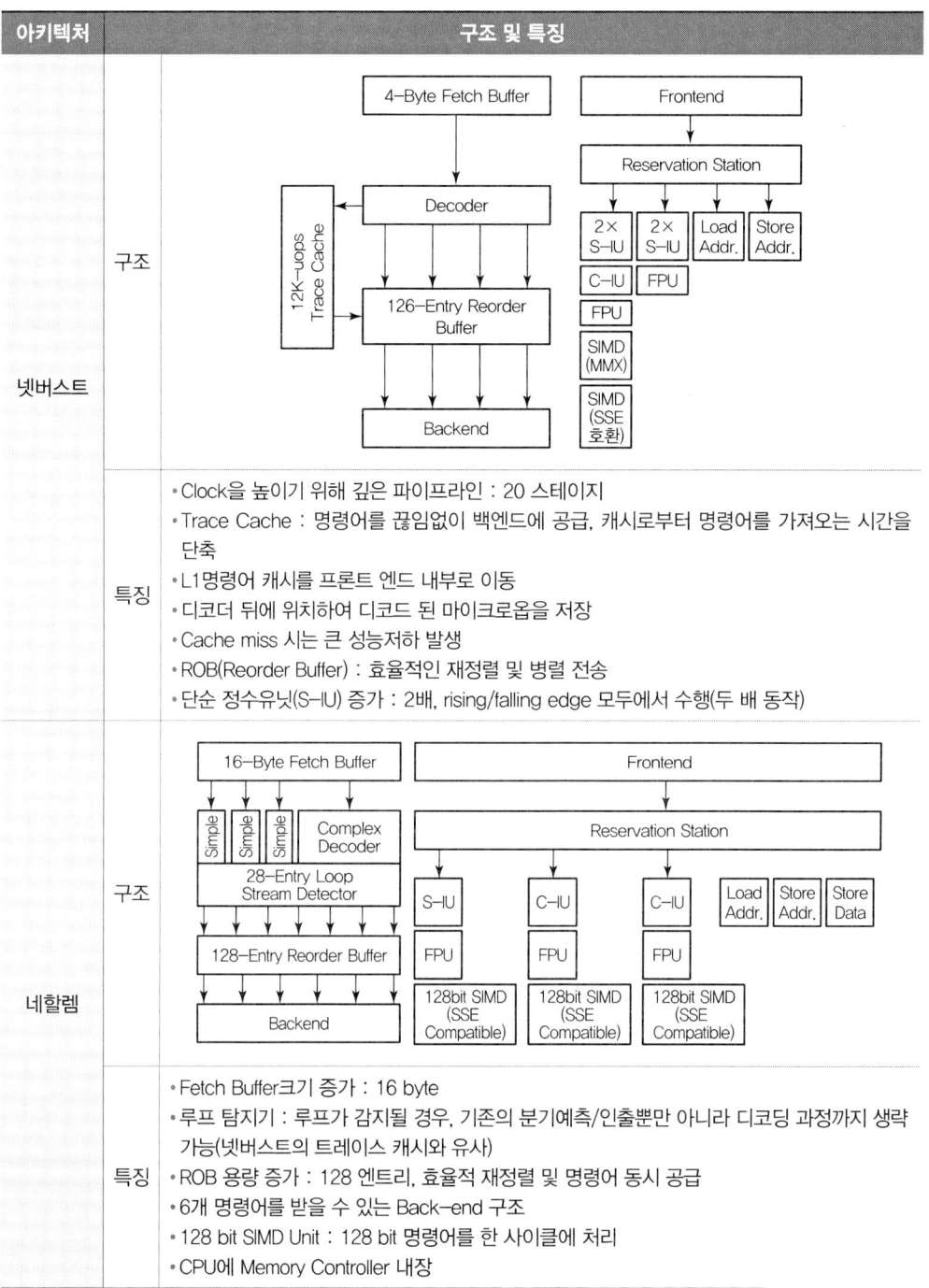
	특징 • Clock을 높이기 위해 깊은 파이프라인 : 20 스테이지 • Trace Cache : 명령어를 끊임없이 백엔드에 공급, 캐시로부터 명령어를 가져오는 시간을 단축 • L1명령어 캐시를 프론트 엔드 내부로 이동 • 디코더 뒤에 위치하여 디코드 된 마이크로옵을 저장 • Cache miss 시는 큰 성능저하 발생 • ROB(Reorder Buffer) : 효율적인 재정렬 및 병렬 전송 • 단순 정수유닛(S-IU) 증가 : 2배, rising/falling edge 모두에서 수행(두 배 동작)
네할렘	구조 (diagram: 16-Byte Fetch Buffer, Simple/Simple/Simple/Complex Decoder, 28-Entry Loop Stream Detector, 128-Entry Reorder Buffer, Backend; Frontend, Reservation Station, S-IU, C-IU, C-IU, FPU×3, 128bit SIMD (SSE Compatible)×3, Load Addr., Store Addr., Store Data)
	특징 • Fetch Buffer크기 증가 : 16 byte • 루프 탐지기 : 루프가 감지될 경우, 기존의 분기예측/인출뿐만 아니라 디코딩 과정까지 생략 가능(넷버스트의 트레이스 캐시와 유사) • ROB 용량 증가 : 128 엔트리, 효율적 재정렬 및 명령어 동시 공급 • 6개 명령어를 받을 수 있는 Back-end 구조 • 128 bit SIMD Unit : 128 bit 명령어를 한 사이클에 처리 • CPU에 Memory Controller 내장

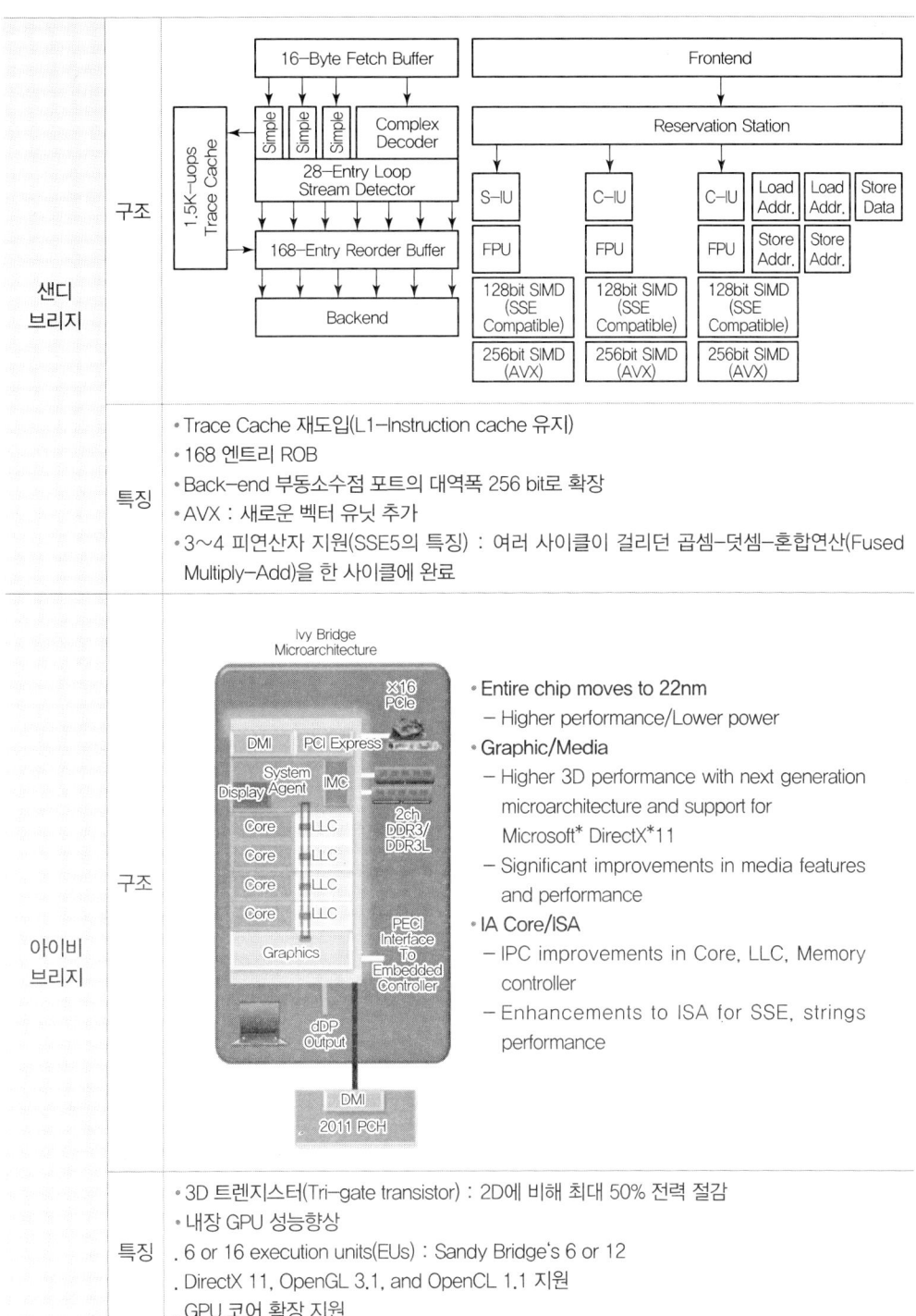

샌디 브리지	구조	(다이어그램: 16-Byte Fetch Buffer, Simple/Simple/Simple/Complex Decoder, 1.5K-uops Trace Cache, 28-Entry Loop Stream Detector, 168-Entry Reorder Buffer, Backend, Frontend, Reservation Station, S-IU/C-IU/C-IU, FPU, Load Addr./Load Addr./Store Data, Store Addr./Store Addr., 128bit SIMD (SSE Compatible), 256bit SIMD (AVX))
	특징	• Trace Cache 재도입(L1-Instruction cache 유지) • 168 엔트리 ROB • Back-end 부동소수점 포트의 대역폭 256 bit로 확장 • AVX : 새로운 벡터 유닛 추가 • 3~4 피연산자 지원(SSE5의 특징) : 여러 사이클이 걸리던 곱셈-덧셈-혼합연산(Fused Multiply-Add)을 한 사이클에 완료

아이비 브리지	구조	(Ivy Bridge Microarchitecture 다이어그램)
		• Entire chip moves to 22nm
		  – Higher performance/Lower power
		• Graphic/Media
		  – Higher 3D performance with next generation microarchitecture and support for Microsoft* DirectX*11
		  – Significant improvements in media features and performance
		• IA Core/ISA
		  – IPC improvements in Core, LLC, Memory controller
		  – Enhancements to ISA for SSE, strings performance

	특징	• 3D 트렌지스터(Tri-gate transistor) : 2D에 비해 최대 50% 전력 절감 • 내장 GPU 성능향상 . 6 or 16 execution units(EUs) : Sandy Bridge's 6 or 12 . DirectX 11, OpenGL 3.1, and OpenCL 1.1 지원 . GPU 코어 확장 지원

Control Unit

CHAPTER 02 CPU 구성 및 역할

핵심 요약(Key point summary)

1. 명령어코드의 해독 및 제어신호발생장치 Control Unit의 개요

가. Control Unit의 정의
- IR(Instruction Register)에 의해 해석된 명령어 수행을 위해 CPU 내/외부 동작제어를 위한 제어 신호를 발생하는 장치
- 컴퓨터 프로그램을 구성하고 있는 명령어들을 해독하고 그 결과에 따라 명령어 실행에 필요한 동작들을 수행시키기 위한 제어 신호들을 발생하는 장치

나. Control Unit의 기능
- 명령어코드의 해독
- 명령어 실행에 필요한 제어신호 발생
- Micro Operation 초기화

2. Control Unit의 내부 구성도 및 구성 요소

가. Control Unit의 내부 구성도

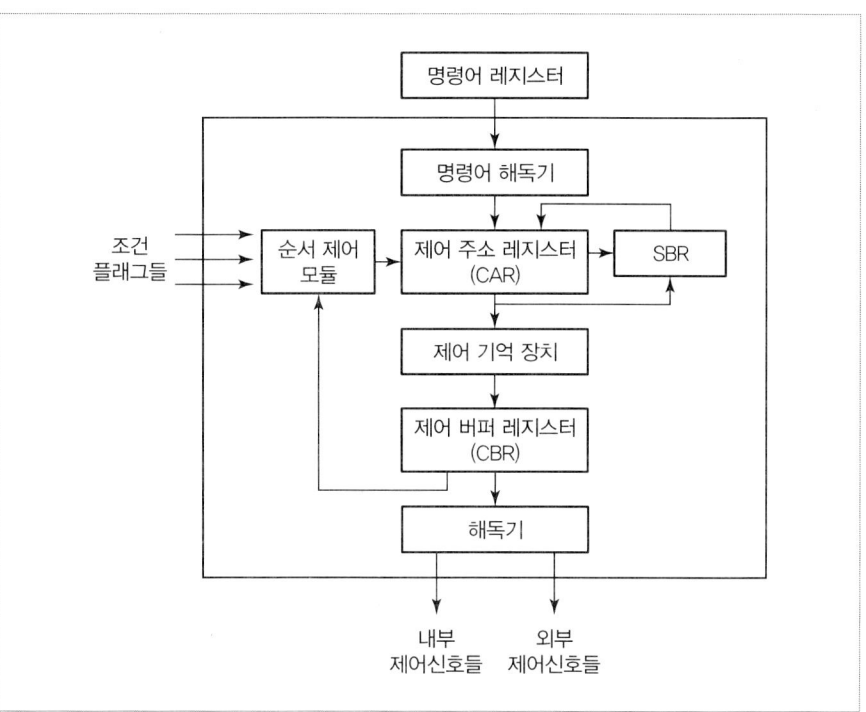

Control Unit은 명령어 해독기와 레지스터와 순서제어 모듈 등으로 이루어져 있다.

나. Control UNIT의 구성 요소

구성요소	실행기능
명령어 해독기 (instruction decoder)	명령어 레지스터(IR)로부터 들어오는 명령어의 연산 코드를 해독하여 해당 연산을 수행하기 위한 루틴의 시작 주소를 결정
제어 주소 레지스터 (CAR : control address register)	다음에 실행할 마이크로 명령어의 주소를 저장하는 레지스터 → 이 주소는 제어 기억장치의 특정 위치를 지칭
제어 기억장치 (control memory)	마이크로 명령어들로 이루어진 마이크로 프로그램을 저장하는 내부 기억장치
제어 버퍼 레지스터 (CBR : control buffer register)	제어기억장치로부터 읽혀진 마이크로 명령어 비트들을 일시적으로 저장하는 레지스터
서브루틴 레지스터 (SBR : subroutine register)	마이크로 프로그램에서 서브루틴이 호출되는 경우에 현재의 CAR 내용을 일시적으로 저장하는 레지스터
순서제어모듈 (sequencing module)	마이크로 명령어의 실행 순서를 결정하는 회로들의 집합
해독기 (제어신호발생기)	Clock에 따라 제어신호를 발송/수신 장치

❸ Control Unit의 구현방식

가. 고정배선방식(H/W 방식, hard-Wired 방식)

H/W적 즉 RISC와 같이 프로그램방식이 아닌 H/W적으로 고정된 구현방식으로 빠른 성능과 설계가 간단하다는 장점이 있는 반면 상태수 증가 시 H/W가 복잡해지고 수정이 어려우며 가격 측면에서 S/W 방식보다 비싸다는 단점이 있다.

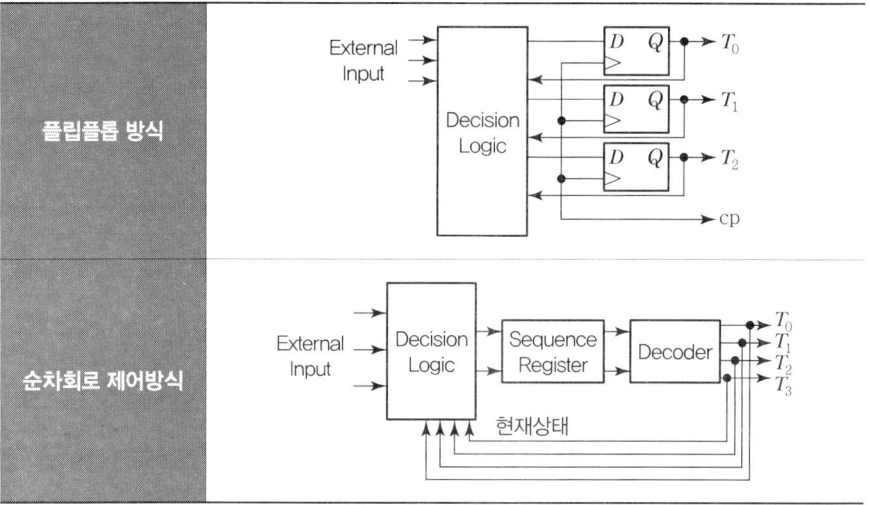

나. S/W 방식(마이크로 프로그램 방식)

H/W 방식에 비해 유연(수정, 변경이 쉬움)하게 제어할 수 있으며 H/W 구조가 고정 배선 방식에 비해 간단하다. 하지만 H/W 방식에 비해 성능이슈가 발생한다.

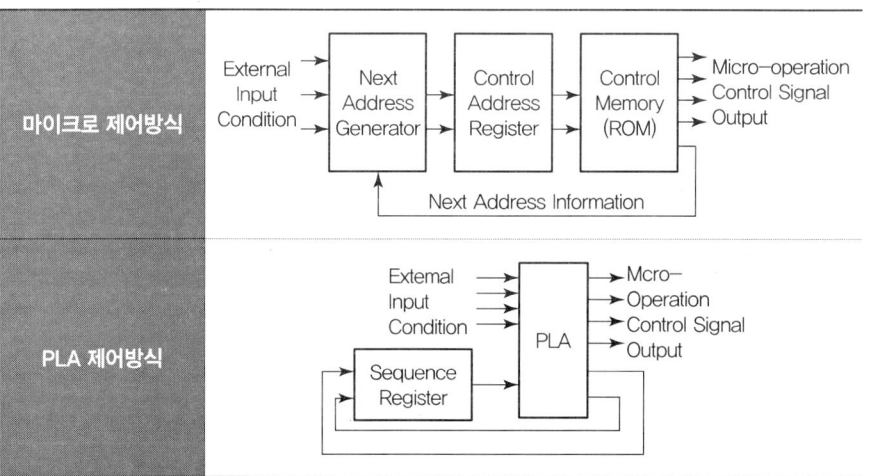

PLA : Programmable Logic Array, AND + OR 구조, AND/OR 모두 프로그래밍 가능

다. 고정 배선(Hard-Wired) 방식 및 S/W(Micro Programming) 방식 비교

구분	고정배선 방식	S/W 방식
속도	하드웨어 회로로 제어신호를 생성하여 고속 처리	소프트웨어적 제어신호 생성으로 상대적 저속
변경 유연성	하드웨어 고정회선이므로 변경이 어려움 H/W 설계 용이	Firmware 구조이므로 기능개선이 용이함, H/W 단순
소요 비용	고가(H/W 제작비용 증가)	저가(H/W 제작비용이 적게 듦)
주 적용방식	RISC	CISC
오류	오류 발생률이 높음	오류발생률이 낮음
유형	상태 F/F(병렬), 순차 레지스터와 디코더 제어(직렬)	마이크로 프로그램, PLA 제어

Control Unit의 구현방식 중 S/W 방식에서 마이크로 제어방식이 많이 쓰이는데, 이때 마이크로 제어방식에서는 또다시 2가지 방식으로 나뉘게 된다. 수직적 마이크로 프로그래밍 방식과 수평적 마이크로 프로그래밍 방식이 그것이다.

가. 수직적 마이크로 프로그래밍 방식(Vertical microprogramming)
- 마이크로 명령어의 연산 필드에 적은 수의 코드화된 비트들(encoded bits)을 포함시키고, 해독기를 이용하여 그 비트들을 필요한 수만큼의 제어신호들로 확장하는 방식
  [장점] 마이크로 명령어의 길이(비트 수) 최소화, 제어기억장치 용량 감소
  [단점] 해독 동작에 걸리는 만큼의 지연 시간 발생

나. 수평적 마이크로 프로그래밍 방식(Horizontal microprogramming)
- 연산 필드의 각 비트와 제어 신호를 1:1로 대응시키는 방식
- 필요한 제어 신호수만큼의 비트들로 이루어진 연산필드 비트들이 마이크로 명령어에 포함되어야 함
  [장점] 하드웨어가 간단하고, 해독에 따른 지연 시간이 없음
  [단점] 마이크로 명령어의 비트 수가 길어지기 때문에 제어 기억장치의 용량이 증가

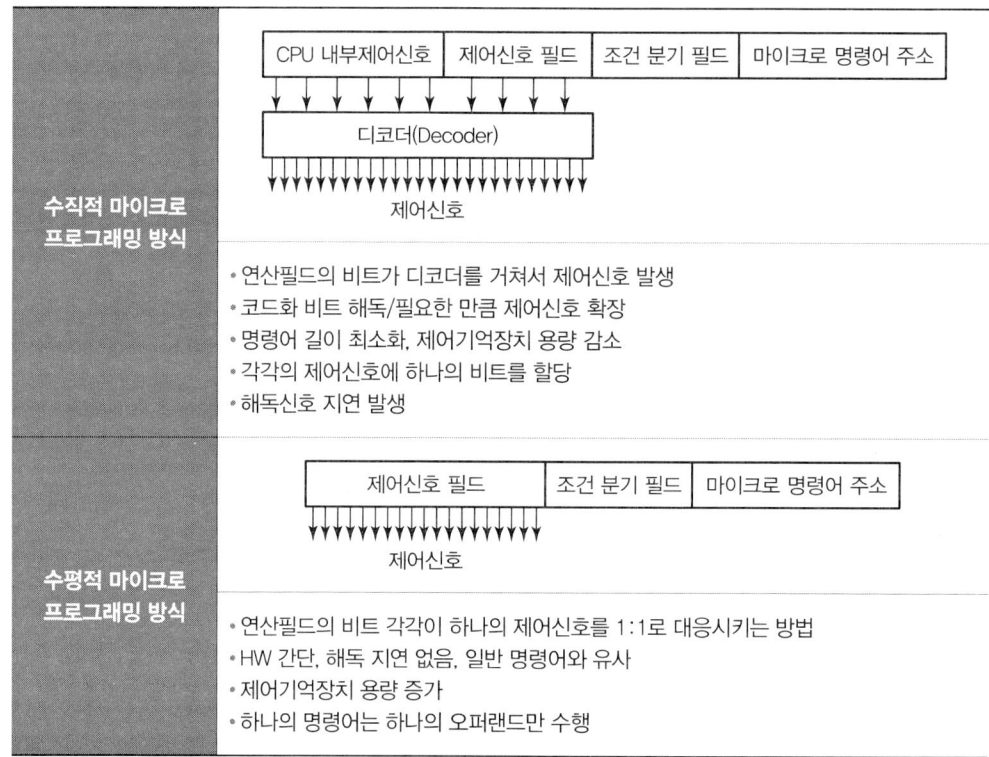

수직적 마이크로 프로그래밍 방식	• 연산필드의 비트가 디코더를 거쳐서 제어신호 발생 • 코드화 비트 해독/필요한 만큼 제어신호 확장 • 명령어 길이 최소화, 제어기억장치 용량 감소 • 각각의 제어신호에 하나의 비트를 할당 • 해독신호 지연 발생
수평적 마이크로 프로그래밍 방식	• 연산필드의 비트 각각이 하나의 제어신호를 1:1로 대응시키는 방법 • HW 간단, 해독 지연 없음, 일반 명령어와 유사 • 제어기억장치 용량 증가 • 하나의 명령어는 하나의 오퍼랜드만 수행

CHAPTER 02 CPU 구성 및 역할

03 ALU(Arithmetic and Logical Unit)

핵심 요약(Key point summary)

1 CPU의 수치 및 논리 연산 모듈, ALU(Arithmetic and Logical Unit)의 개요

- CPU 내부 구성요소들 중 하나로 컴퓨터의 가장 근본이 되는 기능인 수치에 대한 산술적 계산과 논리 Data에 대한 연산을 수행하는 하드웨어 모듈
- ALU는 가감승제와 같은 산술연산과 두 수의 크기를 비교하고 판단하는 연산을 담당하는 장치
- 산술연산에는 10진연산, 고정소수점연산, 부동소수점 연산 등이 있음
- 논리연산에는 로드, 스토어, 시프트, 비교 및 분기, 편집, 변환 등이 있음

2 ALU의 구성요소 및 설명

가. 일반적인 ALU 개념도

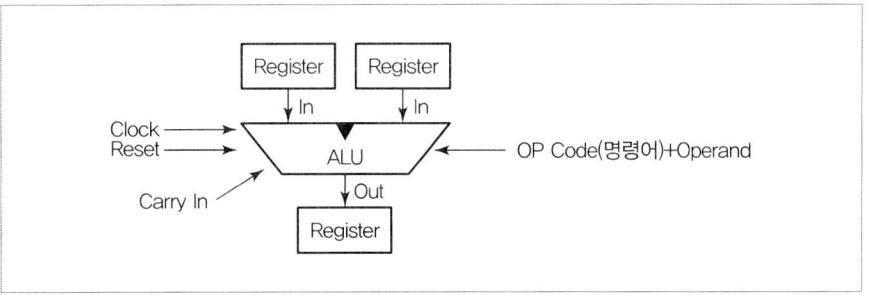

나. ALU의 세부 구성요소

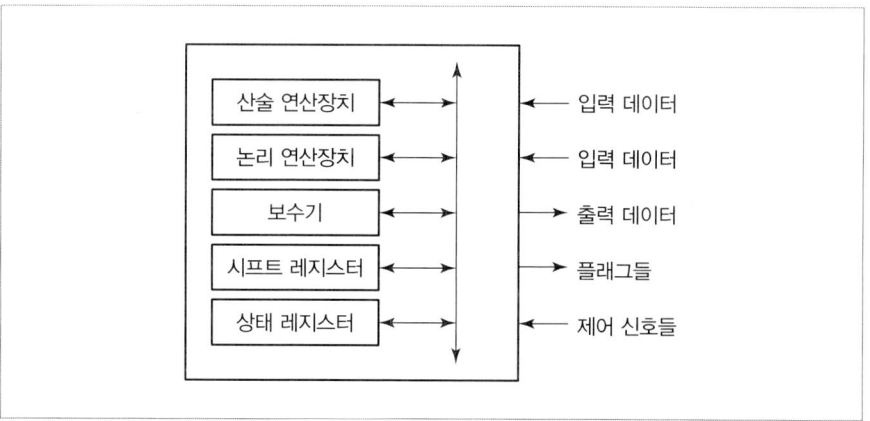

구성요소	설명
산술 연산장치	산술 연산들(+, -, ×, ÷)을 수행
논리 연산장치	논리 연산들(AND, OR, XOR, NOT 등)을 수행
시프트 레지스터 (shift register)	비트들을 좌측 혹은 우측으로 이동시키는 기능을 가진 레지스터
상태 레지스터 (status register)	연산 결과의 상태를 나타내는 플래그(flag)들을 저장하는 레지스터

위의 구성요소들에 의해 처리될 데이터들은 레지스터 혹은 기억장치로부터 ALU로 입력되고 그 결과는 일반적으로 레지스터들 중의 하나에 저장된다. ALU는 연산의 결과에 따라 상태 레지스터 내의 해당 플래그들을 세트하는데, 이 플래그들은 조건 분기 명령어 혹은 산술 명령어들에 의해 사용된다. 입력 데이터에 대하여 연산을 수행할 내부 요소의 선택과 ALU 내외로의 데이터 이동을 제어하는 신호들은 제어 유닛으로부터 제공된다.

아래 설명은 산술연산장치의 표현 및 연산방식을 설명한 부분이다. 이 부분은 기사 및 감리사 시험 준비에는 필요하나 기술사시험의 경우 그리 중요한 부분이 아니므로 한번 읽어만 보기 바란다.

구분	세부 구분	설명
표현	정수의 표현	2진체계에서는 수를 0과 1로 부호와 소수점으로 표현함 • 부호화 – 크기표현, 보수 표현 • 부호 – 비트 확장을 사용하여 표현함
	부동소수점 표현	소수점 위치를 필요에 따라 이동시키는 표현방법
연산	논리연산	• NOT, AND, OR, XOR의 기본연산을 기반으로 True, False를 결정하는 연산 • 기본 연산 외에 선택적 – 세트 연산, 선택적 – 보수 연산, 마스크 연산 삽입 연산, 비교연산이 있다.
	시프트 연산	• 레지스터 내의 데이터 비트들을 Move시키는 연산 • 논리적 시프트, 순환 시프트, 산술적 시프트, C 플래그를 포함한 시프트 연산 등이 있다.
	정수 산술 연산	정수를 대상으로 하는 4칙연산(덧셈, 뺄셈, 곱셈, 나눗셈) 연산을 의미함
	부동 소수점 산술 연산	• 이 경우도 4칙연산을 수행하나 정수의 산술연산에 비해 복잡함 • 특히 덧셈과 뺄셈이 곱셈과 나눗셈보다 더 복잡함 • 연산을 수행하기 전과 완료 후 소수점의 위치조정이 필요하기 때문임

SECTION 04 명령어 Set

> CHAPTER 02 CPU 구성 및 역할

핵심 요약(Key point summary)

1. CPU를 위해 정의되어 있는 명령어들의 집합, 명령어 Set의 개요

가. 명령어 Set의 정의

CPU에 의해 실행 가능하도록 연산종류, 데이터 형태, 명령어 형식, 주소지정방식을 정의하여 실행 가능하게 하는 명령어들의 집합

나. 명령어 Set 설계를 위한 요소

요소	설명
연산 종류(operation repertoire)	CPU가 수행할 연산들의 수와 종류 및 복잡도
데이터 형태(data type)	연산을 수행할 데이터들의 형태, 데이터의 길이(비트 수), 수의 표현 방식 등
명령어 형식(instruction format)	명령어의 길이, 오퍼랜드 필드들의 수와 길이 등
주소지정 방식(addressing mode)	오퍼랜드의 주소를 지정하는 방식

2. 연산의 종류 및 주소지정방식

가. 연산의 종류

종류	설명
데이터 전송	레지스터와 레지스터 간, 레지스터와 기억장치 간, 혹은 기억장치와 기억장치 간에 데이터를 이동하는 동작
산술 연산	덧셈, 뺄셈, 곱셈 및 나눗셈과 같은 기본적인 산술 연산들
논리 연산	데이터의 각 비트들 간의 AND, OR, NOT 및 exclusive-OR 연산
입출력(I/O)	CPU와 외부 장치들 간의 데이터 이동을 위한 동작들
프로그램 제어	명령어 실행 순서를 변경하는 연산들 분기(branch), 서브루틴 호출(subroutine call)

나. 주소지정방식

- 명령어 실행에 필요한 오퍼랜드(데이터)의 주소를 결정하는 방식

종류	설명	방식
직접 주소지정 방식	데이터가 저장된 기억장치의 위치를 지정	기억장치 주소
간접 주소지정 방식		
레지스터 주소지정 방식	데이터가 저장된 레지스터를 지정	레지스터 번호
레지스터 간접 주소지정 방식		
변위 주소지정 방식		
묵시적 주소지정 방식	명령어의 오퍼랜드 필드에 데이터가 포함	데이터
즉치 주소지정 방식		

다양한 주소지정 방식을 사용하는 이유는 제한된 수의 명령어 비트들을 이용하여, 사용자(프로그래머)가 여러 가지 방법으로 오퍼랜드의 주소를 결정하도록 해주며, 더 큰 용량의 기억장치를 사용할 수 있도록 하기 위함

명령어의 오퍼랜드 주소지정방식은 중요하므로 추가설명을 하면, 아래와 같다.

EA : 유효 주소(Effective Address), 즉 데이터가 저장된 기억장치의 실제 주소
A : 명령어 내의 주소 필드 내용(오퍼랜드 필드의 내용이 기억장치 주소인 경우)
R : 명령어 내의 레지스터 번호(오퍼랜드 필드의 내용이 레지스터 번호인 경우)
(A) : 기억장치 A 번지의 내용
(R) : 레지스터 R의 내용

1. 직접 주소지정방식
- 오퍼랜드 필드의 내용이 유효 주소(EA)가 되는 방식 [EA = A]
- 장점 : 데이터 인출을 위하여 한 번의 기억장치 액세스만 필요
- 단점 : 연산 코드를 제외하고 남은 비트들만 주소 비트로 사용될 수 있기 때문에 직접 지정할 수 있는 기억장소의 수가 제한
- Ex) ADD R1 ,(0x1111) ;
  R1 ← R1 + M(0x1111)

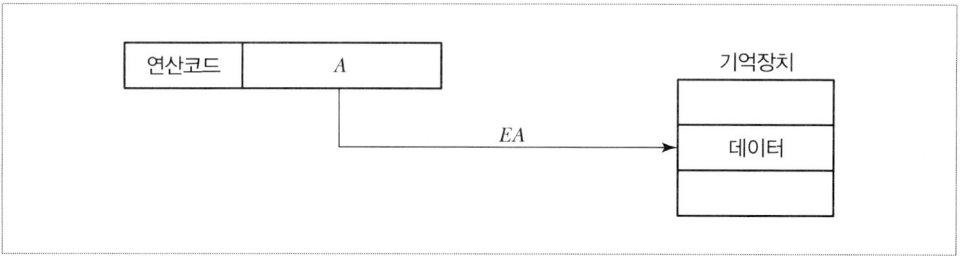

2. 간접 주소지정방식

- 오퍼랜드 필드에 기억장치 주소가 저장되어 있지만, 그 주소가 가리키는 기억 장소에 데이터의 유효 주소를 저장해두는 방식[EA = (A)]
- 장점 : 최대 기억장치용량이 단어의 길이에 의하여 결정, 주소지정 가능한 기억장치 용량 확장

  (단어 길이가 n 비트라면, 최대 2^n 개의 기억 장소 주소지정이 가능)
- 단점 : 실행 사이클 동안에 두 번의 기억장치 액세스가 필요, 첫 번째 액세스는 주소를 읽어 오기 위한 것

  (두 번째 액세스는 그 주소가 지정하는 위치로부터 실제 데이터를 인출하기 위한 것)
- Ex) ADD R1, @(R2) ;

  R1 ← R1 + M(M(R2))

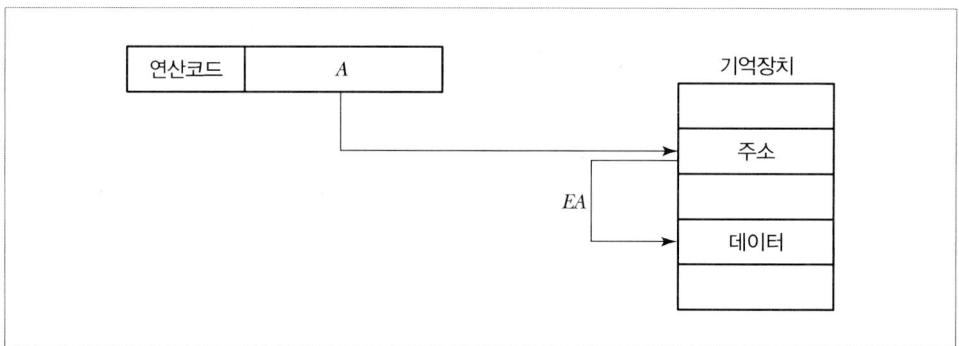

명령어 형식에 간접비트(I) 필요

만약 I = 0 이면, 직접 주소지정 방식, I = 1이면, 간접 주소지정 방식

3. 레지스터 주소지정방식

- 연산에 사용될 데이터가 내부 레지스터에 저장되어 있는 경우, 명령어의 오퍼랜드가 해당 레지스터를 가리키는 방식 [EA = R]
- 주소지정에 사용될 수 있는 레지스터들의 수 = 2^k 개(단, k는 R 필드의 비트 수)
- 장점 : 오퍼랜드 필드의 비트 수가 적어도 된다.
  (데이터 인출을 위하여 기억장치 액세스가 필요 없다.)
- 단점 : 데이터가 저장될 수 있는 공간이 CPU 내부 레지스터들로 제한
- Ex) ADD R4, R3 ;
  R4 ← R4 + R3

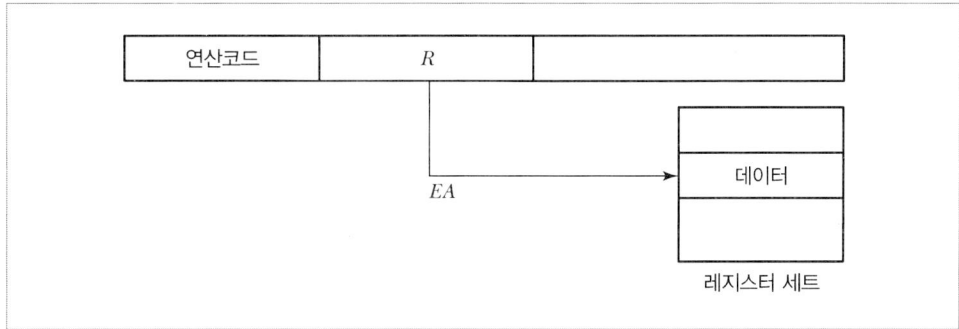

4. 레지스터 간접 주소지정방식

- 오퍼랜드 필드(레지스터 번호)가 가리키는 레지스터의 내용을 유효 주소로 사용하여 실제 데이터를 인출하는 방식[EA = (R)]
- 장점 : 주소지정 할 수 있는 기억장치 영역이 확장
  레지스터의 길이 = 16 비트라면, 주소지정 영역 : 2^{16} = 64K 바이트
  레지스터의 길이 = 32 비트라면, 주소지정 영역 : 2^{32} = 4G 바이트
- 단점 : 구현이 상대적으로 어렵고 비용이 상승함
- Ex) ADD R1 ,(R2) ;
  R1 ← R1 + M(R2)

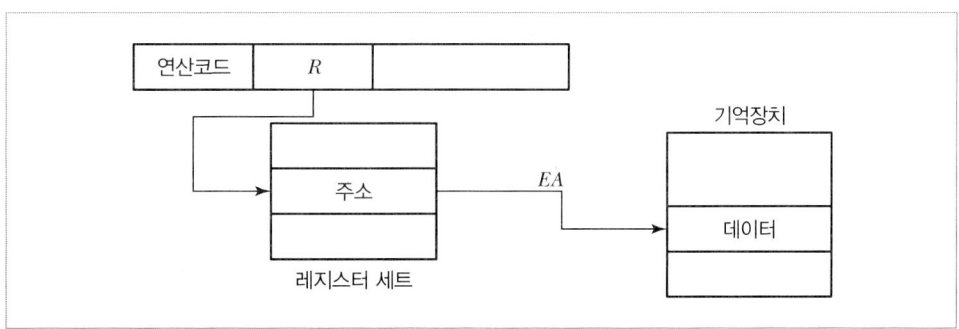

5. 변위지정방식

- 직접 주소지정과 레지스터 간접 주소지정 방식의 조합[EA = A + (R)]
- 사용되는 레지스터에 따라 여러 종류의 변위 주소지정 방식 정의
  PC(Program counter) → 상대 주소지정 방식(relative addressing mode)
  인덱스 레지스터 → 인덱스 주소지정 방식(indexed addressing mode)
  베이스 레지스터 → 베이스-레지스터 주소지정 방식(base-register addressing mode)
- Ex) 상대주소 지정 방식 : EA = A + (PC), PC : Program Counter Register
  베이스 레지스터 주소 지정 방식 : EA = (BR) + A, BR : Base Register
  인덱스 주소 지정 방식 : EA =(IX) + A, IX : Index Register

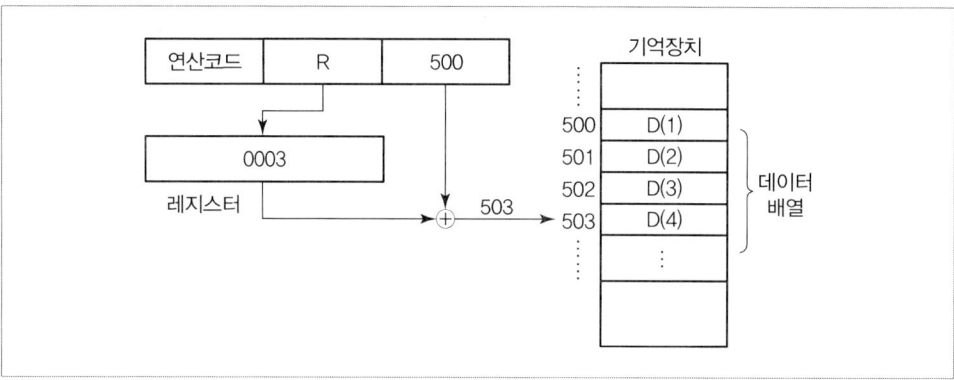

6. 묵시적 주소지정방식

- 명령어 실행에 필요한 데이터의 위치가 묵시적으로 지정되는 방식
  ◎ 'SHL' 명령어 : 누산기의 내용을 좌측으로 쉬프트(shift)
  'PUSH R1' 명령어 : 레지스터 R1의 내용을 스택에 저장
- 장점 : 명령어 길이가 짧다.(오퍼랜드가 없거나 한 개뿐이기 때문)
- 단점 : 종류가 제한된다.(사용할 수 있는 수의 크기가 오퍼랜드 필드의 비트 수에 의해 제한됨)

7. 즉치 지정방식

- 데이터가 명령어에 포함되어 있는 방식(오퍼랜드 필드의 내용이 연산에 사용할 실제 데이터)
- 용도 : 프로그램에서 레지스터나 변수의 초기 값을 어떤 상수값(constant value)으로 세트하는 데 유용하게 사용
- 장점 : 데이터를 인출하기 위하여 기억장치를 액세스할 필요가 없음

- 단점 : 상수값의 크기가 오퍼랜드 필드의 비트 수에 의해 제한
- Ex) ADD R1, #3
  R1 ← R1 + #3

연산코드	데이터

CHAPTER 02 CPU 구성 및 역할
SECTION 05 명령어 파이프라이닝

핵심 요약(Key point summary)

1. 명령어 병렬처리를 통한 처리속도 향상기법, 파이프 라인의 개요

가. 파이프라인(Pipeline)의 정의
- Instruction의 처리 과정을 여러 단계로 세분화해서 동시에 서로 다른 작업들이 수행되도록 하여 병렬성을 높이는 기법
- CPU의 프로그램 처리 속도를 높이기 위하여 CPU 내부 하드웨어를 여러 단계로 나누어 동시에 처리하는 기술

나. 파이프라인의 명령어 수행과정

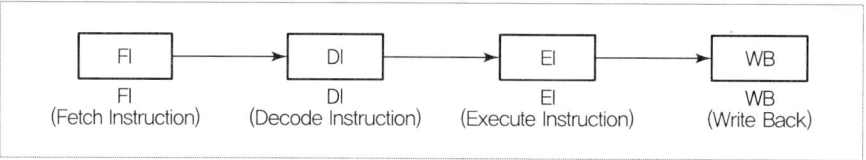

구분	설명
명령어 인출	• (FI : Fetch Instruction stage) : 명령어를 기억장치로부터 인출
명령어 해독	• (DI : Decoding instruction stage) : 인출된 명령어를 해석
명령어 실행	• (EI : Execution Instruction stage) : 해석된 결과를 수행
데이터 저장	• (WB : Write Back stage) : 수행된 결과를 저장

2. 파이프라인의 유형

가. 파이프라인의 유형구조

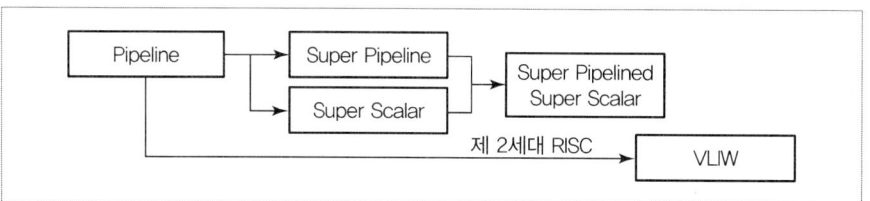

- 병렬처리를 통한 처리속도의 향상
- Super pipeline, Superscalar, VLIW 등으로 발전

나. 파이프라인의 유형

유형	설명
단일 파이프라인	<table><tr><td>FI</td><td>DI</td><td>EI</td><td>WB</td><td>작업 A</td></tr><tr><td></td><td>FI</td><td>DI</td><td>EI</td><td>WB 작업 B</td></tr><tr><td></td><td></td><td>FI</td><td>DI</td><td>EI</td><td>WB</td></tr><tr><td></td><td></td><td></td><td>FI</td><td>DI</td><td>EI</td><td>WB</td></tr></table> • 효과적인 병렬처리를 위해 몇 가지 동작을 명령어 수행과정에서 각 단계를 한번만 중첩하는 기술
슈퍼 파이프라인	(단계가 더 세분화된 파이프라인 도식) Pipelining 더욱 세분화하여 수행시간을 단축 • 하나의 Pipeline을 여러 부분으로 나누어 연속적인 흐름과정으로 처리함으로써 성능을 향상하는 병렬처리 기술 • 단계를 세분화(1/2, 1/3 ——), Clock Cycle Time을 줄임 • 슈퍼스칼라보다 단순하고, 적은 부품을 사용 • Clock 수가 높아지면(Cycle Time이 짧아지면) 단계를 나누기가 어려움
슈퍼 스칼라	(복수 파이프라인 병렬 실행 도식) • 프로세서 내에 Pipeline 된 ALU를 여러 개 포함시켜서 매 사이클마다 복수의 명령어들이 동시에 실행될 수 있도록 하는 병렬처리 기술 • CPU 내에 파이프라인을 여러 개 두어 여러 명령어를 동시에 실행하는 기술 • 매 사이클마다 여러 명령을 동시에 수행 • H/W 수준 처리, Dynamic Pipeline Scheduling을 포함하도록 확장

구분	설명
슈퍼 파이프라인을 이용한 슈퍼스칼라	

FI	DI	EI	WB				
FI	DI	EI	WB				
	FI	DI	EI	WB			
	FI	DI	EI	WB			
		FI	DI	EI	WB		
		FI	DI	EI	WB		
			FI	DI	EI	WB	
			FI	DI	EI	WB	

- 슈퍼스칼라 기법에 슈퍼 파이프라이닝 기법을 적용하여 수행시간을 더 단축한 기법

VLIW (very long instruction word)

FI	DI	EI	WB
		EI	
		⋮	
		EI	
FI	DI	EI	WB

실행 Cycle이 여러 개의 기능 Unit으로 나누어져 동시에 처리됨

- 동시에 수행될 수 있는 명령어들을 컴파일러 수준에서 추출하여 하나의 명령어로 압축하여 수행하는 병렬처리 기술
- EPIC 기법 : 컴파일러가 소스 코드로부터 명시적 병렬성을 찾아 병렬처리가 가능하도록 기계어 코드 생성, 병렬 수행됨
- 정적다중처리, 인출/해독은 하나의 회로에서 처리, 실행만 여러 ALU에서 수행

3 파이프라인 사용시 성능향상(단일 파이프라인 기준)

가. 4단계 명령어를 사용할 경우 7개의 명령어를 처리

	1	2	3	4	5	6	7	8	9	10	→시간
1	F	D	E	W							
2		F	D	E	W						
3			F	D	E	W					
4				F	D	E	W				
5					F	D	E	W			
6						F	D	E	W		
7							F	D	E	W	

나. 파이프라인의 성능향상

구분	파이프라인 미사용	파이프라인 사용
시간 소요	• 1개 명령 실행시 단위시간 4만큼 소요 • 7개 명령어 전체시간 = 4×7 = 28초	• 7개 명령어 실행 시 10초 소요 (그림 참조)
성능	• K단계 명령 N개를 수행시 T1 = nK만큼의 수행시간 소요 (n은 처리명령어 수, K는 Cycle 수)	k단계 명령 n개를 파이프라인 사용시 k단계 명령어 1개 실행시간 = k k단계 명령어 2개 실행시간 = k + 1 k단계 명령어 3개 실행시간 = k + 2 k단계 명령어 n개 실행시간 = k + (n−1)
계산식	T1 = nk	Tn = K + (n − 1)

성능향상 계산식

- 파이프라인 사용시 속도 향상도

    = 비 파이프라인 사용시간/파이프라인 사용시간

    그러므로,

    속도향상 = $T1/Tn = nk/k+(n-1)$

4 파이프라인의 문제점(파이프라인 해저드) 및 해결방법

가. 파이프라인의 문제점

문제점	설명
구조적 문제점	• 모든 명령어들이 파이프라인 단계들을 모두 거치지는 않는다. • 어떤 명령어에서는 오퍼랜드를 인출할 필요가 없다. 그러나 파이프라인 하드웨어를 단순화하기 위해서는 모든 명령어가 네 단계들을 모두 통과하도록 해야 한다. • 파이프라인의 클록은 처리 시간이 가장 오래 걸리는 단계를 기준으로 결정된다. 이러한 구조적 문제점으로 인한 파이프라인의 효율성 저하 발생
데이터 문제점	FI 단계와 EI 단계가 동시에 기억장치를 액세스하는 경우에 기억장치 충돌(memory conflict)이 일어나면 지연이 발생한다.
제어 문제점	조건 분기(conditional branch) 명령어가 실행되면, 미리 인출하여 처리하던 명령어들이 무효화된다.

나. 파이프라인의 문제점 해결방법

문제점	해결방안
구조적 문제점	• 파이프라인을 위한 명령어 설계 파이프라인 단계들을 더욱 작게 분할함으로써 처리시간 차이를 최소화시켜주는 슈퍼파이프라이닝 기술을 사용함
데이터 문제점	• 전방전달 파이프라인의 FI와 EI 단계가 직접 액세스하는 CPU 내부 캐시를 명령어 캐시와 데이터 캐시로 분리시키는 방법(별도의 H/W 추가) • 지연(Stall) 전방전달방식으로 해결하지 못하는 경우 해결될 때까지 지연시키는 방법
제어 문제점 (분기 문제점)	• 분기예측 분기가 일어날 것인지를 예측하고 그에 따라 어느 경로의 명령어를 인출할지를 결정하는 확률적 방법이다. 최근의 분기 결과들을 저장하여 두는 분기 역사표(branch history table)를 참조하여 예측하는 방법 • 분기목적지 선인출 조건 분기가 인식되면 분기명령어의 다음 명령어뿐 아니라 조건이 만족될 경우에 분기하게 될 목적지의 명령어도 함께 인출하는 방법 • 루프버퍼 사용 이 버퍼는 파이프라인의 명령어 인출 단계에 포함되어 있는 작은 고속 기억장치인데 가장 최근에 인출된 일정 개수의 명령어들이 순서대로 저장되어 있다. 이를 활용하여 프로그램을 처리하는 방식 • 지연분기 프로그램 내의 명령어들을 재배치함으로써 파이프라인의 성능을 개선하는 방법. 즉 분기 명령어의 위치를 적절히 조정하여 원래보다 나중에 실행되도록 재배치함으로써 그로 인한 성능 저하를 최소화함

2단계 파이프라인과 4단계 파이프라인을 예로 들어 설명해보자.

※ 2-단계 명령어 파이프라인(two-stage instruction pipeline)

명령어를 실행하는 하드웨어를 인출단계(fetch stage)와 실행단계(execute stage)라는 두 개의 독립적인 파이프라인 모듈로 분리

두 단계들에 동일한 클록을 가하여 동작 시간을 일치시키면,

- 첫 번째 클록 주기에서는 인출단계가 첫 번째 명령어를 인출
- 두 번째 클록 주기에서는 인출된 첫 번째 명령어가 실행단계로 보내져서 실행되며, 그와 동시에 인출단계는 두 번째 명령어를 인출

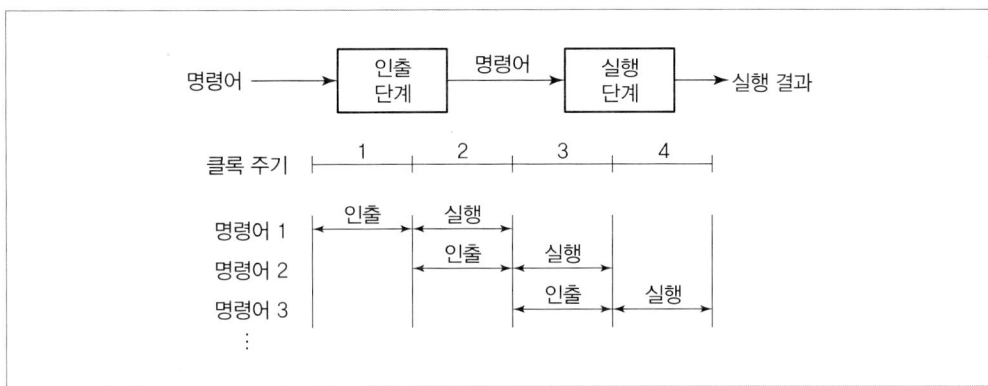

2-단계 파이프라인을 이용하면 명령어 처리 속도가 두 배 향상(일반적으로 단계 수만큼의 속도 향상)

- 문제점 : 두 단계의 처리 시간이 동일하지 않으면 두 배의 속도 향상을 얻지 못함 (파이프라인 효율 저하)
- 해결책 : 파이프라인 단계의 수를 증가시켜 각 단계의 처리시간을 같게 함
  → 파이프라인 단계의 수를 늘리면 전체적으로 속도가 향상됨

※ 4-단계 명령어 파이프라인

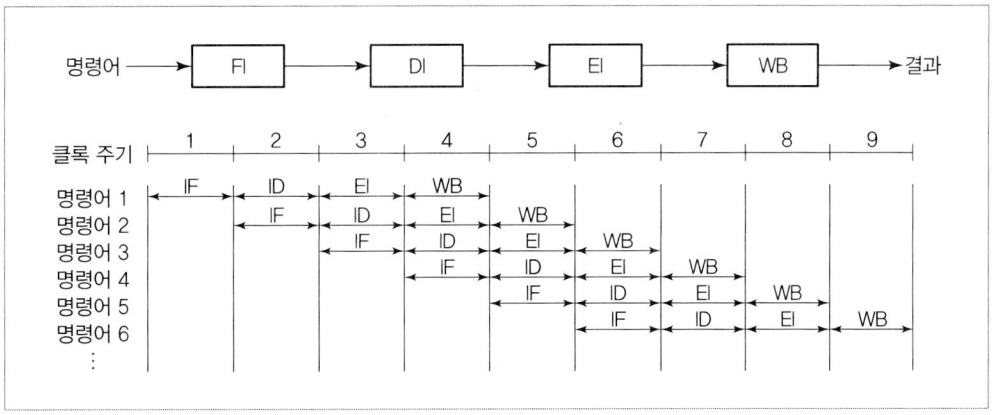

파이프라인 단계 수 = k

실행할 명령어들의 수 = N

각 파이프라인 단계가 한 클럭 주기씩 걸린다고 가정한다면, 파이프라인에 의한 전체 명령어 실행시간 T : T = k + (N − 1)이다. 즉, 첫 번째 명령어를 실행하는 데 k 주기가 걸리고, 나머지 (N − 1) 개의 명령어들은 각각 한 주기씩만 소요된다.

파이프라인 되지 않은 경우의 N개의 명령어들을 실행 시간 T : T = k ×N

그리고 조건 분기 시 사용하는 명령어를 저장하는 상태레지스터에 대해 간략히 살펴보자.

조건 분기 명령어에서 사용하는 조건들은 CPU 내부의 상태레지스터(Status Register)에 저장되어 있다. 각 조건의 상태를 나타내는 비트를 플래그(flag)라고 부르는데 그들이 모여 있는 레지스터가 상태 레지스터이다. CPU는 실행 사이클 동안에 조건 분기 명령어가 지정하는 플래그의 값을 검사하여 분기 여부를 결정하게 된다. 일반적으로 상태 레지스터에 포함된 조건 플래그들은 아래와 같다.

- 부호(S) 플래그 : 직전에 수행된 산술연산 결과값의 부호 비트를 저장
- 영(Z) 플래그 : 연산 결과값이 0 이면, 1
- 올림수(C) 플래그 : 덧셈이나 뺄셈에서 올림수(carry)나 빌림수(borrow)가 발생한 경우에 1로 세트
- 동등(E) 플래그 : 두 수를 비교한 결과가 같게 나왔을 경우에 1로 세트
- 오버플로(V) 플래그 : 산술 연산 과정에서 오버플로가 발생한 경우에 1로 세트
- 인터럽트(I) 플래그 : 인터럽트 가능(interrupt enabled) 상태이면 0으로 세트 인터럽트 불가능(interrupt disabled) 상태이면 1로 세트
- 슈퍼바이저(P) 플래그 : CPU의 실행 모드가 슈퍼바이저 모드(supervisor mode)이면 1로 세트, 사용자 모드(user mode)이면 0으로 세트

CHAPTER **03** Memory

SECTION 01 | 계층적 기억장치
SECTION 02 | 캐시메모리
SECTION 03 | 메모리 인터리빙
SECTION 04 | 가상기억장치
SECTION 05 | 차세대 메모리

CHAPTER 03 Memory
SECTION 01 계층적 기억장치

핵심 요약(Key point summary)

1 컴퓨터시스템의 프로그램 및 데이터 저장을 위한 기억장치의 분류와 특징

가. 기억장치의 분류

구분	설명	종류
장치위치	기억장치의 위치에 따른 분류	내부기억장치 외부기억장치
접근방식	CPU가 정보를 기억장치에 쓰거나 저장장치로부터 읽는 동작방식별 분류	순차, 직접, 임의, 연관 액세스 기억장치
재료에 의한 분류	기억장치를 구성하고 있는 재료에 의한 분류	반도체 기억장치 자기 표면 기억장치
Data 저장성질	Data를 저장하는 성질에 의한 분류	휘발성 기억장치 비휘발성 기억장치 삭제 불가능 기억장치

나. 기억장치의 특징

특징	설명
위치	• CPU, Cache Memory, Main Memory, 보조기억장치
물리적 유형	• 반도체, 자기기억 장치, 광(光)기억 장치
전송단위	• Word, Block, Segment
접근방법	• 순차접근, 직접접근, 임의접근, 내용접근(연관접근)
물리적 특성	• 소멸성/비소멸성, 삭제가능/삭제불가능
용량	• 워드 크기, 워드 수(數)
성능	• 접근시간, 주기시간, 전송률

이러한 특성과 속도 차이로 인해 성능 향상 및 비용 절감을 위해서는 기억장치 계층 구조를 활용함

CHAPTER 03 Memory

❷ 메모리 계층구조도 및 필요성(효과)

가. 메모리 계층구조도

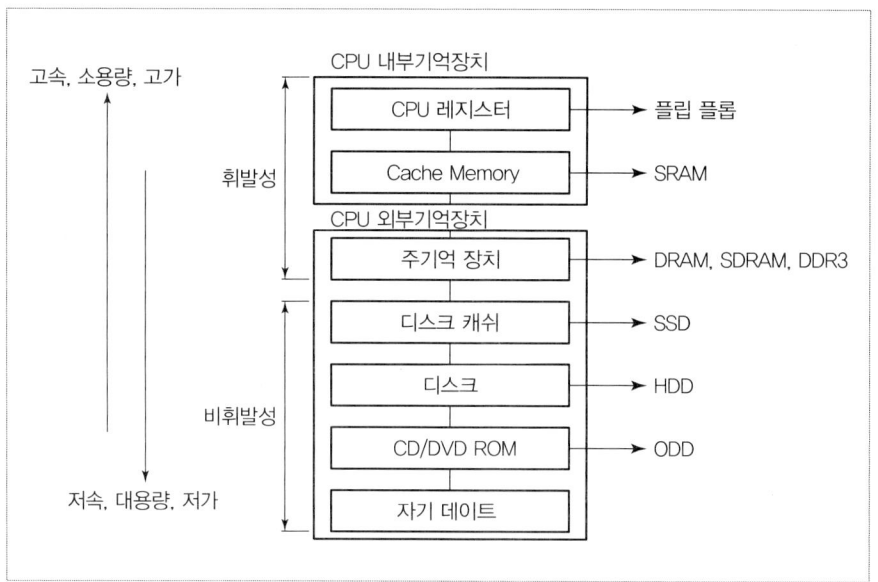

기억장치의 상위 계층으로 올라갈수록 비트당 가격 향상, 용량 감소, 액세스 시간 단축, CPU에 의한 액세스 빈도 증가의 특징을 가지고 있다.

장치	세부장치	설명
CPU 레지스터	PC, MAR, MBR, IR, AC	플리플롭으로 제작된 고성능의 저장장치
Cache Memory	SRAM	플립플롭방식의 메모리 셀을 가진 임의 접근 기억장치로서, 전원 공급이 계속되는 한 저장된 내용을 계속 기억하며, 복잡한 재생 클록(refresh clock)이 필요
주기억장치	DRAM (SDRAM, DDR3)	Capacitor와 트랜지스터로 구성된 집적도가 높은 메모리로 Refresh 회로를 필요로 하는 동적 RAM
디스크 캐시	SSD	Nand Flash 메모리로 구성된 비휘발성 디스크
광학디스크	CD/DVD/블루레이디스크 등	이동형 저장장치로 광학기술이용 Disk
Tape	Tape 장치	일반적 Tape을 이용하는 저장장치

나. 메모리 계층구조의 필요성 및 효과

- 필요성 : 기억장치들은 속도, 용량 및 가격 측면에서 매우 다양하며 적절한 성능(속도), 용량 및 가격의 기억장치 구성 필요
- 효과 : 기억장치시스템의 성능 대 가격비(performance/cost ratio) 향상
  이러한 메모리계층의 특성으로 성능 대 가격비를 최대화하기 위해 Locality 라는 원리를 사용

3 메모리 계층구조 효과 극대화를 위한 Locality(지역성의 원리)

가. 지역성(Locality)의 정의

- 메모리 계층구조의 특성상 하위 메모리에서 데이터 전송 횟수가 많으면 많을수록 성능은 떨어진다. 이를 최대한 방지하기 위해 하위 메모리에서 데이터를 가져오는 횟수를 최소한으로 하게 하는 기술 혹은 원리
- 프로그램이 기억장치 내 정보를 균일하게 접근하는 것이 아니라 한 순간에 특정 영역을 집중적으로 참조하는 특성

나. 지역성의 종류

종류	상세 설명	사례
시간적 지역성 (Temporal locality)	• 최근에 액세스된 프로그램이나 데이터가 가까운 미래에 다시 액세스될 가능성이 높음	• Loop • Subroutine
공간적 지역성 (Spatial locality)	• 기억장치 내 인접하여 저장되어 있는 데이터들이 연속적으로 액세스될 가능성이 높음	• Array • Table • 순차코드 실행
순차적 지역성 (Sequential locality)	• 분기가 발생하지 않는 한, 명령어들은 기억장치에 저장된 순서대로 인출되어 실행됨 • 분기확률 약 20%	• 구조적 프로그래밍

이처럼 메모리의 계층구조의 특성과 성능이 상이하여 이를 효율적으로 사용하여 효과를 극대화하기 위해 Locality를 사용한다.

사용방법에 대해서는 주로 선인출, 예상페이징, 워킹셋, LRU, LFU 등의 교체 정책 등에서 활용된다.

4 메모리 계층 간 실패(Miss) 원인과 해결방안

원인	해결방안
Compulsory Miss	최초 접근 시 발생/Pre Fetch로 해결
Capacity Miss	캐시의 용량 부족/캐시 용량을 늘리거나 블록 크기를 늘림
Conflict Miss	Set 수 부족/Set 수를 늘림, Mapping 방식 변경, 컴파일러 최적화

Miss를 줄이기 위한 해결 방안들은 액세스 타임, 공간, 비용 증가를 동반하므로 이에 대한 고려 필요

메모리 계층구조는 위와 같다. 하지만 실제 시험에서는 세부적인 기술을 질문하는 추세이므로 세부적인 기술까지 알고 있어야 한다.

1. 플리플롭

CPU 내의 명령어와 사용 Data를 저장하고 처리하기 위한 저장장치로 PC, MAR, MBR, IR, AC 등의 레지스터로 구성되어 있다. 이 레지스터는 결국 물리적인 회로로 구성되어 있으며 이 회로를 설계하고 만드는 기술이 플리플롭이다.

가. 플립플롭의 등장배경(래치(latch)의 문제점)
- Enable 신호가 'high' 상태를 유지하고 있는 동안 입력 값이 바뀌면 출력도 같이 바뀜
- 순차회로의 출력이 계속 변경되는 불안정한 상태 발생
- 래치의 문제점 해결책, 플립플롭의 개념
- Enable 신호가 0 → 1 혹은 1 → 0으로 천이되는 순간에만 상태가 변경되도록 설계된 기억 소자

나. 플립플롭의 종류
1) D 플립플롭(특성함수 : Q(t+1) = D)

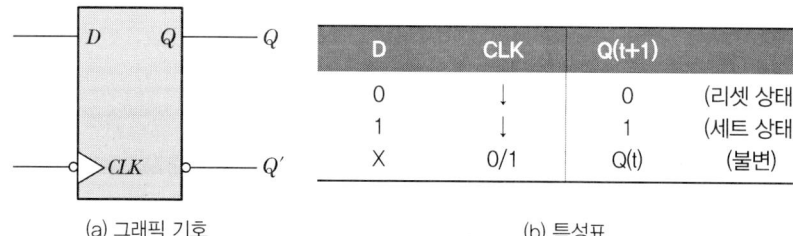

(a) 그래픽 기호   (b) 특성표

- CLK 신호가 1에서 0으로 전이되는 순간 D 입력 값이 상태 값으로 저장됨

2) SR 플립플롭(S : 세트, R : 리셋)

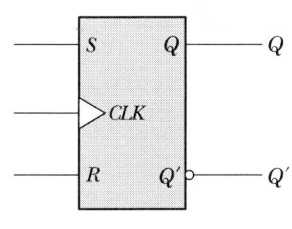

S	R	CLK	Q(t+1)	
0	0	↑	Q(t)	(불변)
0	1	↑	0	(리셋 상태)
1	0	↑	1	(세트 상태)
1	1	↑	?	(불확실)
X	X	0/1	Q(t)	(불변)

(a) 그래픽 기호　　　　　　　　(b) 특성표

- CLK 신호의 특정 순간에 동작(상태결정) → 동기식 회로
- 문제점 : S=R=1일 때, Q(t+1) 의 값이 불확실함

3) JK 플립플롭(SR 플립플롭의 문제점 해결)

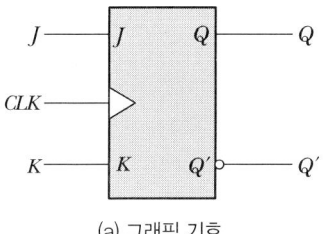

J	K	Q(t+1)	
0	0	Q(t)	(불변)
0	1	0	(리셋)
1	0	1	(세트)
1	1	Q'(t)	(토글)

(a) 그래픽 기호　　　　　　　　(b) 특성표

- SR 플립플롭의 문제점 해결 : 두 입력이 모두 1인 경우를 위해 새로운 동작모드 추가
- 특성함수 : Q(t+1) = JQ'+ K'Q
- 세트(set) : Q → 1(입력조건 : J=1, K=0)
- 리셋(reset) : Q → 0(입력조건 : J=0, K=1)
- 토글(toggle) : 상태 값이 현재 상태의 반대 값으로 변경(입력조건 : J=1, K=1)

4) T 플립플롭

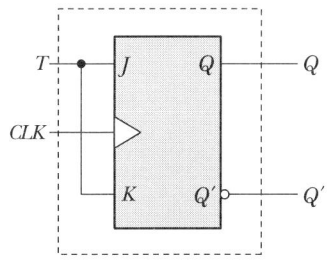

T	Q(t+1)	
0	Q(t)	(불변)
1	Q'(t)	(토글)

(a) JK 플립-플롭을 이용한 구성　　　(b) 특성표

- 구성방법 : JK 플립플롭의 두 입력을 접속하여 하나의 입력 T만 사용
- 특성함수 : $Q(t+1) = T'Q + TQ'$
- 동작 특성 : T = 0(상태불변), T = 1(토글)

2. Cache Memory(SRAM)

- SRAM 역시 플리플롭 회로를 이용한다. 그러므로 위의 내용을 참고하면 된다.
- 플리플롭 방식의 메모리 셀을 가진 임의 접근장치로서 전원공급이 되는 한 저장된 내용을 계속 유지하는 정적 RAM
- 임의 접근 Read/Write 가능, Refresh 회로가 필요 없음

SRAM 구조 및 동작

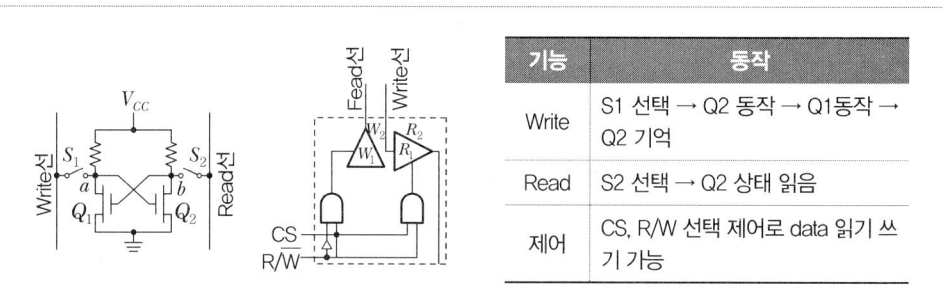

기능	동작
Write	S1 선택 → Q2 동작 → Q1동작 → Q2 기억
Read	S2 선택 → Q2 상태 읽음
제어	CS, R/W 선택 제어로 data 읽기 쓰기 가능

- 제조공정의 기술 발달로 SRAM의 소형화 및 저전력 메모리의 발전으로 CPU Core 내부에 L1, L2 L3 캐시로 사용

3. 주기억장치(DRAM, SDRAM, DDR3)

가. DRAM

Capacitor와 트랜지스터(또는 FET)로 구성된 집적도가 높은 메모리로 Refresh 회로를 필요로 하는 동적 RAM

DRAM 구조 및 동작

기능	동작
Write	워드 선택선(써넣기) 선택 S1 구동 Write 선의 값을 "C"에 축척
Read	워드 선택선(읽어내기) 선택 S2 구동 Read 선의 Q1값을 읽음
정보저장	Capacitor "C"에 축척

나. SDRAM(Synchronous Dynamic Random Access Memory)

Access 동작들이 시스템 Clock에 맞추어(동기화되어) 수행되는 RAM

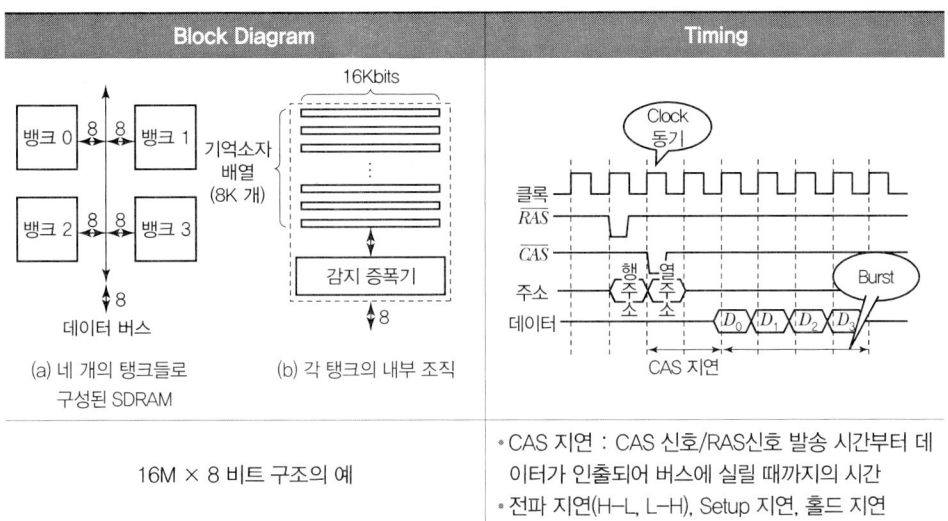

SDRAM 구조 및 Timing

버스트 모드(Burst mode) : 여러 바이트들을 연속적으로 전송하는 동작

버스트의 길이 : 각 버스트가 동작하는 동안 전송되는 데이터의 바이트 수

다. DDR SDRAM(DDR, DDR2, DDR3)

Clock의 High 및 Low edge 를 모두 사용하여 Data 전송속도를 배수로 높이는 기술

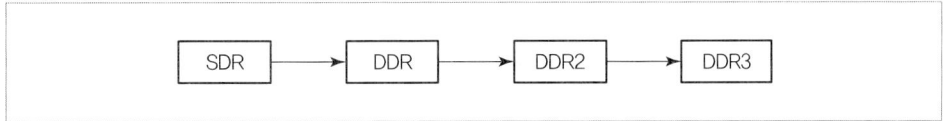

- SDR : Single Data Rate의 약자로 1회에 1번씩 읽고 쓰는 방식 – Single
- DDR : Double Data Rate의 약자로 1회에 2번씩 읽고 쓰는 방식 – Double
- DDR2 : Double Data Rate 2의 약자로 1회에 2번 쓰고 다시 2번 돌리는 방식
  – Quad
- DDR3 : Double Data Rate 3의 약자로 1회에 4번 쓰고 다시 4번 돌리는 방식
  – Octa

라. SDRAM별 주요 특징

1) DDR(Double Data Rate) SDRAM

- DDR 모드라고 하는 고속의 데이터 전송기능을 가진 동기식 동적 램(SDRAM)
- 시스템 클럭의 상승단과 하강단 모두에서 출력이 나오도록 하여 기존 SDRAM의 데이터 전송속도가 2배 향상
- 이론적으로는 RAM의 속도를 적어도 200MHz까지 끌어올릴 수 있음
- 펜티엄3 이전의 구형 PC에서 사용하는 메모리 규격으로 현재 사용빈도가 거의 없음

2) DDR2 SDRAM
- 2003년에 JEDEC가 책정한 DDR SDRAM을 고속화한 SDRAM의 규격
- 기존 DDR 메모리(2.5v)보다 낮은 1.8v의 저전압으로 구동
- 500~1200MHz의 빠른 동작속도, 인텔915 칩셋 이상의 메인보드에서 지원
- DDR과의 호환성은 없으며, DDR2 메모리 모듈을 DDR 소켓으로 꽂는다든지 그 역은 불가능

3) DDR3 SDRAM
- DDR2와 기본적 방식은 같으나 전송속도, 전송폭, 소비전력을 한 단계 업그레이드
- 입출력버스를 메모리셀의 속도보다 4배 빠르게 동작해 DDR2보다 더 빠른 버스속도 구현
- DDR2보다 Latency가 떨어지나 클럭이 빠르기에 DDR2보다 성능은 약간씩 우수
- 전력소비량에 민감한 서버와 배터리 사용시간을 늘려야 하는 노트북에 특히 적합한 제품
- DDR2와 핀의 수는 240으로 같으나 홈위치가 다르므로 서로 호환되지 않음
- 동일 미세공정에서 생산되는 DDR2 대비 Chip 사이즈가 더 큰 것이 단점(원가상승)
- DDR3 SDRAM은 인텔의 X37,P35 칩셋부터 지원

마. SDRAM별 주요 차이점

구분	DDR	DDR2	DDR3
메모리 클럭 속도(MHZ)	100/133/166/200	100/133/166/200	100/133/166/200
I/O 버스 클럭 속도(MHz)	100/133/166/200	200/266/332/400	400/533/667/800
최종 속도(MHz)	200/266/332/400	400/533/667/800	800/1066/1333/1600
동작 전압(Volt)	2.5	1.8	1.5
패키지 타입	66-Pin TSOP2	60/84- Ball FBGA	78 Ball FBGA
Prefetch Buffer(bit)	2	4	8
Bit Organization	×4/8/16	×4/8/16	×4/8/16
Module	184 Pin DIMM	240 Pin DIMM	240 Pin DIMM

4. SSD(Solid State Disk)

분류상 디스크 캐시로 분류 하고 있으나 SSD로만 구성된 저장장치 역시 사용되고 있으므로 엄밀히 말해 디크스 캐시가 아니고 디스크와 같은 Level로 보는 것이 타당하다.

- NAND Flash 메모리와 컨트롤러로 구성되어 HDD에 비해 고속, 지연이 최소화된 차세대 저장장치
- 반도체 기억소자를 사용 자기디스크 장치와 같은 접근법을 가능하게 하는 NAND Flash 메모리 기반의 차세대 디지털 스토리지

가. SSD의 분류

분류	유형	설명
저장메모리	DRAM 기반 SSD	• 주저장 매체로써 휘발성의 DRAM 사용 • RAM 칩으로부터 데이터를 저장하고 읽으므로 고속 • 휘발성(RAM)이므로 내부 배터리 시스템과 HDD나 플래시 같은 비휘발성 시스템 이용 설계
	플래시 기반 SSD	• 전기적인 방법으로 정보를 자유롭게 입출력 • SRAM 버퍼는 플래시 기반 SSD의 단점인 쓰기속도 느린 점 고려 • SLC(Single Level Cell)는 속도가 빠르고 MLC에 비해 수명이 길지만 가격이 고가 • MLC는 SLC에 비해 저가인데 속도가 느리다.

형태	HDD 형	ATA, SCSI, SATA 타입 제품군
	CARD 형	PCI 카드 타입 제품군
	RACK Mount 형	대용량 구성의 스토리지 제품군(SAN, NAS)

나. SSD의 내부 구성도 및 구성요소

1) SSD의 내부 구성도(Block Diagram)

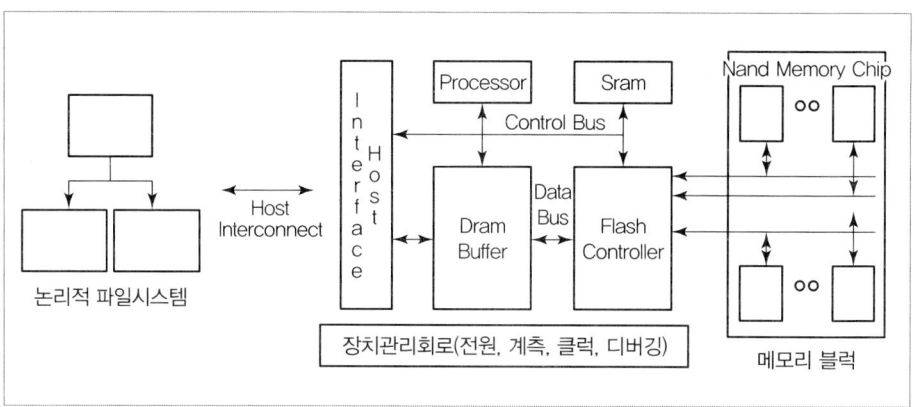

- SSD는 메모리 블록, Controller, 관련 부품, 프로세스 등으로 구성되며 Controller 가 SSD의 성능을 좌우함

2) 구성요소

기능영역	구성요소	기능
인터페이스	Host Interface	• 호스트시스템의 다양한 인터페이스와 연결지원 • 인터페이스 : SATA, PATA, SAS, SCSI, FC 등
관리	Process	• 디스크 논리블록과 NAND 플래시 메모리 상의 위치매핑 • FTL(Flash Translation Layer) 수행 : NAND 플래시는 소거연산이 필요하고 기존의 HDD와 처리방식이 다르기 때문에 논리적 파일시스템과 물리적 Memory Block의 매핑 처리 수행
	SRAM	• NAND 플래시 메모리 관리(garbage collection, wear Leveling) • 내부 소프트웨어 및 매핑 데이터를 위한 캐시 용도
	DRAM	• 읽기/쓰기 요구속도 최적화를 위한 데이터 캐시 및 버퍼
	Flash Controller	• Memory Block의 여러 개 채널 관리 • 타이머, 인터럽트 처리기, 메모리 컨트롤러 등
데이터 저장	Memory Block	• 데이터 저장 공간 • 병렬화한 NAND 플래시 메모리 Chip Set(SLC, MLC 등)

- SSD는 Memory Block의 데이터 저장장치에 따라 Flash 기반과 DRAM 기반으로 분류됨

  # 참고 : SLC vs MLC

SLC(Single Level Cell)	MCL(Multi Level Cell)
• 데이터 저장공간(셀)마다 1비트(bit) 저장 • 장점 : 저장속도 고속 • 단점 : 고가, 소형화 어려움	• 데이터 저장공간(셀)마다 2비트 이상 저장 • 장점 : 저가, 소형화 가능 • 단점 : SLC 기반에 비해 저장속도 저속

5. ROM(Read Only Memory)

- 메모리 계층구조에서는 나오지 않았지만 주요한 메모리 중 하나
- 영구 저장이 가능한 반도체 기억장치
- 읽는 것만 가능하고, 쓰는 것은 불가능
- 아래 내용들의 저장에 사용
  - 시스템 초기화 및 진단 프로그램(예 PC의 BIOS 프로그램)
  - 빈번히 사용되는 함수들을 위한 서브루틴들
  - 제어 유닛의 마이크로 프로그램

종류	설명
Masked ROM	• 특정 내용을 생산 공장에서부터 ROM에 기억시켜 출하하는 것으로 사용자가 임의적으로 기억시킬 수 없음 • 메모리 중 비트당 단가가 가장 저렴
PROM	• Programmable, Non-erasable • 생산 공장 출하 시 기억된 것이 아무것도 없으며, PROM Writer를 사용하여 사용자가 한번 기억(Write)이 가능함
EPROM	• Erasable, Programmable • 자외선을 사용하여 기억된 내용을 임의적으로 소거시킨 후 전기적인 방법으로 다시 기억시킬 수 있음
EEPROM	• Electrically Erasable • 전기적 방법으로 정보를 소거, 저장 연속 진행

Flash Memory는 기존 EPROM과 EEPROM의 변형으로 block 단위로 고속 수정이 가능한 메모리임

SECTION 02 캐시메모리

> CHAPTER 03 Memory

핵심 요약(Key point summary)

1 CPU와 주기억장치의 속도 차 극복을 위한 캐시 메모리의 개요

가. 캐시 메모리(Cache Memory)의 정의

CPU와 주기억장치의 속도 차이로 인한 CPU 대기시간을 최소화시키기 위하여 CPU와 주기억장치 사이에 설치하는 고속 반도체

나. 캐시 메모리의 특징
- 고속 반도체 칩 : 주기억장치보다 액세스 속도가 높은 칩 사용
- 저용량 : 가격 및 제한된 공간 때문에 용량이 적음
- 지역성 원리(Locality) 활용 : 시간적/공간적 지역성의 원리에 의한 블록 단위 메모리 참조
- 캐시 일관성 : 멀티프로세서 멀티 캐시 컴퓨터에서 캐시 일관성 유지 문제가 중요함
- 이런 특징으로 캐시는 최적의 성능을 내기 위해 사상(Mapping)방식, 인출방식, 교체알고리즘, 쓰기정책, 다중캐시를 사용한다. 그러나 다중 캐시의 경우 캐시 일관성 문제가 발생하므로 캐시일관성 유지방법이 중요하다.

2 캐시성능 향상을 위한 방식 – 사상(Mapping) 방식

가. 사상(Mapping) 방식
- 캐시는 주기억장치보다 용량이 훨씬 작기 때문에 캐시의 라인이 여러 개의 주기억장치 블록들에 의해 공유된다. 그렇게 하기 위해서는 어떤 주기억장치 블록들이 어떤 캐시 라인을 공유할 것인지를 결정해 주는 방법이 필요하다. 그 방법이 주기억 장치와 캐시 간의 사상방식이다.

- 직접사상(direct Mapping), 완전-연관사상(Fully-associative mapping), 세트-연관사상(set-associative mapping) 방식이 있다.
- 캐시 메모리 매핑(Mapping)의 주요 용어
  - 블록 : 주기억장치로부터 동시에 인출되는 데이터 그룹
  - 라인 : 캐시 메모리에서 각 블록이 저장되는 장소
  - 태그 : 라인에 적재된 블록을 구분해 주는 정보

나. 캐시 메모리 사상(mapping) 기법의 종류

1) 직접 사상(direct mapping)

구분	설명
개념	- 주기억장치 블록들이 정해진 캐시 라인으로만 적재되는 방식 - 동일한 슬롯번호를 가진 모든 블록들은 지정된 한 개의 캐시 슬롯에만 저장 - 장점 : H/W 구조 간단, 구현 비용 저렴 - 단점 : 라인 공유 중인 블록 적재될 때 swap-out 발생 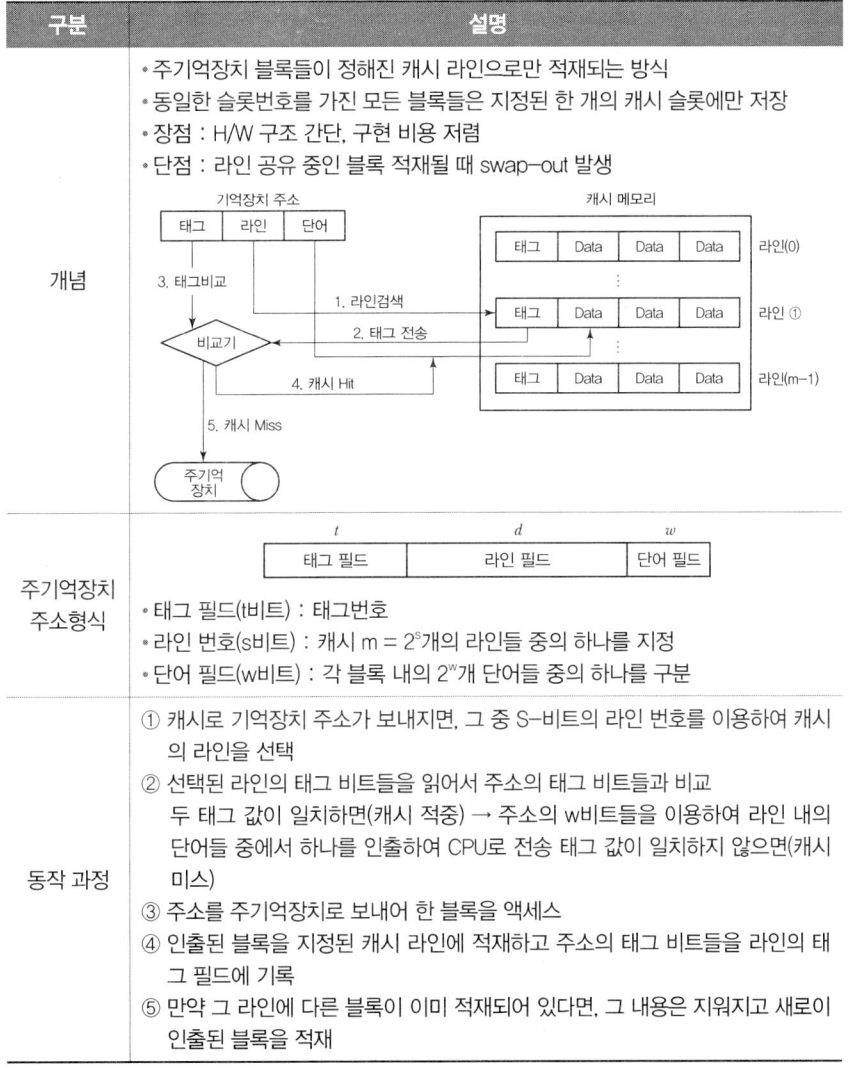
주기억장치 주소형식	- 태그 필드(t비트) : 태그번호 - 라인 번호(s비트) : 캐시 m = 2^s개의 라인들 중의 하나를 지정 - 단어 필드(w비트) : 각 블록 내의 2^w개 단어들 중의 하나를 구분
동작 과정	① 캐시로 기억장치 주소가 보내지면, 그 중 S-비트의 라인 번호를 이용하여 캐시의 라인을 선택 ② 선택된 라인의 태그 비트들을 읽어서 주소의 태그 비트들과 비교 두 태그 값이 일치하면(캐시 적중) → 주소의 w비트들을 이용하여 라인 내의 단어들 중에서 하나를 인출하여 CPU로 전송 태그 값이 일치하지 않으면(캐시 미스) ③ 주소를 주기억장치로 보내어 한 블록을 액세스 ④ 인출된 블록을 지정된 캐시 라인에 적재하고 주소의 태그 비트들을 라인의 태그 필드에 기록 ⑤ 만약 그 라인에 다른 블록이 이미 적재되어 있다면, 그 내용은 지워지고 새로이 인출된 블록을 적재

2) 완전 연관 사상(fully-associative mapping)

구분	설명
개념	• 주기억장치 블록이 적재될 캐시 라인이 정해지지 않음 • 주기억장치의 모든 블록들이 캐시의 어느 슬롯에도 저장 • 유연성 우수하나 모든 캐시 슬롯들의 태그번호를 고속으로 검색하기 위한 복잡한 회로 필요 • 장점 : 신규 블록 적재될 때 캐시라인 선택 자유로움, 적중률 향상(지역성) • 단점 : H/W 구조 복잡 및 구현 비용 고가, 캐시 라인 태그 병렬 검사를 위해 고가의 연관 기억장치 및 복잡한 주변 회로 필요 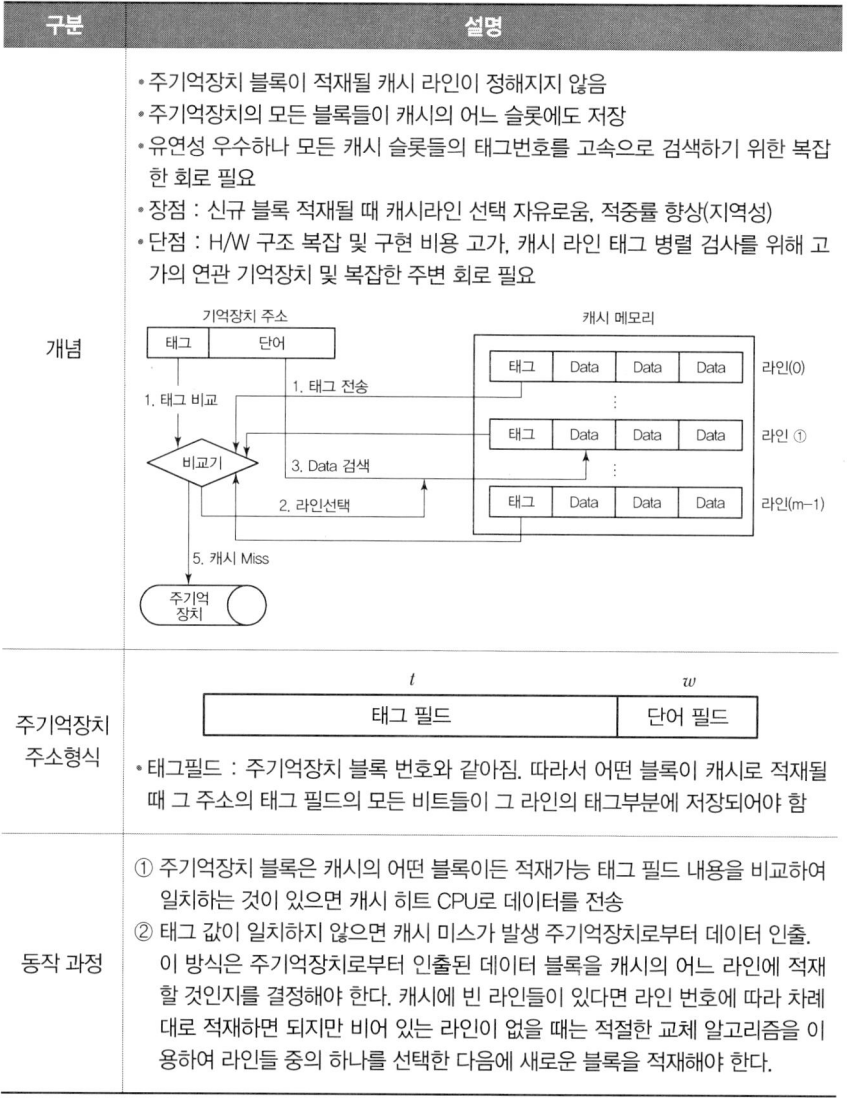
주기억장치 주소형식	t 태그 필드 / w 단어 필드 • 태그필드 : 주기억장치 블록 번호와 같아짐. 따라서 어떤 블록이 캐시로 적재될 때 그 주소의 태그 필드의 모든 비트들이 그 라인의 태그부분에 저장되어야 함
동작 과정	① 주기억장치 블록은 캐시의 어떤 블록이든 적재가능 태그 필드 내용을 비교하여 일치하는 것이 있으면 캐시 히트 CPU로 데이터를 전송 ② 태그 값이 일치하지 않으면 캐시 미스가 발생 주기억장치로부터 데이터 인출. 이 방식은 주기억장치로부터 인출된 데이터 블록을 캐시의 어느 라인에 적재할 것인지를 결정해야 한다. 캐시에 빈 라인들이 있다면 라인 번호에 따라 차례대로 적재하면 되지만 비어 있는 라인이 없을 때는 적절한 교체 알고리즘을 이용하여 라인들 중의 하나를 선택한 다음에 새로운 블록을 적재해야 한다.

3) 세트-연관 사상(set-associative mapping)

구분	설명
개념	• 주기억장치 블록 그룹이 하나의 세트 공유(세트 내 두 개 이상의 라인 적재 가능) • 직접사상과 완전사상의 절충으로 같은 블록들 중에서 2개 이상이 동시에 캐시 내에 저장 • 동일한 태그를 가진 블록들이 저장되는 캐시 슬롯 그룹을 집합으로 관리 • 장점 : 주기억장치의 각 블록은 특정 세트 안의 어느 라인에나 적재 가능(융통성) • 단점 : 회로 구현 복잡 및 구현 비용 고가 [기억장치 주소: 태그 / 세트 / 단어] [캐시 메모리: 세트(0), 라인①, 세트(m-1)] 1. 세트검색 2. 태그 전송 3. 태그비교 4. 단어 검색 5. 캐시 Hit 6. 캐시 Miss
주기억장치 주소형식	t / d / w 태그 필드 / 세트 필드 / 단어 필드 • 직접사상과 완전연관 사상을 혼합하여 사용하는 형식 • 두 사상의 장점을 모두 수용한 형태
동작과정	① 기억장치 주소의 세트 비트들을 이용하여 캐시 세트들 중의 하나를 선택 ② 주소의 태그 필드 내용과 그 세트 내의 태그들을 비교하여 일치하는 것이 있으면 캐시 적중 → 그 라인 내의 한 단어를 w 비트에 의해 선택하여 인출 ③ 일치하는 것이 없으면 캐시 미스 주기억장치를 액세스 라인들 중의 어느 라인에 새로운 블록을 적재할 것인지를 결정하여 교체

3 캐시성능 향상을 위한 방식 – 인출방식 및 교체방식

가. 인출방식

인출방식	상세 설명
요구 인출(Demand fetch)	• 프로그램에서 필요로 하는 데이터의 요청이 있을 때마다 요구하여 인출하는 방식
선인출(Pre-fetch)	• 지역성의 원리 이용하여 사용이 예상되는 데이터를 주기억장치에서 미리 캐시 메모리에 적재함

나. 교체방식

캐시미스가 발생하여 새로운 블록이 주기억장치로부터 캐시로 올라왔을 때 그 블록이 적재될 수 있는 라인들이 이미 다른 블록들로 채워져 있다면 그 블록들 중의 하나가 교체되어야 한다. 직접 사상에서는 새로운 블록이 적재될 수 있는 라인이 하나뿐이기 때문에 선택의 여지가 없다. 그러나 완전-연관사상과 세트-연관사상에서는 적절한 교체 알고리즘이 필요하다.

교체 기법	상세 설명
FIFO(First In First Out)	• 캐시 메모리 내 가장 오래 있었던 블록 교체 • FIFO 이상현상(벨레디의 모순)이 일어날 수 있다.
LFU(Least Frequently Used)	• 사용 빈도가 가장 낮은 블록 교체
MFU(Most Frequently Used)	• LFU 와 반대 개념 • 가장 작은 참조 횟수를 가진 페이지가 가장 최근에 참조된 것으로 앞으로 사용될 것이라는 판단근거
LRU(Least Recently Used)	• 가장 오랫동안 사용되지 않은 블록 교체(시간적 지역성) • LRU 교체 알고리즘은 H/W의 지원이 필요함. 즉 프레임들이 최근 사용된 시간순서를 파악할 수 있어야 한다. 계수기, Stack을 이용하여 구성하지만 LRU 교체를 지원하기 위해서는 충분한 H/W를 제공해야 하기 때문에 비현실적이다. 그래서 이를 개선한 방식이 "LRU 근사 교체 방식"이다.
임의(Random) 방식	• 후보들 중 임의로 선택하여 교체
최적(Optimal) 방식	• 향후 참조되지 않을 블록 교체(비현실적 방식)

4 캐시성능 향상을 위한 방식 - 쓰기정책과 다중캐시

가. 쓰기정책

- 캐시의 변경된 내용을 주기억장치에 갱신하는 시기와 방법 결정

구분	Write Through	Write Back
동작 개념도	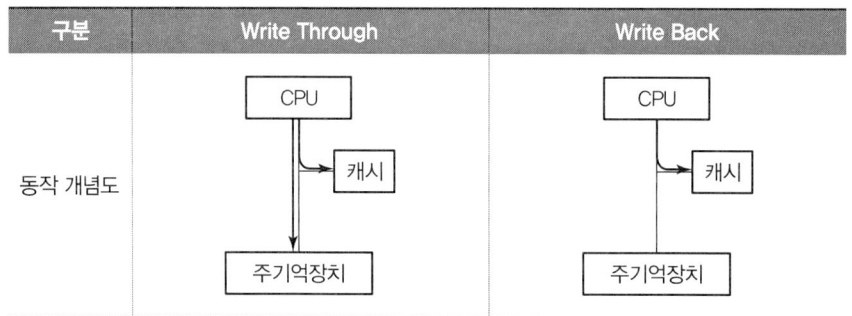	

동작 원리	• 쓰기 동작 시 캐시와 주기억장치에 동시에 쓰는 방식	• 캐시에만 쓰기를 하고 해당 데이터가 swap-out될 때 주기억장치에 복사하는 방식
장점	• 구조가 단순함 • 캐시와 주기억장치의 일관성 유지	• 기억장치 쓰기 동작의 횟수 최소화 및 쓰기 시간 단축
단점	• 버스의 트래픽 양이 많아짐 • 주기억장치 쓰기 포함으로 쓰기 시간이 길어짐	• 캐시와 주기억장치 일관성 유지 어려움(Cache Coherency 문제) • 블록 교체 시 캐시의 상태 비트(dirty bit) 확인 절차 필요

- 캐시 메모리 쓰기 정책은 다중 프로세서 환경에서 캐시들 간의 데이터 불일치 현상 유발

나. 다중캐시

멀티 프로세서의 경우 각 프로세서 별로 캐시를 별도로 가지고 있다. 이는 성능 향상과 연결되지만 또한 캐시 일관성 문제를 일으키게 된다. 캐시 일관성 보장 방법이 중요하다.

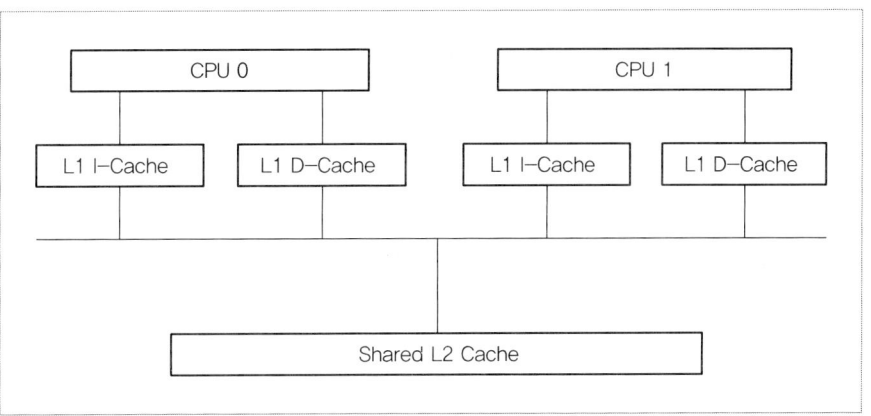

위와 같은 다중캐시를 사용하면 각각의 L1 캐시들의 저장 Data가 변경되면 캐시 불일치가 발생한다. 이때 동기화(캐시 일관성 보장 방법)가 필요하다.

5 캐시 일관성 문제 발생원인 및 해결방안

가. 캐시 일관성 문제(Coherence)의 발생원인

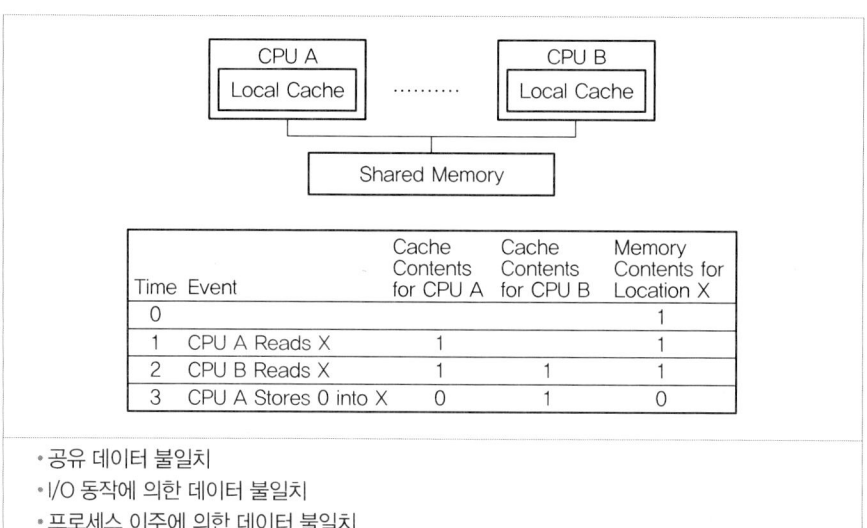

- 공유 데이터 불일치
- I/O 동작에 의한 데이터 불일치
- 프로세스 이주에 의한 데이터 불일치

나. 캐시 일관성 문제의 해결방안

해결방안	상세설명
공유 캐시 사용	• 모든 프로세서들이 하나의 캐시를 공유하는 방법 • 문제점 : 프로세서들 간 캐시 접근 충돌 빈번하여 성능 저하 발생
공유 데이터의 캐시 저장 금지	• 변경 가능한 공유 데이터(예. 잠금 변수, 임계영역 내 데이터)는 주기억장치에 저장함 • 문제점 : 컴파일러가 각 데이터에 태그를 붙여 공유데이터를 식별해야 하고 이를 검색할 수 있는 H/W 필요
잠금 변수의 캐시에 저장 금지	• 임계영역을 보호하는 Lock 변수만 캐시저장 불가능으로 주기억장치 저장 • 문제점 : 임계영역 내 접근된 데이터 변경 여부 표시하는 태그 필요
버스 감시 메커니즘 사용	• 캐시마다 버스 감시 기능을 가진 Snoop 제어기 추가 • 데이터가 변경된 캐시의 Snoop 제어기가 변경 사실을 다른 Snoop 제어기로 방송하여 변경 사실 통보 • Write Through 방식 : 2단계 캐시 상태 관리(Valid, Invalid) • Write Back 방식 : MESI 프로토콜 이용(Modified, Exclusive, Shared, Invalid)
디렉토리 기반 캐시 프로토콜 이용	• 버스감시 메커니즘의 방송으로 인한 상호 연결망 통신량 증가문제 해결을 위해 방송하지 않는 디렉토리 기법 도입 • 디렉토리 : 공유 데이터의 복사본들에 관한 정보를 관리하는 리스트 • 공유데이터 변경 시 디렉토리를 통해 해당 복사본이 저장된 캐시만 변경

- 캐시 교체방식 중 FIFO 방식의 문제점이 FIFO 이상 현상(벨레디의 모순)이라 했다.

  이는 프로세스당 더 많은 Page 프레임이 할당될수록 더 적은 Page Fault가 발생하는 것이 상식인데 FIFO Page 교체기법 하에서는 프로세스에 더 많은 수의 Page를 할당할 경우 오히려 더 많은 Page 부재가 발생하는 현상을 말한다.

- LRU를 지원하기 위해서는 추가적인 H/W를 구성해야 하는데 이를 지원하는 시스템은 거의 없다.

  이를 개선하여 사용하는 방식이 참조비트(Reference bit)의 형태를 지원하는 알고리즘이다. 즉 Page가 참조될 때마다 H/W가 그 Page에 대한 참조비트를 설정한다. 즉 참조비트는 Page Table의 각 항목에 대응된다. 구현방식은 아래와 같다.

구현방식	설명
부가적 참조 비트 알고리즘	메모리의 한 Table에 각 Page에 대해 추가로 8비트를 유지함
Second Chance 알고리즘	• 원형 큐로 구현되는데 이 큐에는 포인터가 있어 다음에 교체될 Page를 가리킴 • 참조비트를 이용하여 Victim Page를 선택함

Enhanced Second Chance 알고리즘 (NUR 이라고도 함)	• 참조비트(Reference bit)와 변경비트(Modification bit)를 이용
	• 2비트를 통해 4가지 등급 설정 활용
	  (0, 0) : 최근에 사용되지도 않고 변경도 안 된 Page
	  (0, 1) : 최근에 사용되지 않고 변경된 Page
	  (1, 0) : 최근 사용되었으나 변경되지 않음 → 곧 다시 사용될 확률 높음
	  (1, 1) : 최근 사용되었고 변경도 되었음 → 곧 사용될 것이고 교체 시 디스크에 기록 필요

- 캐시 일관성 유지방법

  가. 버스 감시 메커니즘이 포함된 프로세서 모듈(스누피 제어기, MESI 프로토콜 등)

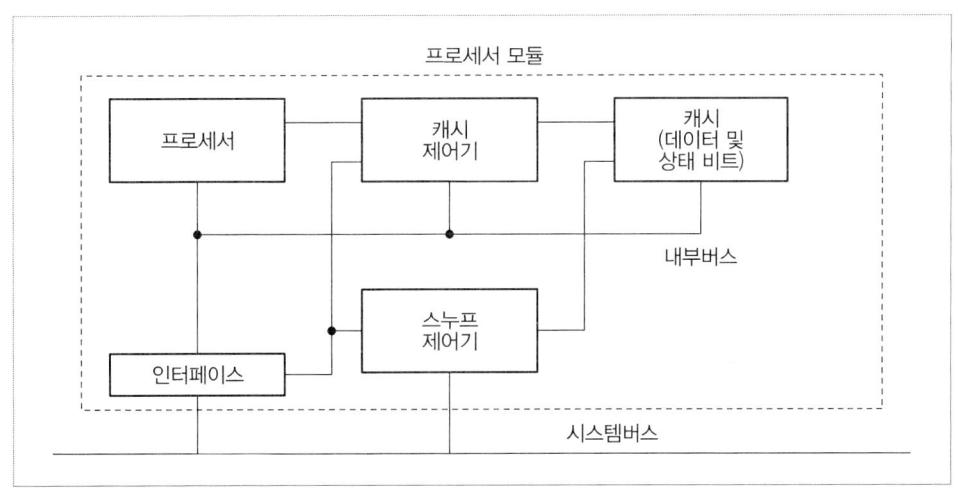

  프로세서가 캐시의 데이터를 수정할 때, 동시에 주기억장치에도 갱신

① 스누피 제어기의 동작
  - 주기억장치에 대한 쓰기 동작의 주소가 자신의 캐시에 있는지 검사
  - 만약 존재한다면, 그 블록을 무효화(invalidate)시킨다.
    → 프로세서가 무효화된 블록을 액세스하는 경우에는 캐시 미스로 처리

② 캐시 데이터의 상태(Write-through 일관성 유지 프로토콜)
  - 유효(V : Valid) 상태 : 캐시의 내용 = 주기억장치의 내용
  - 무효(I : Invalid) 상태 : 캐시의 내용 ≠ 주기억장치의 내용

③ 캐시 데이터의 상태(Write-back 일관성 유지와 MESI 프로토콜)
  - 프로세서가 캐시의 데이터를 변경해도 주기억장치의 내용은 갱신되지 않음
    - 다른 스누피 제어기들이 시스템 버스를 감시해도 변경 사실을 알 수 없음
    - 변경된 캐시의 스누피 제어기가 변경 사실을 다른 스누피 제어기들에게 통보
  - 무효화 신호(invalidate signal) : 데이터의 변경 사실을 알려주기 위한 신호
  - 무효화 사이클(invalidate cycle) : 무효화 신호가 전송되는 버스 사이클

④ MESI 프로토콜에서 캐시 데이터의 상태
  - 수정(M : Modified) 상태 : 데이터가 수정(변경)된 상태
  - 배타(E : Exclusive) 상태 : 유일한 복사본이고, 주기억장치의 내용과 동일한 상태
  - 공유(S : Shared) 상태 : 데이터가 두 개 이상의 프로세서 캐시에 적재되어 있는 상태
  - 무효(I : Invalid) 상태 : 데이터가 다른 프로세서에 의해 수정되어 무효가 된 상태

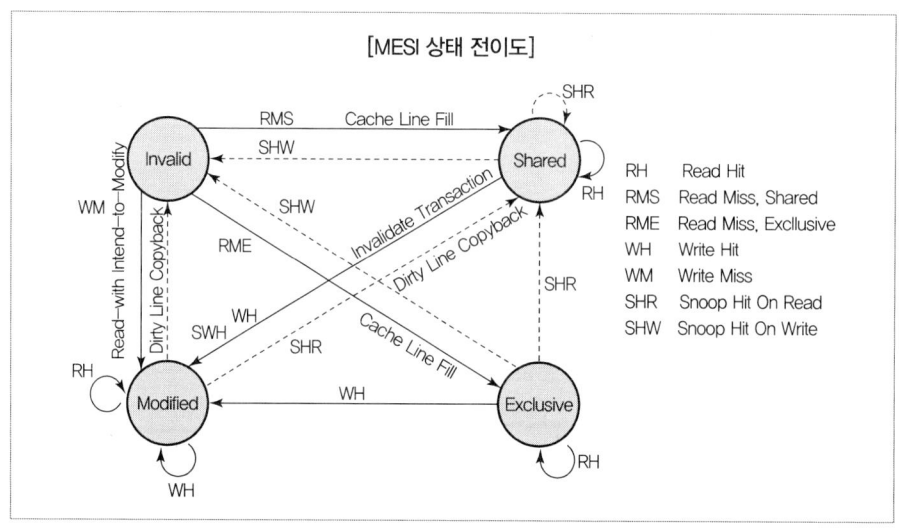

[MESI 상태 전이도]

※ 실선은 본 캐시에 접속된 프로세서 내에서 기인되고, 점선은 공통 버스상에서 관측된 사건들에 기인됨

■ 상태 천이별 동작설명

상태전이	설명
Read miss	읽기 미스가 발생하여 프로세서는 그 주소를 포함한 라인을 읽기 위해 기억장치 읽기 시작하며 트랜잭션을 snoop하는 모든 프로세서/캐시 장치에게 해당 트랜잭션을 snoop하도록 신호 전송하고 Cache 상태에 따라 동작함
Read hit	읽기 적중이 발생하면 프로세서는 그 요구된 항목을 읽어내고 상태 변화 없음
Write miss	쓰기 미스가 발생할 경우 프로세서는 미스된 주소를 포함한 라인을 읽기 위해 기억장치 읽기를 시작하고 이를 위해 버스상에 read-with-intend-to-modify(RWITM) 신호를 전송하고 Cache 상태에 따라 다음과 같이 동작함
Write hit	쓰기 적중이 지역 캐시에 있는 라인에 대해 일어난다면 그 결과는 지역 캐시 내의 해당 라인의 상태에 따라 달라짐

나. 디렉토리-기반 캐시 프로토콜

- 디렉토리(directory) : 공유 데이터의 복사본(copy)들에 관한 정보를 관리하는 리스트(list)
- 각 데이터 블록에 대한 엔트리(entry) : 데이터의 상태(state) 비트와 복사본의 위치(location)를 가리키는 포인터(pointer) 저장

종류	설명
Full Map Directory	• 데이터에 대한 디렉토리를 주기억장치에 저장 • 디렉토리에는 데이터 블록에 대한 복사본을 가진 캐시를 가리키는 포인터와 상태 저장
Limited Directory	• Full Map Directory의 기억장치 부담을 줄이려는 방식 • 캐시의 수나 포인터를 작게 유지
Chain Directory	• 디렉토리 포인터를 Linked List로 연결 • 캐시에는 디렉토리 정보를 저장하고 주기억장치에는 리스트 헤더를 저장

SECTION 03 메모리 인터리빙

CHAPTER 03 Memory

핵심 요약(Key point summary)

1 메모리 접근시간 최소화 기법, 메모리 인터리빙의 개요

가. 메모리 인터리빙(Memory Interleaving)의 정의

- 메모리 접근시간을 최소화하기 위해 메모리를 복수 개의 모듈로 나누고 각 모듈에 연속적인 주소를 부여하여 동시에 접근이 가능하게 하는 기법
- 버스의 경합이나 기억장치의 충돌 회피를 위하여 기억장치를 여러 개의 독립적인 모듈들로 나누고 그 모듈들에서 동시에 액세스 동작이 일어날 수 있도록 하는 기법

나. 메모리 인터리빙의 개념도

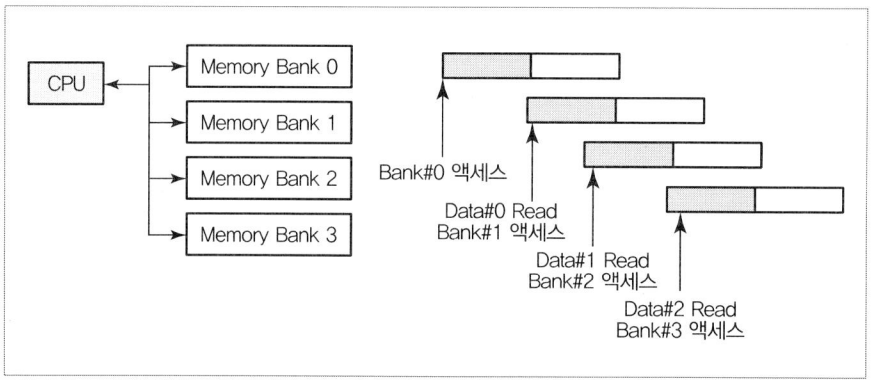

- CPU가 Bank#0에 어드레스#0를 보냄, CPU가 어드레스 #1을 Bank#1에 보내고 Data#0을 Bank#0에서 수신하는 동작을 반복하여, 한 개의 뱅크가 Refresh하고 있는 동안 다른 뱅크를 액세스하여 병렬처리함
- 메모리 인터리빙의 활용방식은 데이터들을 기억장치에 분산 저장하는 방식에 따라 상위, 하위, 혼합 인터리빙으로 구분될 수 있음

2 메모리 인터리빙의 활용방식

종류	설명
상위 인터리빙	기억장치 주소를 모듈들에 순차적으로 지정하는 방식 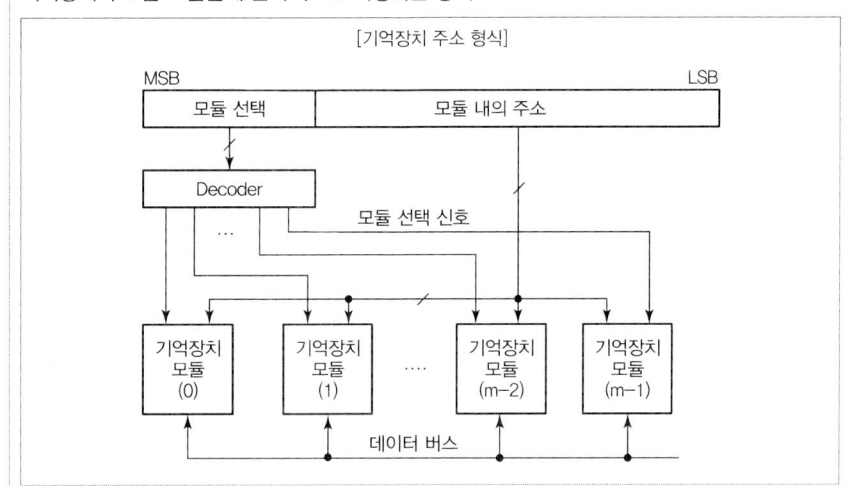 • 기억장치 주소의 상위 비트들 : 모듈 선택 신호로 사용 • 기억장치 주소의 하위 비트들 : 모듈 내의 기억 장소 선택에 사용 • 장점 : 한 모듈 에러시 해당 모듈만 영향을 받아 결함 허용 효과 • 단점 : 하위 인터리빙과 같은 모듈의 동시 액세스를 통한 성능 향상 어려움 • 이 방식은 각 프로세서들이 실행하는 명령어들과 사용되는 데이터들이 독립적으로, 각 기억장치 모듈에 나누어 저장하는 것이 더 효과적일 때 활용
하위 인터리빙	기억장치 주소를 모듈들에 분배하여 지정하는 방식 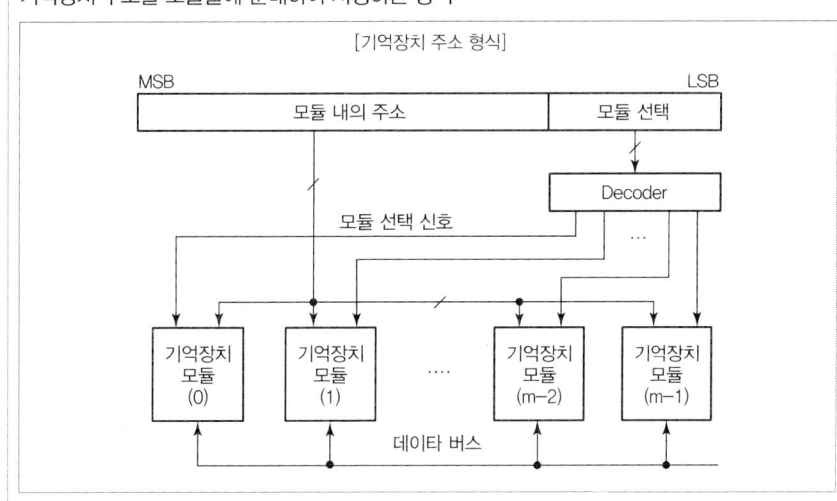 • 기억장치 주소가 모듈 단위로 인터리빙됨 • 하위 비트들 : 모듈 선택 신호로 사용 • 상위 비트들 : 모듈 내 기억장소 선택 • 장점 : 연속된 주소가 연속된 모듈로 다수의 모듈이 동시 동작(액세스 향상) • 단점 : 1개의 새로운 모듈 추가 시, 하드웨어 구조 변경 불가, 한 모듈의 오류가 메모리 전체에 영향을 줌

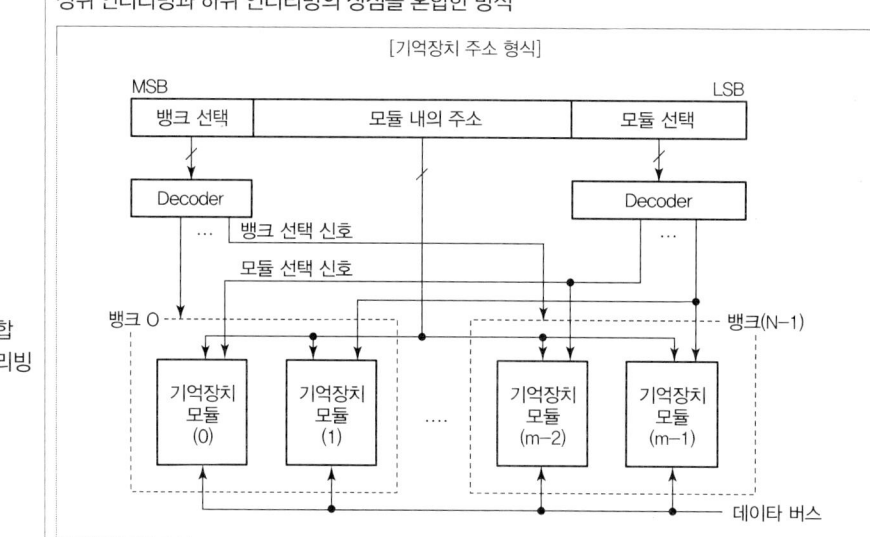

- 기억장치 모듈을 뱅크로 그룹화함
- 하위 인터리빙 방식의 단점인 결함 허용도 문제와, 상위 인터리빙의 단점인 동시 액세스가 어려운 점을 극복하기 위해 전체 모듈들을 몇 개 그룹으로 나눔
- 그룹(뱅킹) 선택시 상위 인터리빙 활용
- 그룹(뱅킹) 내 모듈 간에는 하위 인터리빙을 활용하는 방식을 취함

3 메모리 인터리빙의 액세스 활용방식

액세스 방식	설명
C-액세스 방식	• C-액세스(Concurrent-access) 방식은 주소들이 프로세서-기억장치 간 버스를 통해 순차적으로 기억장치 모듈에 도착함 • 따라서 모듈들에서의 액세스 동작들이 시간적으로 중첩되지만 실제 액세스 시간은 약간씩 다르게 됨 • 이때 주소들이 버스를 통해 각 기억장치 모듈들로 전송되는 과정에서 버스의 경합으로 일정 시간 간격으로 주소들이 각 모듈에 도착하지 못할 수 있음 • 그럴 경우 읽기 동작의 동시성이 줄어들고, 결과적으로 데이터 전송도 연속적으로 이루어지지 못하게 됨
S-액세스 방식	• S-액세스(Simultaneous-access) 방식은 모든 기억장치 모듈들에서 읽기 동작들이 동시에 시작되도록 하고, 읽혀진 데이터들을 순차적으로 전송하게 됨 • DDR DRAM 등에 적용되고 있으며 연속적인 입력 데이터 흐름이 필요한 파이프라인 컴퓨터에서 많이 사용

메모리상에 인터리빙된 데이터를 가져올 경우에도 순차적인 액세스 방식인 C-액세스 방식과 동시에 액세스 가능한 S-액세스 방식이 존재하며, S-액세스 방식이 읽기 동작의 동시성 확보를 통한 높은 성능 제공 가능

상위 인터리빙의 경우 아래 그림과 같이 주소가 지정이 된다.

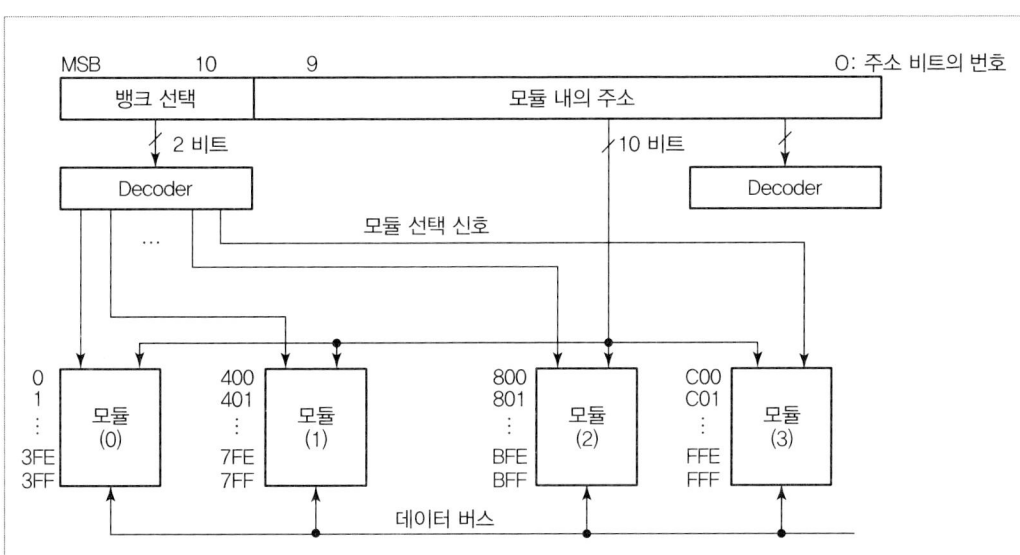

즉 주소가 모듈별로 시리얼하게 부여되기 때문에 하나의 메모리 모듈이 문제 발생 시 하나의 모듈만 영향을 받게 된다. 위의 그림에서 보면 한 모듈별로 십진수로 표현하자면 0,1,2,3,4,…… 이렇게 순차적으로 주소가 부여된다.

하위 인터리빙은 이와 반대의 경우에 해당된다.

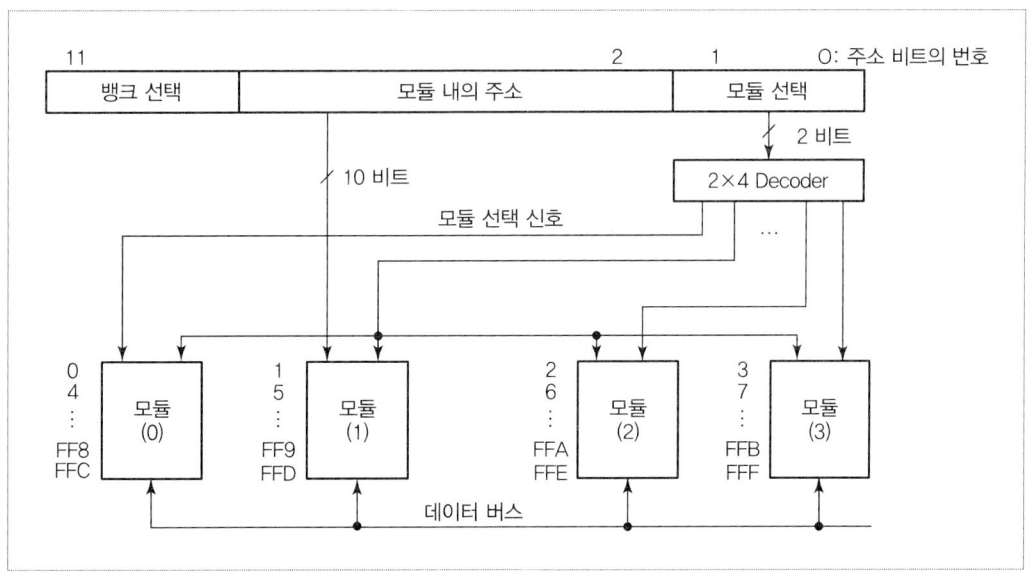

그림에서와 같이 주소가 각 모듈별로 분배가 된다. 그러므로 한 모듈이 장애시 메모리 전체에 영향을 주게 된다. 하지만 병행성이 향상된다.

혼합 인터리빙은 위의 두 방식을 혼합한 형식이다.

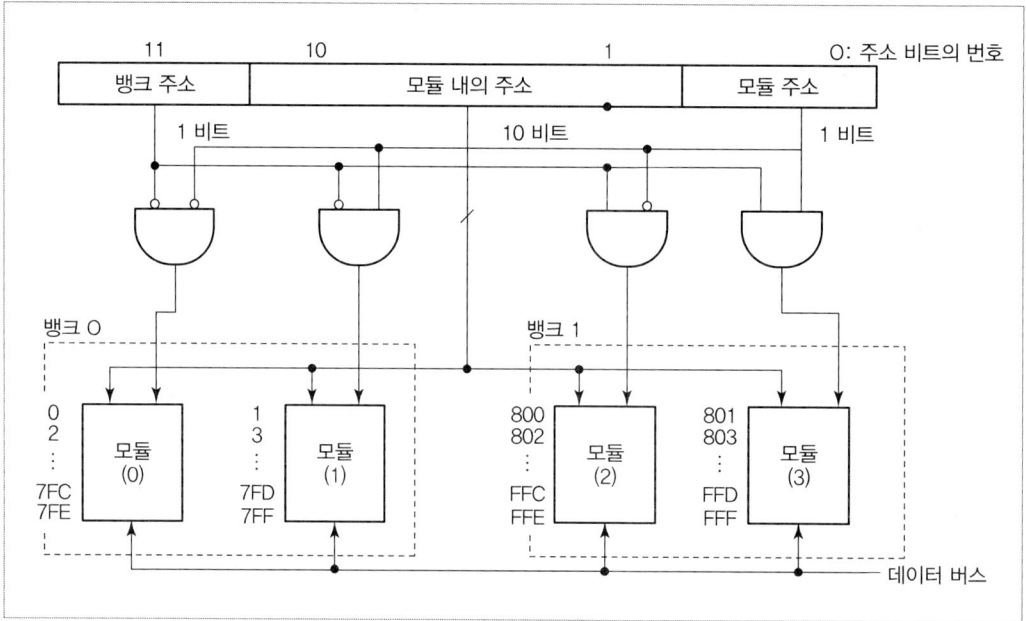

뱅크와 뱅크 안의 메모리 모듈을 포함하는 형식으로 상위 비트에서는 뱅크를 선택하고 하위 비트에서는 뱅크 안의 메모리 모듈을 선택하는 방식이다.

메모리 인터리빙의 액세스 활용방식에는 C-액세스와 S-액세스로 활용가능하다.

[C-액세스 방식]
- C-액세스(Concurrent access) : 각 기억장치 모듈 별로 주소가 도착하면 액세스 동작을 시작
- 액세스 시간 $T = T_a + (M \times t_b)$

  T_a = 기억장치 액세스 시간, t_b = 버스 클럭의 주기, M = 기억장치 모듈의 수

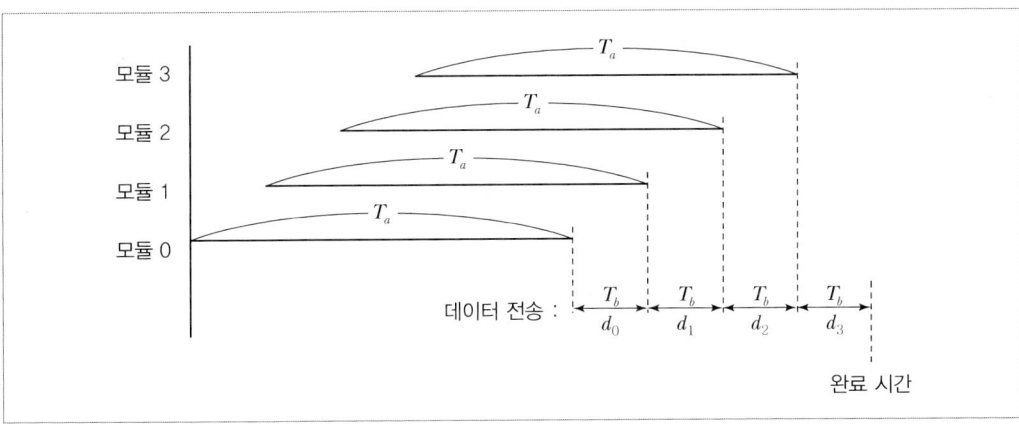

S-,액세스 방식은 아래와 같다.

- 하위 인터리빙 방식으로 구성된 기억장치 모듈들에 주소가 동시에 인가하면, 모든 모듈들에서 동시에 액세스 동작이 시작되고, 액세스된 데이터들은 순차적으로 전송하는 방식
- 연속적인 입력 데이터 흐름이 필요한 파이프라인 컴퓨터에 유용
- 장점 : 동시 액세스 보장, 연속적 전송(burst 전송 모드) 가능
- 액세스 시간 T = Ta + (M × tb)

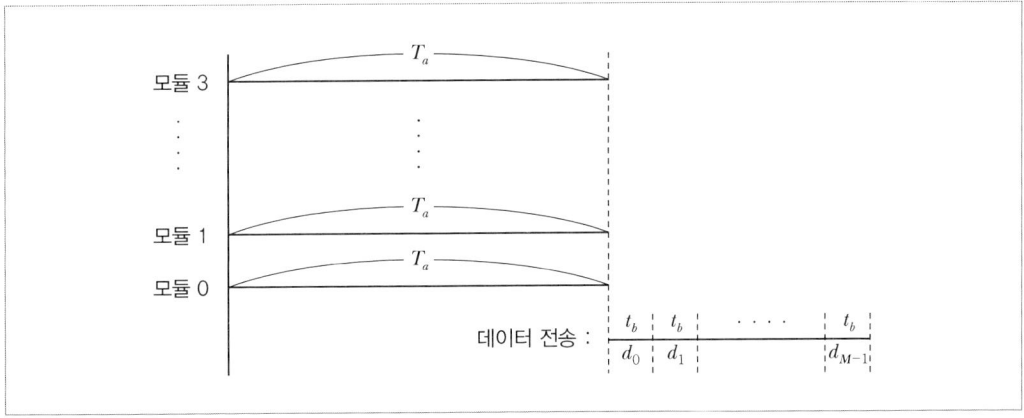

결국 액세스 시간은 C-액세스나 S-액세스가 동일하게 소요된다.

SECTION 04 가상기억장치

CHAPTER 03 Memory

핵심 요약(Key point summary)

1 주기억장치 용량 극복을 위한 가상기억장치의 개요

가. 가상기억장치(Virtual Memory)의 정의

주기억장치보다 큰 프로그램 실행을 위해 보조기억장치의 일부를 주기억장치처럼 사용하는 저장장치

나. 가상기억장치의 필요성

- 효과적인 다중 프로그래밍 가능, 다중 프로그래밍의 degree 상승효과
- 다수의 사용자가 주기억장치를 동적으로 공유할 수 있게 해줌
- 사용자가 주기억장치에 의해 불필요한 제한을 받지 않게 함
- 사용자 프로그램을 주기억장치보다 크게 작성 가능함

2 가상기억장치의 개념도와 관리기법

가. 가상기억장치의 개념도

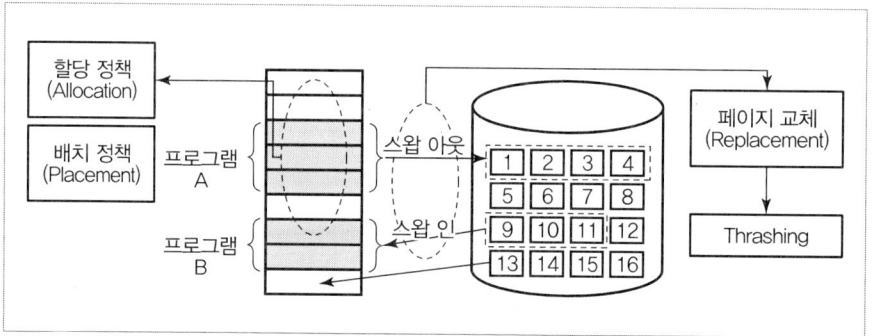

각 프로세스에게 주기억장치를 할당하고 보조기억장치의 어느 항목을 호출할 것인지, 어느 곳에 배치할 것인지, 무엇을 교체할 것인지 결정하는 메커니즘

나. 가상기억장치의 관리기법

구분	상세 설명	종류
할당정책	• 각 프로세스에게 할당할 메모리 양 관리 • 프로세스 실행 중 메인 메모리 할당량 변화 알고리즘	• Paging 기법 • Segmentation 기법 • Paged Segmentation
반입정책 (Fetch Policy)	• 프로그램의 한 블록을 주기억장치에 적재시킬 시점 결정	• Demand Fetch • Pre Fetch
배치정책 (Placement Policy)	• 프로그램의 한 블록을 적재시킬 주기억장치의 위치 결정	• First Fit, Best Fit, Worst Fit, Next Fit
교체정책 (Replacement Policy)	• 주기억장치에 적재할 공간이 없는 경우 교체할 블록 선정	• FIFO, LRU, LFU, Optimal, NUR 등

3 가상기억장치 관리기법

가. 할당정책

1) Paging 기법
   - 가상메모리는 고정 크기 페이지로 분할되고, 물리메모리는 페이지 크기의 페이지프레임(혹은 프레임)들로 분할
   - 페이지테이블(또는 역페이지 테이블)을 매개로 하드웨어/소프트웨어가 상호 작용하여, 프로세스가 특정 가상주소(해당 페이지상의 한 주소)를 참조할 경우 그에 대응된 물리주소(해당 페이지가 적재된 프레임상의 대응 주소)가 참조되도록 주소 사상/변환
   일반적으로 프로세스별 페이지테이블을 설정하여, 주소변환 하드웨어가 활용할 주소사상정보 제공
   - 페이지테이블에 페이지 적재 여부가 표시되고, 적재되지 않은 페이지가 참조될 경우 하드웨어에 의해 페이지폴트(page fault) 이벤트 발생

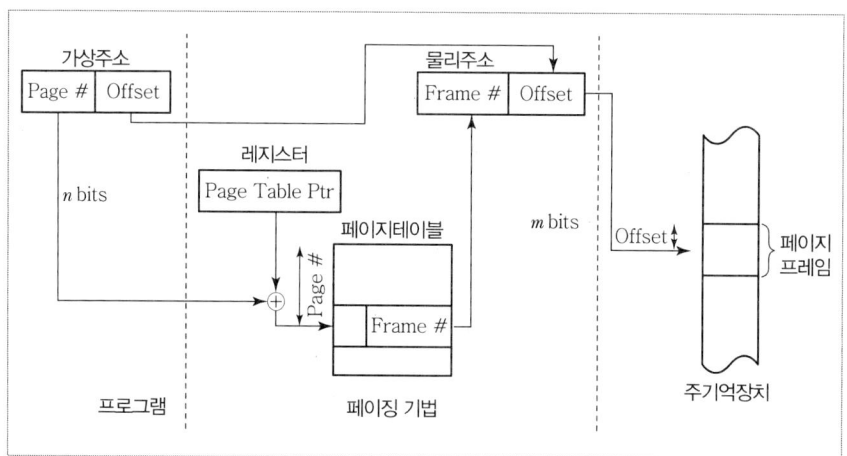

[Paging 주소변환]

번호를 이용하여 대응된 페이지테이블 항목을 찾고, 그로부터 해당 페이지가 적재된 프레임의 번호를 얻음

- 프로그램의 실제 주소와 주기억장치의 주소가 다름 : PMT(Page Map Table) 필요
- 페이지 테이블 : 가상기억장치 주소를 주기억장치 주소 변환에 사용함(페이지번호, 프레임 번호로 구성됨)
- 외부 단편화 해결 가능하나 내부 단편화 발생 가능
- 프레임의 크기에 따라 단편화 정도와 관리 오버헤드 간 Trade-off 발생

실제 주소 매핑 기법

구분	상세 설명
직접사상 (Direct Mapping)	• Page table이 주기억장치에 위치 • 데이터 접근을 위해 Page Table과 Data에 각각 한 번씩 주기억장치 접근 • 접근시간이 길어짐
연관사상 (Associative Mapping)	• Page table을 Associative buffer에 저장 • 속도가 빠르고 가격이 비쌈 • TLB 를 사용하는 방식
혼합사상 (Direct/ Associative Mapping)	• Page table을 주기억장치와 Associative buffer에 분산 저장 • 연관사상 테이블 : 지역성에 근거하여 최근에 가장 많이 참조된 페이지만 유지 • 페이지사상 테이블 : 연관사상 테이블에서 제외된 나머지 페이지들을 모두 유지 • 경제성과 성능 절충 : 소수의 연관 레지스터를 먼저 검색한 후 없으면 페이지 테이블 검색

2) Segmentation 기법
    - 프로세스의 주소공간을, 동적으로 설정되는 가변 크기의 블록들로 분할
    - 세그먼테이션의 유익
        - 논리적 개체(유틸리티 코드, 데이터 테이블 등)를 세그먼트로 설정하여 공유/보호 가능
        - 세그먼트 별로 독립적인 변경·재컴파일 가능
        - 확장성 자료구조에 대한 처리 단순화
        - 외부 단편화는 존재하나 내부 단편화는 없음

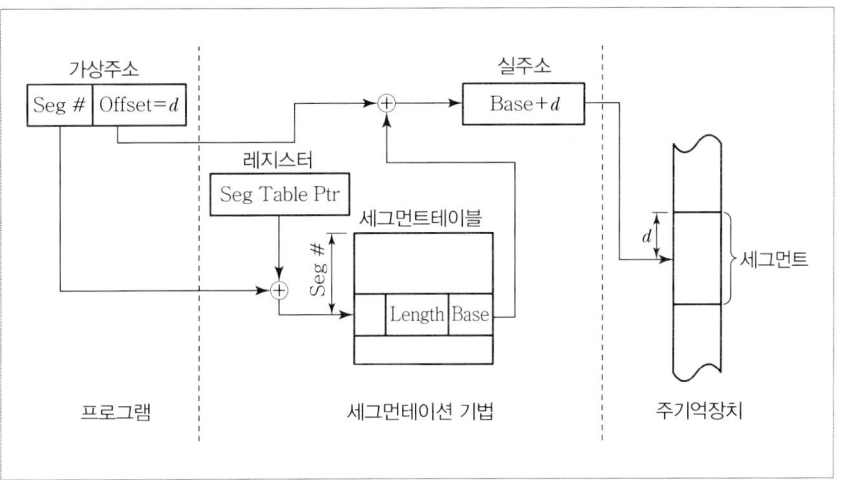

가상주소의 세그먼트 번호를 이용하여 대응된 세그먼트테이블 항목을 찾고, 그로부터 해당 세그먼트가 적재된 물리메모리 블록의 시작주소를 얻음

3) Paged Segmentation 기법
    - 두 시스템의 장점 수용
        - 페이징의 장점 : 프로그래머에게 투명, 외부단편화 제거, 정교한 메모리 관리 알고리즘 적용가능
        - 세그먼테이션의 장점 : 확장성 자료구조 처리 단순화, 모듈단위 관리, 논리적 개체 단위의 공유/보호
    - 각 세그먼트는 고정 크기의 페이지들로 분할
    - 가상주소에 대한 관점
        - 프로그래머 관점 : 가상주소 = 세그먼트 번호 + 세그먼트 오프셋
        - 시스템 관점 : 세그먼트 오프셋 = 페이지 번호 + 페이지 오프셋

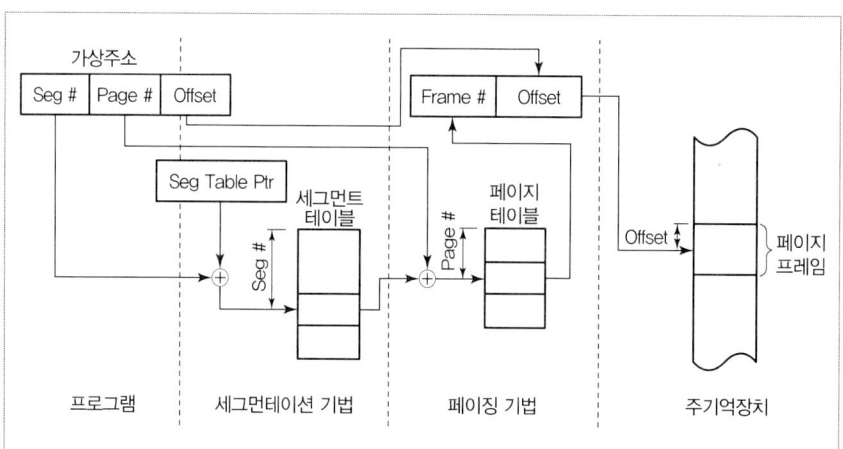

파일 관리는 세그먼트 단위로 하고 메모리에 올라오는 프로그램 조각은 페이지 단위로 관리함. 각 세그먼트 안에 있는 주소들은 고정 길이의 페이지로 분할함

나. 교체정책 / 배치정책 / 반입정책

1) 교체정책
- 신규 프로그램 적재를 위해 주기억장치에 적재된 프로그램 중 어떤 것을 보조기억장치로 돌려보내거나 삭제할 것인지 결정하는 알고리즘

종류	상세 설명
FIFO	• First In First Out • 가장 먼저 주기억장치에 적재된 페이지 교체
LRU	• Least Recently Used • 가장 오래 전에 참조된 페이지 교체
LFU	• Least Frequently Used • 가장 적은 참조 횟수를 가진 페이지 교체
Optimal Replacement	• 가장 오랫동안 참조되지 않을 페이지 교체 • 비현실적 : 페이지 호출순서 사전 파악 어려움
Random Replacement	• 교체될 페이지를 임의(무작위)로 선택하여 교체하는 기법 • 오버헤드는 적으나 최악의 경우 바로 뒤 호출 페이지 교체 가능
NUR	• Not Used Recently • 최근에 참조되지 않은 페이지를 2개의 비트 이용하여 교체하는 방법 • 참조 비트와 변형 비트 사용 • 적은 오버헤드로 LRU 기법의 성능 극대화 기법

※ 캐시에서의 교체정책과 유사하다.

2) 배치정책
- 신규 프로그램을 적재시킬 주기억장치의 위치 결정 알고리즘

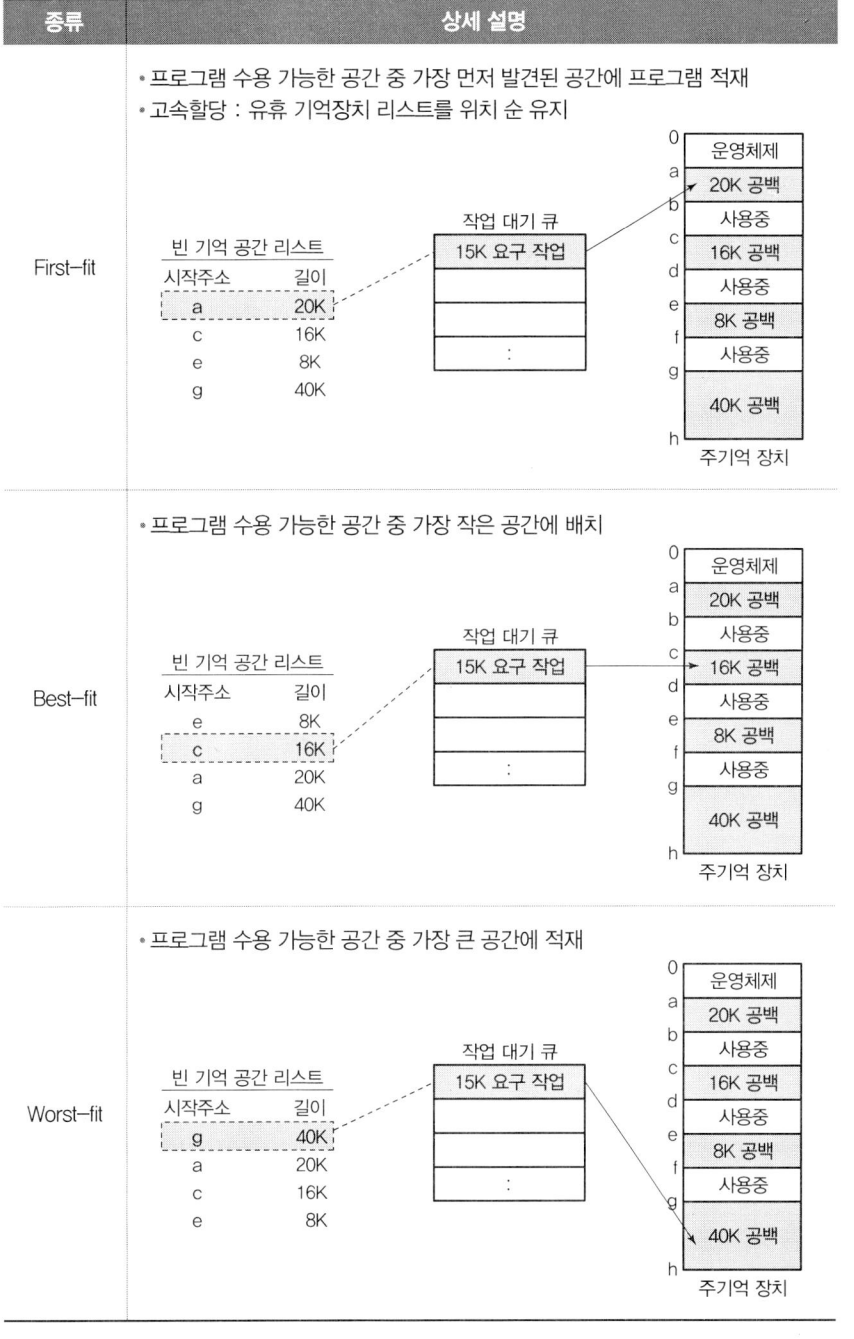

3) 반입정책

구분	설명
정의	각 페이지를 언제 주기억장치로 적재할지 결정하는 정책
요구호출 (Demand Paging)기법	페이지 폴트(적재되지 않은 페이지 중 일부분 참조)시 적재, 일반적인 경우 지역성에 의해 안정적 운용 가능
선 반입 (Prepaging)	페이지 폴트에 의해 요구된 페이지 이외의 페이지도 적재, 스와핑(swapping)과 구분

4 가상기억장치의 문제점 및 해결방안

가상기억장치를 사용하면 단편화(fragmentation)와 Thrashing이 발생하는 문제점이 있다.

가. 기억장치 분할의 문제점(단편화) 및 해결방안

분할된 주기억장치에 프로그램을 할당하고 반납하는 과정을 반복하면서 사용되지 않고 남는 기억장치의 빈 공간 조각인 단편화 현상 발생

1) 기억장치 분할의 문제점인 단편화의 종류

종류	상세 설명
내부 단편화	• 분할된 영역이 할당된 프로그램보다 큰 경우 사용되지 않고 남아있는 빈 공간 발생 • 내부 단편화 = 할당된 기억공간 − 요청한 기억공간
외부 단편화	• 분할된 영역이 할당될 프로그램보다 작은 경우 할당되지 않고 남아 있는 분할된 빈 공간 발생 • 외부 단편화는 프로그램에 의해 사용되지 못한 부분임

페이지 크기의 적절한 조율 필요 : 크기가 크면 내부 단편화 문제가 커지고 작으면 외부 단편화 문제가 자주 발생함

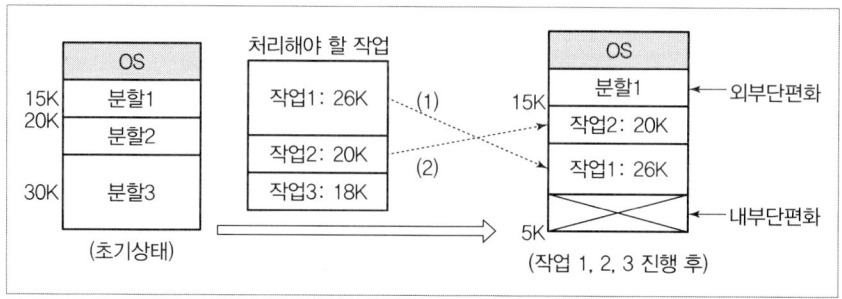

2) 단편화 제거방안

방안	내용
통합 (Coalescing)	통합 기법이란 가변 분할에서 하나의 작업이 끝났을 때 그 사용 영역이 다른 비어 있는 분할과 인접되어 있는지를 점검하여, 만약 인접되어 있다면 이 두 개의 빈 분할 영역을 하나로 통합하여 효용성을 높이는 작업이다. "쓰레기 수집(Garbage Collection)" 작업이다.
압축 (Compaction)	압축이란 빈 분할영역을 주기억장치의 한 곳에 합치는 작업을 말하며, 그 결과는 하나의 커다란 빈 분할영역이 생기게 된다.

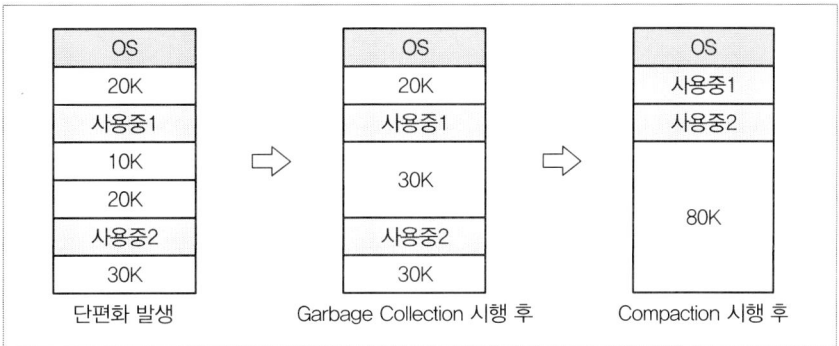

나. Thrashing 문제점 및 해결방안

1) Thrashing의 개념 및 문제점
- CPU가 프로세스 실행보다 페이지 교체에 더 많은 시간을 소요하는 비정상적인 현상
- 멀티프로그래밍 기능을 갖춘 가상기억시스템에서 발생함
- 시스템 성능저하 : 빈번한 페이지 교체작업으로 CPU 이용률 감소

2) Thrashing의 발생원인과 발견방법
- Thrashing의 발생원인
  - 리소스 부족 : 낮은 CPU 사양 및 적은 메모리 크기
  - 부적절한 페이지 교체정책 : Locality 및 페이지 실패 빈도 미고려
  - 다중 프로그래밍 정도 과도화

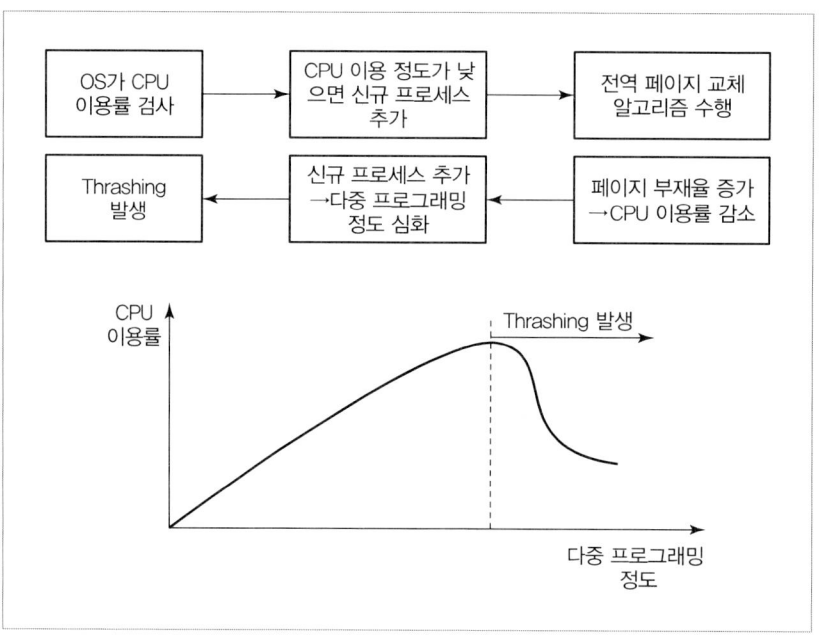

- Thrashing의 발견방법
  - Page Fault 조사 : 각 프로세스별 페이지 부재로 발생하는 PFF(Page Fault Frequency) 검사
  - Swapping 조사 : 다중 프로그래밍 시 다른 프로세스에 공간을 부여하기 위해 프로세스들을 주기억장치에서 가상기억장치로 또는 그 반대로 옮기는 과정을 검사함
  - 시스템 상태 비정상 : 비정상적인 성능을 보이거나 시스템 중지됨

3) Thrashing의 예방방법
  - 기본적으로 메모리량이 부족하여 생기기 때문에 메인 메모리를 증설함
  - 지역이나 우선순위 교환 알고리즘 사용하면 제한(지역 교환 알고리즘 이용)

(스래싱 발생 → 다른 프로세스로부터 프레임 갖고 올 수 없음 → 프로세스를 스래싱 현상에 빠지게 할 수 없음)

구분	항목	내용
Working Set Model	개념	시간적 locality를 이용하여 페이지 부재율을 감소시키기 위한 기억장치 관리기법
	특징	실행 중인 프로그램의 워킹세트를 주기억장치에 유지 매번 참조시마다 Resident Page Set 조정(PFF보다 overhead가 큼)
	개념도	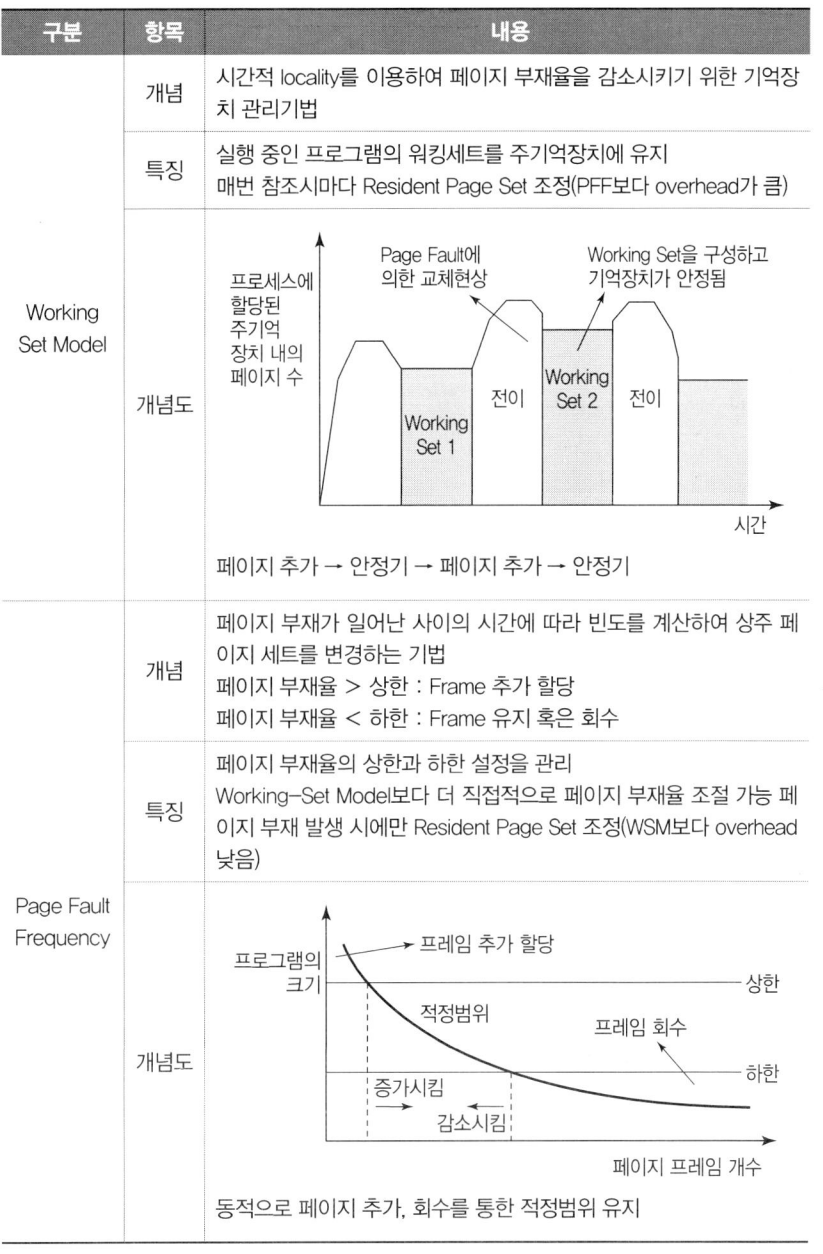 페이지 추가 → 안정기 → 페이지 추가 → 안정기
Page Fault Frequency	개념	페이지 부재가 일어난 사이의 시간에 따라 빈도를 계산하여 상주 페이지 세트를 변경하는 기법 페이지 부재율 > 상한 : Frame 추가 할당 페이지 부재율 < 하한 : Frame 유지 혹은 회수
	특징	페이지 부재율의 상한과 하한 설정을 관리 Working-Set Model보다 더 직접적으로 페이지 부재율 조절 가능 페이지 부재 발생 시에만 Resident Page Set 조정(WSM보다 overhead 낮음)
	개념도	동적으로 페이지 추가, 회수를 통한 적정범위 유지

가상주소의 페이지기법은 기본적으로 가상메모리는 두 번의 물리메모리 참조 필요
- 실제 데이터를 가리키는 페이지테이블 항목 접근
- 실제 데이터 접근

이러한 문제점을 해결하기 위해 TLB라는 고속 캐시를 사용한다.
페이지테이블 항목들에 대한 특수 고속 캐시를 사용하여 늦어지는 메모리 참조의 시간을 단축하는데, 이 고속캐시를 TLB(Translation Lookaside Buffer)라고 한다.
- TLB는 가장 최근에 참조된 페이지테이블을 유지
- TLB hit : 가상주소에 해당되는 페이지테이블 항목이 TLB에 있음
- TLB miss : 가상주소에 해당되는 페이지테이블 항목이 TLB에 없음

주기억장치에 있는 페이지테이블을 인덱싱하여 페이지테이블 항목 참조

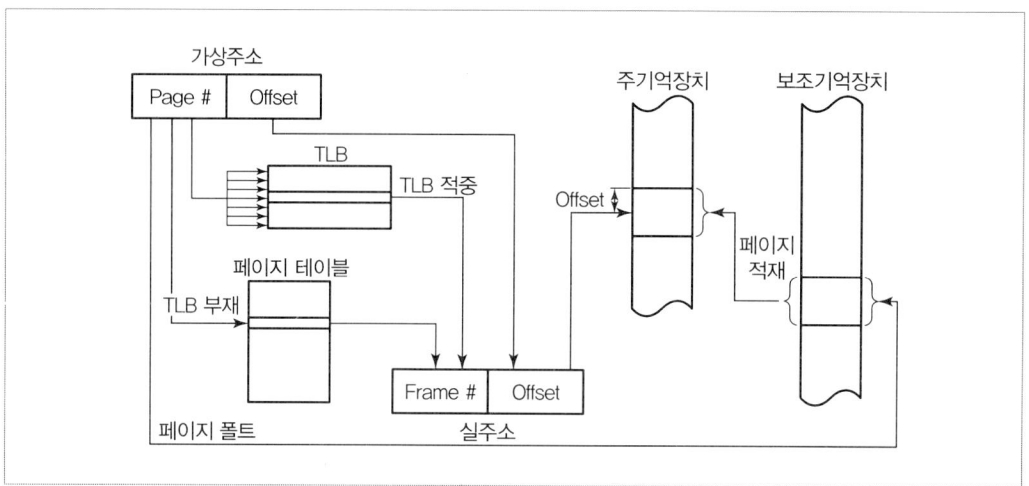

- 가상 메모리를 참조하려면 두 번의 물리적 메모리 액세스, 즉 페이지 테이블의 반입을 위한 액세스와 데이터 반입을 위한 액세스가 필요, 따라서 메모리 액세스 시간이 두 배로 증가
- 이러한 문제를 해결하기 위해서 페이지 테이블의 항목들을 위한 특별한 캐시를 사용
- 프로세스의 전체 페이지 테이블 중 가장 최근에 참조한 페이지 일부만 저장
- 최근 참조한 페이지는 가까운 미래에 다시 참조할 가능성, 즉 시간 지역성에 따름
- Associative Mapping 사용 : TLB 크기가 크지 않음

TLB와 Cache, 가상 메모리는 계층 구조를 이루며 동일한 메커니즘으로 상호 연동하며 같이 동작한다.

CHAPTER 03 Memory
SECTION 05 차세대 메모리

핵심 요약(Key point summary)

1 차세대 비휘발성 메모리 Storage Class Memory의 개념

가. SCM(Storage Class Memory)의 정의

- 플래시 메모리처럼 비휘발성 속성을 제공하면서, 동시에 전형적인 램인 DRAM이나 SRAM처럼 고속의 바이트 단위 랜덤 접근을 지원하는 메모리기술
- PCM(PRAM), FeRAM, MRAM이 후보기술로 주목받고 있다.

나. Storage Class Memory의 특징

- 비휘발성 : 기존 메인메모리와 달리 비휘발성의 특징을 가짐
- 고속의 바이트 단위 랜덤 접근 : 비휘발성이면서 SRAM 정도의 성능 보유
- 소거연산 불필요 : Flash 메모리와 달리 소거 연산 불필요

2 SCM의 각 메모리

가. PCM(PRAM)

구분	설명

개념	• 상태(phase)가 변하는 특수 물질을 이용하여 제조한 RAM
	• 물질 : 게르마늄 안티몬 텔룰라이드(GST)
	• 인가되는 전류의 세기에 따라 내부 구조가 변하여 저항이 낮은 고체상태, 혹은 저항이 높은 액체 상태가됨
	  – 고체 상태 : 결정 상태(polycrystalline phase)
	  – 액체 상태 : 비정질 상태(amorphous phase)
	• 기억 셀(memory cell) : 두 개의 전극 사이에 특수 물질(GST)을 삽입

구분	설명

동작 방식	■ 데이터 읽기
	• 상태 변화를 야기하지 않을 정도의 낮은 전압 인가
	• 저항의 차이에 따른 두 전극 간에 흐르는 전류 양의 차이에 따라 데이터 값을 구분
	   – 저항이 낮으면 전류 양이 많아짐 : '1'
	   – 저항이 높으면 전류 양이 적어짐 : '0'
	■ 데이터 저장
	• 두 전극들 사이에 짧은 시간 동안 상대적으로 높은 전압 인가
	   – GST : 낮은 저항의 결정 상태 : '1'을 저장
	• 두 전극들 사이에 긴 시간 동안 상대적으로 낮은 전압 인가
	   – GST : 높은 저항의 비정질 상태 : '0'을 저장

장점	• 낮은 전압 범위에서 모든 전기적 동작이 수행된다. • 회로가 간단하다. • 전력 소모가 적다.
기타	차세대 기억장치들 중에서 가장 빠르게 기술이 발전되고 있으며, 시장성도 높게 평가받고 있다.

나. FRAM

구분	설명
개념	• 강유전체의 특성을 이용하는 반도체 기억장치 • 강유전체 : 전기를 인가하지 않은 자연 상태에서도 전기적 극성을 띠고 있는 물질 • 플럼범 지르코늄 티타늄 산화물(PZT)을 이용하여 제조 • 양(+) 전극 및 음(-) 전극에 전기를 인가하면 전극의 위치가 바뀌며, 전기 공급이 중단되어도 그대로 유지
동작 방식	■ 데이터 읽기 • 기억 셀에 전기장(electric field)을 인가 • 감지되는 전하의 양에 따라 '0'과 '1' 구분 • 읽기 동작 후에 셀의 내용이 지워짐. 데이터 복구 필요 ■ 데이터 저장 • 전기를 인가하지 않음. 원래의 전극 유지 : '1' 저장 • 전기 인가, 전극 위치 변경 : '1' 저장

다. MRAM

구분	설명

개념	• 자기장(magnetic field)을 이용하여 정보를 저장하는 반도체 기억장치
	  – 강자성체에 가해지는 자기장의 방향으로 자화되며
	  – 자기장이 제거되어도 자성이 그대로 유지

기본 구조	• 상부와 하부에 설치되는 두 개의 강자성체들 사이에 절연체를 삽입 • 하부 강자성체 : 고정층, 자화 방향이 고정되어 있음 • 절연체 : 터널링 자기저항 현상이 일어나도록 얇게 제조 • 상부 강자성체 : 기록층, 2진 정보에 따라 자화 방향 결정

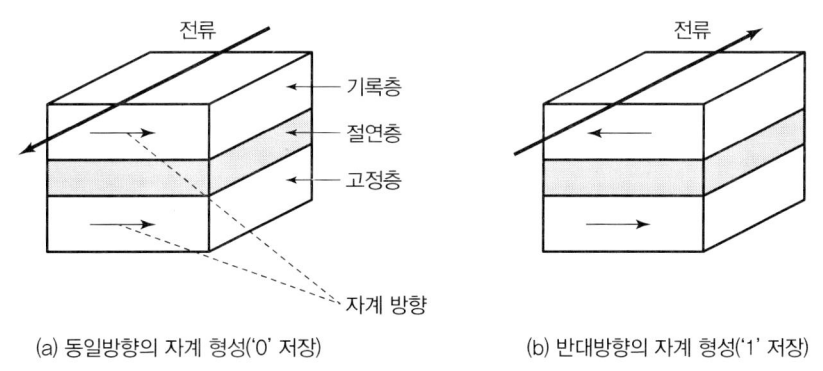

메모리 간의 비교사항은 아래와 같다.

구분		플래시 메모리		RAM	Storage Class Memory		
메모리 종류		NAND	NOR	SDRAM	PCM	FeRAM	MRAM
휘발성 여부		비휘발성	비휘발성	휘발성	비휘발성	비휘발성	비휘발성
메모리 접근 단위	읽기/쓰기	페이지	바이트	바이트	바이트	바이트	바이트
	소거	블록	블록	–	–	–	–
메모리 접근속도	읽기	12us	110ns	50~75ns	DRAM-comparable	110ns	35ns
	쓰기	200us	80us	50~75ns	Not match DRAM	110ns	35ns
	소거	2ms	0.6s	–	–	–	–
내구성(쓰기 횟수)		10^5	10^5	10^{15}	$<10^{12}$	10^{12}	10^{15}
집적도(칩당 용량)		4Mb	512Mb	256Mb	128Mb	4Mb	4Mb

그리고 Storage Class Memory는 활용방안에 따라 현재 Computer Architecture 자체가 변경되어야 할 만큼 영향력이 크다.

현재는 메인 메모리가 휘발성이지만 SCM으로 메인 메모리가 교체되면 이 특성이 사라지므로 현 Computer Architecture 자체가 변경된다.

- Storage Class Memory 활용 방안
  - 고속 저장 매체로 활용
  - 비휘발성 메인 메모리로 활용
  - 저장 매체와 메인 메모리의 통합용도로 활용

- 미래 컴퓨터 Architecture 변화

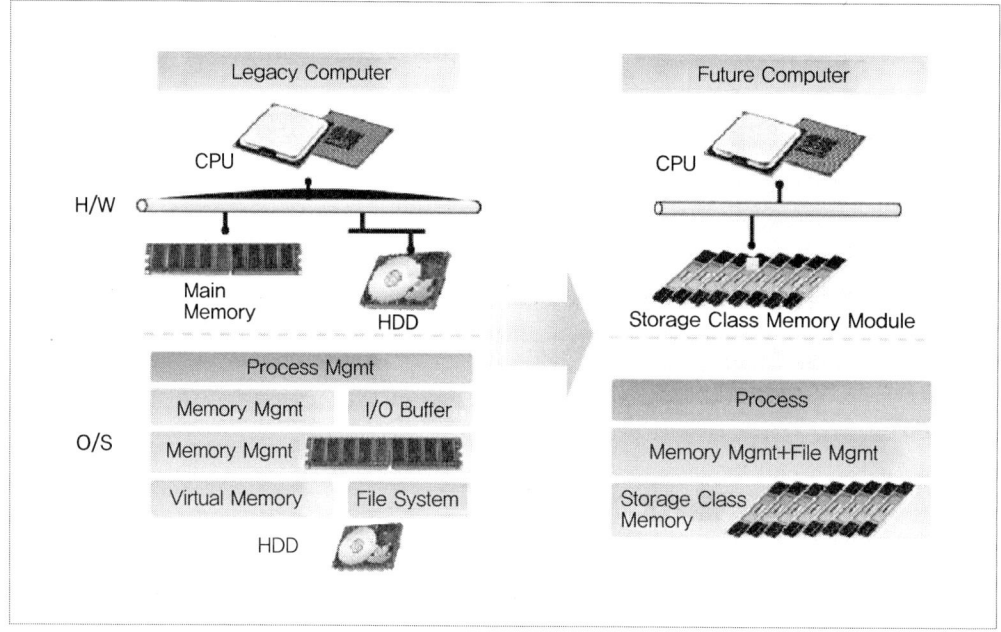

CHAPTER 04 Disk

SECTION 01 | DISK 구조 및 관리

CHAPTER 04 DISK

01 DISK 구조 및 관리

핵심 요약(Key point summary)

1 DISK의 구조

가. DISK의 구성요소

자화될 수 있는 물질로 코팅된 플라스틱이나 금속을 이용한 원형 평판으로 만들어진 저장장치 : 하드 디스크(hard disk)

구분	구성요소	설명
물리적 측면	원형 평판 (circular platter)	실제 정보가 저장되는 장소로서, 다수의 트랙(track)들로 구성
	헤드(head)	전도성 코일을 통하여 표면을 자화(magnetize)시킴으로써 데이터를 저장하는 장치
	Stapper Motor	헤드가 플래터 위를 움직이면서 데이터를 읽을 수 있도록 하는 기기
	Spindle Motor	플래터 중심에 있는 회전축으로 플래터를 일정 속도로 회전시킴 회전속도에 따라 데이터를 읽고 쓰는 속도 결정
논리적 측면	Track	하나의 동심원 안에 있는 섹터들의 집합, 안쪽에 있는 트랙이 바깥쪽보다 기록 밀도가 높음
	Sector	데이터가 저장되는 기본단위
	Cylinder	여러 개의 디스크의 동일 트랙의 집합, 헤더의 위치와 관련됨

나. DISK의 분류

분류기준	설명
헤드의 수에 따른 디스크의 분류	• 단일-헤드 디스크(single-head disk) • 다중-헤드 디스크(multiple-head disk)
헤드의 이동성에 따른 분류	• 이동 - 헤드 디스크(movable-head disk) 　- 단일 - 헤드 디스크(single-head disk) : 헤드를 이동시키면서 디스크 표면의 데이터를 액세스 　- 다중 - 헤드 디스크(multiple-head disk) : 각 헤드에게 일정 트랙 그룹 할당 헤드 이동거리 단축 • 고정 - 헤드 디스크(fixed-head disk) 　- 각 트랙당 헤드를 한 개씩 설치, 탐색 시간 = 0, 제작비용이 높아짐

다. DISK의 사용방식

사용방식	설명
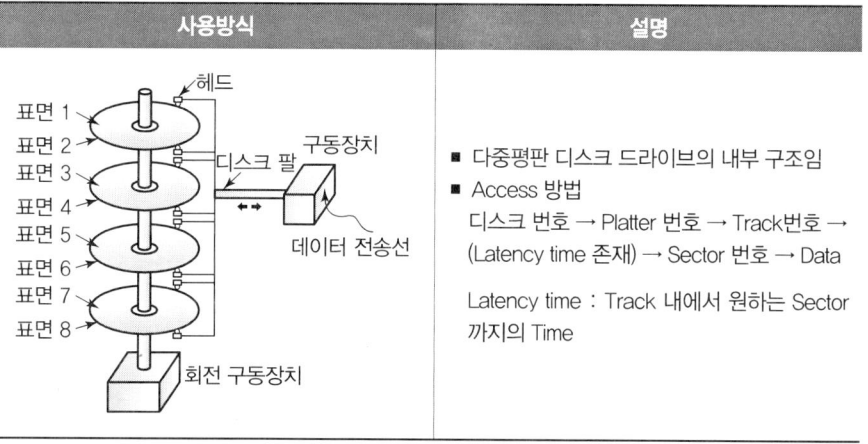	■ 다중평판 디스크 드라이브의 내부 구조임 ■ Access 방법 디스크 번호 → Platter 번호 → Track번호 → (Latency time 존재) → Sector 번호 → Data Latency time : Track 내에서 원하는 Sector 까지의 Time

- 디스크 액세스 시간(disk access time) 계산식은 아래와 같다.
  (디스크 액세스 시간 = 탐색 시간 + 회전 지연 시간 + 데이터 전송 시간)
- 탐색 시간(seek time) : 헤드를 해당 트랙으로 이동
- 회전 지연 시간(rotational latency time) : 원하는 섹터가 헤드 아래로 회전되어 올 때까지 대기

- 데이터 전송 시간(data transfer time) : 데이터 전송에 걸리는 시간 및 디스크 제어기(disk controller)에서 소요되는 시간

이러한 디스크 액세스 시간을 최소화하기 위해 Disk 스케줄링 기법이 사용된다.

2 DISK 스케줄링

가. DISK 스케줄링 기법의 종류

스케줄링 기법	설명
FCFS	First Come First Service, 비효율적/최적화 없음
SSTF	Shortest Seek Time First, 가장 가까이 있는 Data를 먼저 전송 Starvation 가능성 있음
SCAN	SSTF와 동일 기준에서 진행 중인 방향에 대한 처리를 우선하고, 한쪽 끝에 도달하면 반대방향으로 처리하는 알고리즘
C-SCAN	• 헤드가 바깥 쪽에서 안쪽으로 진행할 때만 요청 서비스 처리 • 대기 시간의 균등화 및 응답시간 편차 감소
LOOK	SSTF와 동일 기준에서 진행 중인 방향 쪽으로 더 이상의 요청이 있는지 현재 디스크 대기 큐를 검사하여, 진행 방향으로 더 이상의 요청이 없으면 그 자리에서 방향을 바꾸어 다른 한쪽으로 움직이는 알고리즘
C-LOOK	헤드 진행방향으로 더 이상의 요청이 없을 때에는 원래 시작방향으로 되돌아가 그때 처음 나타나는 요청부터 서비스
N-Step	SCAN과 유사하나 서비스가 진행되는 도중에 도착되는 요구들에 대해서는 다음 번 방향 전환 후에 처리

나. DISK 스줄링 기법의 상세 설명

1) FCFS

설명	개념도
• 가장 간단한 스케줄링 • 요청 대기 큐에 먼저 들어온 요청이 먼저 서비스를 받음 • 더 높은 우선순위를 가진 요청이 도착하더라도 요청의 순서가 바뀌는 일이 없음 • 일단 요청이 도착하면 실행 예정순서가 고정되어 공평 • 탐색패턴을 최적화하려는 시도가 없음 • 디스크에 부하가 많음	0 14 37 53 65 67 98 112 124 183 199

2) SSTF

설명	개념도
• 탐색거리(seek distance)가 가장 짧은 요청이 먼저 서비스를 받는 기법 • 탐색 패턴이 편중되어 안쪽이나 바깥쪽 트랙이 가운데 트랙보다 서비스를 덜 받는 경향이 있음 • FCFS보다 처리량이 많고 평균 응답시간이 짧음 • 처리량이 주안점인 일괄 처리에는 유용하나 응답시간의 편차가 크기 때문에 대화형 시스템에서는 부적합	0 14 37 53 65 67 98 112 124 183 199

3) SCAN

설명	개념도
• denning이 SSTF가 갖는 응답시간의 편차에 있어서의 차별 대우와 큰 편차를 극복하기 위해서 개발 • SSTF와 같은 동작을 하지만 진행 방향상의 가장 짧은 거리에 있는 요청을 먼저 수행 • 처리량과 평균응답시간을 개선하였다는 점에서는 SSTF와 같지만 SSTF에서 발생하는 차별대우를 많이 없애고 낮은 편차를 가짐 • 실제 구현되는 대부분의 디스크스케줄링 전략의 기본이 되어 있음	0 14 37 53 65 67 98 112 124 183 199

4) C-SCAN

설명	개념도
• 헤드는 항상 바깥쪽 실린더에서 안쪽 실린더로 이동하면서 가장 짧은 탐색 시간을 갖는 요청을 서비스 • 가장 안쪽과 바깥쪽의 실린더에 대한 차별대우를 없앰 • 응답 시간의 편차가 매우 작음 • 회전시간 최적화(rotational optimization)를 겸비하여 부하가 아주 많은 상황을 효과적으로 취급 • 시뮬레이션 결과에 의하면 부하가 적은 경우에는 scan 기법이, 많은 경우에는 c-scan 기법이 가장 효과가 좋음	0 14 37 53 65 67 98 112 124 183 199

5) C-look

설명	개념도
• SCAN, C-SCAN의 변형으로 현재의 이동방향에서 더 이상의 요청이 없는 경우 헤드의 이동 방향을 바꾸는 방식 • SCAN 과 C-SCAN에서의 전체 디스크를 SCAN 하는 방식을 요청 Data가 없을 경우에는 복귀시키는 방식으로 변형시킨 방식	0 14 37 53 65 67 98 112 124 183 199

3 DISK의 결함허용기법 RAID 설명

가. RAID(Redundant Array of Inexpensive/Independent Disks)의 개요

1) RAID(Redundant Array of Inexpensive/Independent Disks)의 정의
   여러 개의 디스크에 중복된 데이터 저장과 데이터의 동시 저장을 통한 성능향상과 안정성 향상을 위한 목적의 솔루션

2) RAID의 등장배경
   - 제한된 용량의 디스크로 대용량의 데이터 저장공간을 만들기 위함
   - 디스크의 안정성 향상을 통한 고가용성 확보 요구
   - 시스템의 병목구간인 디스크에 대한 성능 개선 요구

나. RAID의 종류 및 기술 특징

1) RAID 0의 구성도 및 특징

구성도	항목	내용
Raid 0 Data → 10 … 6 5 4 3 2 1 Disk 1: 1,3,5,7,9 Disk 2: 2,4,6,8,10	특징	디스크 중복을 통한 읽기 쓰기 성능의 2배 향상 패러티나 미러링이 없으므로 디스크의 안정성 향상 없음
	최소 수량	2개(n : disk 수량)
	공간효율	1
	읽기 향상	n배 상향
	쓰기 향상	n배 상향
	고장 허용	Zero

2) RAID 1의 구성도 및 특징

구성도	항목	내용
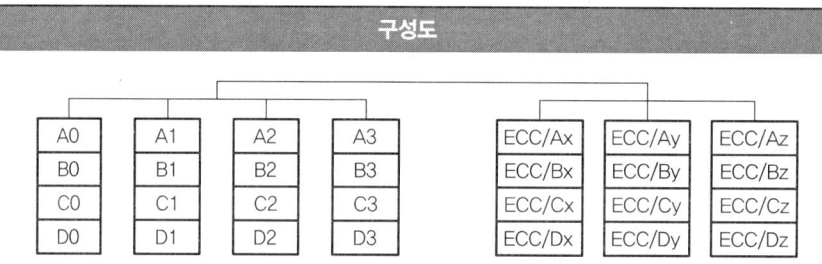	특징	디스크 중복 쓰기를 통한 안정성의 2배 향상 Parity와 Striting이 없고, 디스크의 공간효율 2배 하락
	최소 수량	2개(n : disk 수량)
	공간 효율	1/n
	읽기 향상	n배
	쓰기 향상	1배
	고장 허용	n-1 disk

3) RAID 2의 구성도 및 특징

구성도

A0	A1	A2	A3	ECC/Ax	ECC/Ay	ECC/Az
B0	B1	B2	B3	ECC/Bx	ECC/By	ECC/Bz
C0	C1	C2	C3	ECC/Cx	ECC/Cy	ECC/Cz
D0	D1	D2	D3	ECC/Dx	ECC/Dy	ECC/Dz

A0 to A#=Word; B0 to B3=Word B; Ecc/Ax to Az=Word A ECC; Ecc/Bx to Bx=Word B ECC;
C0 to C3=Word C; D0 to D3=Word D ECC/Cx to Cz=Word CECC; ECC/Dx to Dz=Word D ECC

항목	내용
특징	Bit 레벨의 Striping과 Harmming-code Parity 사용(Parity 단순제공)
최소 수량	3개(n : disk 수량)
공간 효율	$1 - 1/n \cdot \log_2(n-1)$
읽기 향상	해당 없음
쓰기 향상	해당 없음
고장 허용	1disk(단, 오류디스크가 복구기록 코드 안에 있을 때)

4) RAID 3의 구성도 및 특징

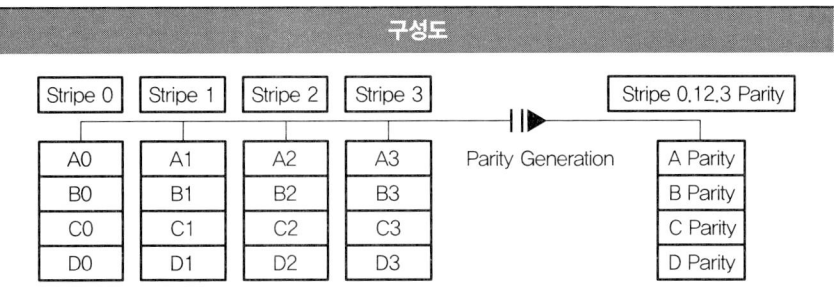

항목	내용
특징	Byte 레벨의 Striping과 Parity 사용(Parity 단순 제공)
최소 수량	3개(n : disk 수량)
공간 효율	1 − 1/n
읽기 향상	해당 없음
쓰기 향상	해당 없음
고장 허용	1disk

5) RAID 4의 구성도 및 특징

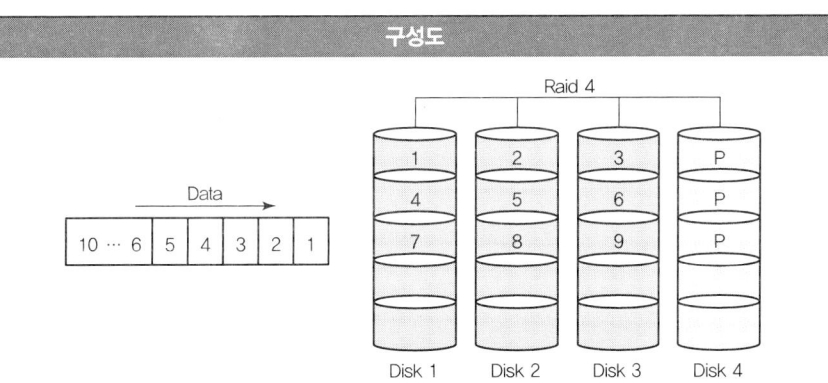

항목	내용
특징	Block 레벨의 Striping과 Parity 사용(Parity 단순 제공)
최소 수량	3개(n : disk 수량)
공간 효율	1 − 1/n
읽기 향상	해당 없음
쓰기 향상	해당 없음
고장 허용	1disk

6) RAID 5의 구성도 및 특징

구성도

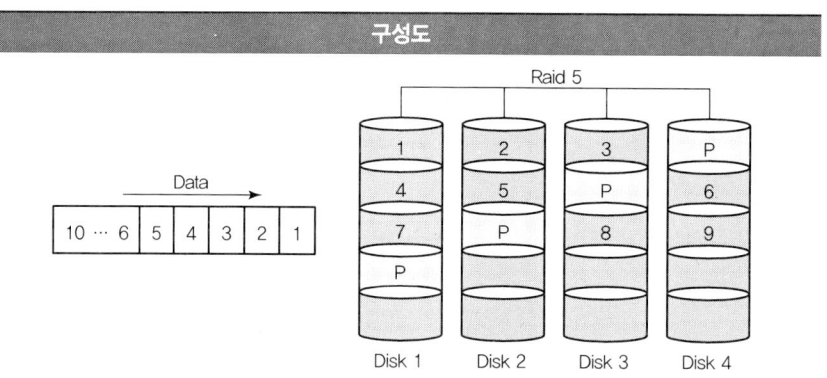

항목	내용
특징	Block 레벨의 Striping과 Parity 사용(Parity 분산 제공)
최소 수량	3개(n : disk 수량)
공간 효율	1 – 1/n
읽기 향상	n–1 배
쓰기 향상	Variable(상황에 따라 다름)
고장 허용	1disk

7) RAID 6의 구성도 및 특징

구성도

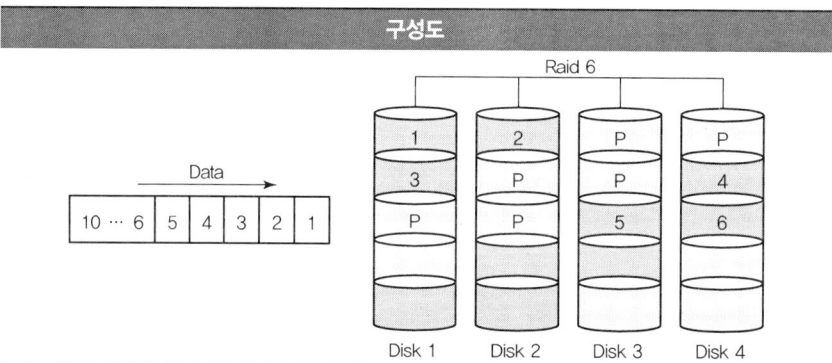

항목	내용
특징	Block 레벨의 Striping과 Double Parity 사용(Parity 분산 제공)
최소 수량	4개(n : disk 수량)
공간 효율	1 – 2/n
읽기 향상	해당 없음
쓰기 향상	해당 없음
고장 허용	2disk

위에서 설명한 RAID 구성 중 현업에서는 RAID 1 과 RAID 5, RAID 6를 주로 쓴다. RAID 2, 3, 4 경우 서버 벤더에서도 서버 설치시 지원하지 않는 경우가 대부분이다.

RAID 0+1

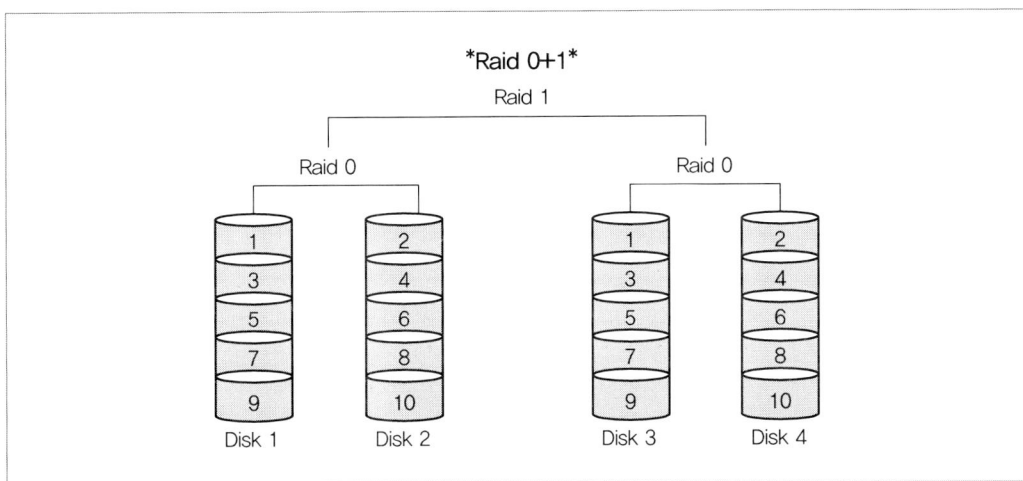

RAID 0+1 은 여러 개의 DISK가 있으면 그 디스크를 그루핑하여 사용하게 되는데, 그루핑된 DISK 그룹 내의 RAID 구성을 RAID 0 로 구성하고 디스크 그룹을 다시 하나의 DISK 로 여기고 DISK 그룹과 그룹 간의 RAID를 RAID 1로 적용하는 방식이다.

RAID 1+0

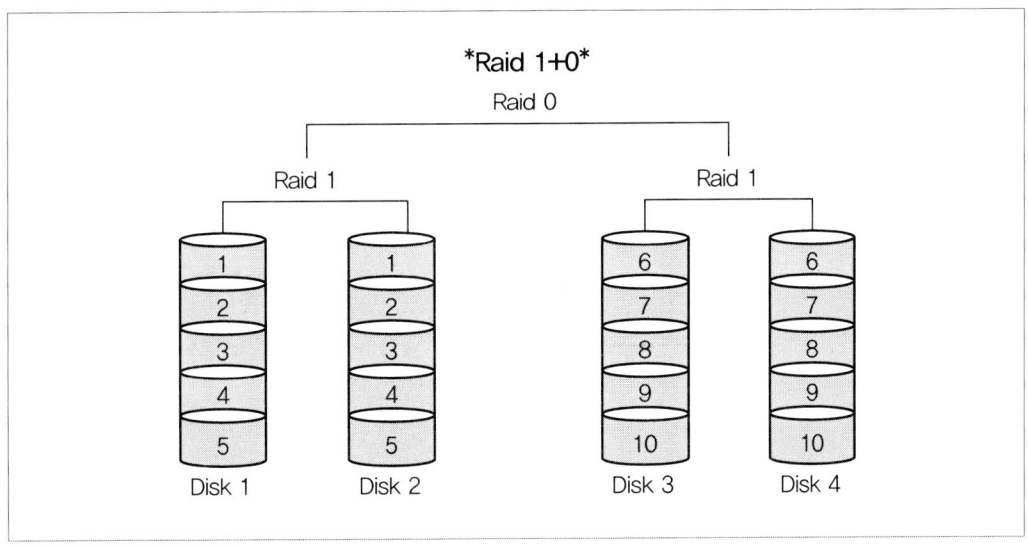

이 방식은 RAID 0+1 방식을 역으로 구성한 방식으로 여러 개의 DISK가 있으면 그 디스크를 그루핑하여 사용하게 되는데 그루핑된 DISK 그룹 내의 RAID 구성을 RAID 1 로 구성하고 디스크 그룹을 다시 하나의 DISK로 여기고 DISK 그룹과 그룹 간의 RAID를 RAID 0 로 적용하는 방식이다.

일반적으로 현업에서는 RAID 0+1 보다는 RAID 1+0 을 많이 쓴다. 이유는 RAID 0+1 의 경우 한쪽 디스크 그룹 내의 속한 DISK 중 한 개가 Fault를 일으키면 그 디스크 그룹 전체를 사용하지 못하게 된다. 운영상에는 문제가 없지만 복구시 많은 부하가 발생하게 된다.

즉 그룹 전체를 복구시켜야 되기 때문이다. 하지만 RAID 1+0 의 경우는 디스크 그룹 내의 구성이 RAID 1 로 구성되어 있기 때문에 1개의 DISK Fault가 나더라도 그 한 개만 복구하면 되기 때문에 상대적으로 부하가 적고 효율적이다.

CHAPTER 05 I/O 처리

SECTION 01 | I/O 장치
SECTION 02 | I/O 처리방식

SECTION 01 I/O 장치

CHAPTER 05 I/O 처리

핵심 요약(Key point summary)

1 I/O 인터페이스

가. I/O 인터페이스의 개념도

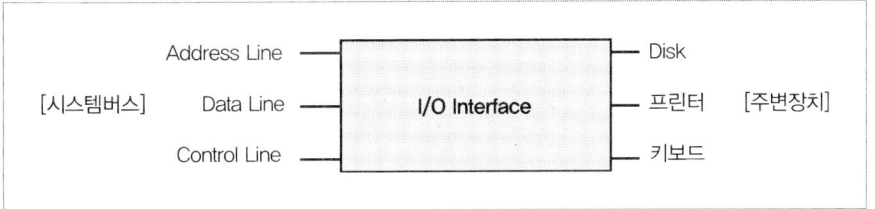

- 주변장치와 시스템 버스의 연결 및 통신 기능을 수행하는 지능화된 연결장치
- 주변장치들의 종류가 다양하고 운용방식이 다름
  → 프로세서 내부에 이러한 주변장치들을 제어하기 위한 모든 회로를 포함시키는 것은 불가능

나. I/O Interface의 주요기능

기능	설명
제어와 타이밍	내부자원과 외부장치들 사이의 통신흐름을 조정하기 위해 제어와 타이밍 필요
데이터 버퍼링	CPU의 전송률은 높은 반면, 주변장치들의 전송률은 낮으므로, 차이를 극복하기 위하여, 일시적으로 데이터 저장
오류 검출	바이트를 전송 받을 때마다 Parity Bit를 검사하여, 오류가 발생했는지를 확인
프로세서장치 간 통신	명령해석, 데이터 교환, 상태보고, 주소인식

2 I/O 제어

가. I/O 제어기의 필요성

- I/O 장치들은 I/O 장치가 매우 다양하며 동작을 제어하는 방법이 서로 다르며 이를 제어하기 위한 회로들을 CPU 내부에 포함시키는 것이 불가능하기 때문에 CPU는 그러한 장치들을 직접 제어할 수 없다.
- I/O 장치들의 데이터 전송 속도가 CPU의 데이터 처리 속도에 비하여 훨씬 느리기 때문에 고속의 시스템 버스를 통하여 I/O 장치들과 직접 데이터를 교환하는 것이 불가능하다.
- I/O 장치들과 CPU가 사용하는 데이터 형식의 길이가 서로 다른 경우가 많다. 이러한 이유로 I/O 장치들은 시스템 버스에 직접 접속되지 못하며 위의 문제들을 해결해 줄 수 있는 인터페이스가 필요하다. 이러한 인터페이스 역할을 하는 장치를 I/O 제어기라 한다.

나. I/O 제어기 예제(프린터 제어기)

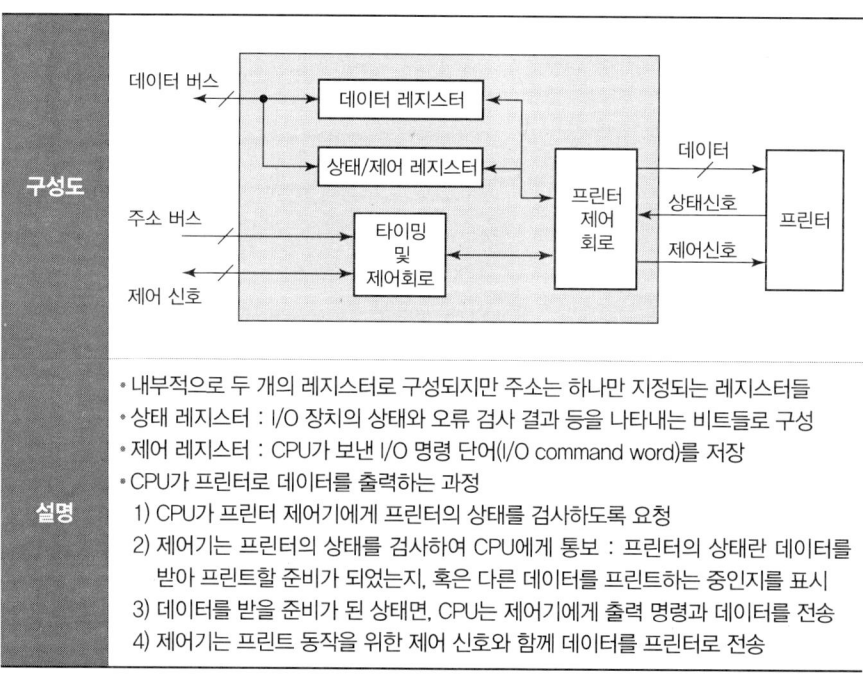

구성도	

설명	• 내부적으로 두 개의 레지스터로 구성되지만 주소는 하나만 지정되는 레지스터들
	• 상태 레지스터 : I/O 장치의 상태와 오류 검사 결과 등을 나타내는 비트들로 구성
	• 제어 레지스터 : CPU가 보낸 I/O 명령 단어(I/O command word)를 저장
	• CPU가 프린터로 데이터를 출력하는 과정
	  1) CPU가 프린터 제어기에게 프린터의 상태를 검사하도록 요청
	  2) 제어기는 프린터의 상태를 검사하여 CPU에게 통보 : 프린터의 상태란 데이터를 받아 프린트할 준비가 되었는지, 혹은 다른 데이터를 프린트하는 중인지를 표시
	  3) 데이터를 받을 준비가 된 상태면, CPU는 제어기에게 출력 명령과 데이터를 전송
	  4) 제어기는 프린트 동작을 위한 제어 신호와 함께 데이터를 프린터로 전송

- 이 주소를 할당하는 방식에 따라 Memory Mapped I/O와 Isolated-I/O로 구분됨

3 I/O 주소지정방법

시스템 버스를 통하여 접속된 I/O 장치들에는 각각 두 개씩의 주소가 할당되는데 하나는 데이터 레지스터의 주소이고, 다른 하나는 상태/제어 레지스터의 주소이다. 이러한 I/O 레지스터들의 주소를 지정하는 방법에는 Memory Mapped I/O와 Isolated I/O가 있다.

가. Memory Mapped I/O

구분	설명
개념	• 기억장치 주소 영역의 일부분을 I/O 제어기 내의 레지스터들의 주소로 할당하는 방식 • 프로그래밍에서 기억장치 관련 명령어들을 I/O 장치제어에도 사용 가능 ◉ LOAD 명령어, STORE 명령어 등 • 기억장치 읽기/쓰기 신호를 I/O 읽기/쓰기 신호로 사용
공간 할당의 예	• 주소 비트들이 10 비트인 경우 → 전체 기억 장소들의 수 = 1024 • 0 ~ 511 번지(상위 512개 주소) : 기억장치에 할당 • 512 ~ 1023 번지(하위 512개 주소) : I/O 장치들에 할당 주소 ─── 전체 주소 공간 0 ⋮ 　기억장치 주소 공간 511 512 ⋮ 　I/O 주소 공간 1023
장/단점	[장점] 프로그래밍 용이(사용 가능한 명령어들이 다양) [단점] 기억장치 주소 공간 감소(절반)

나. Isolated - I/O

구분	설명
개념	• I/O 장치 주소공간을 기억장치 주소 공간과는 별도로 할당하는 방식 • I/O 제어를 위해서 별도의 I/O 명령어 사용(예 : IN, OUT 명령어) • 별도의 I/O 읽기/쓰기 신호 필요
공간할당의 예	• 주소 비트의 수가 10개일 때, 기억장치 주소와 I/O 주소를 각각 아래와 같이 1024 개씩 할당 가능 0 ~ 1023 기억장치 주소 공간 0 ~ 1023 I/O 주소 공간
장/단점	[장점] I/O 주소공간으로 인하여 기억장치 주소공간이 줄어들지 않음 [단점] I/O 제어를 위해 I/O 명령어들만 이용할 수 있으므로, 프로그래밍이 불편

4 버스 중재

가. 버스 중재의 정의 및 중재방식

구분		설명
정의		한 개의 시스템 버스에 접속된 여러 개의 버스 마스터들이 동시에 버스 사용을 요구하는 경우에는 경쟁이 발생하게 된다. 이러한 현상을 버스 경합이라고 하며 버스 경합이 발생한 경우에 버스 마스터들 중에서 한 개씩 선택하여 순서대로 버스를 사용할 수 있게 해주는 동작. 이러한 기능을 수행 하는 하드웨어 모듈을 버스 중재기라 함

중재방식	병렬 중재방식	• 각 버스 마스터들이 독립적인 버스 요구 신호와 버스 승인 신호를 발생
		→ 버스 마스터들의 수와 같은 수의 버스 요구선 및 승인신호선 필요
		• 종류 : 중앙집중식 고정 - 우선순위 방식
		      분산식 고정 - 우선순위 방식
		      가변 우선순위 방식

	직렬 중재방식	• 버스 요구와 승인신호선이 각각 한 개씩만 존재하며, 각 신호선을 버스 마스터들 간에 직렬로 접속하는 방식 • 종류 : 중앙집중식 직렬 중재 방식 분산식 직렬 중재 방식
	폴링 방식	• 버스 중재기가 각 마스터들이 버스 사용을 원하는지를 주기적으로 검사하여 버스 승인 여부를 결정하는 방식 • 종류 : 하드웨어 폴링방식, 소프트웨어 폴링방식

나. 버스 중재 방식

1) 병렬중재방식

방식	설명
중앙집중식 고정- 우선순위 방식	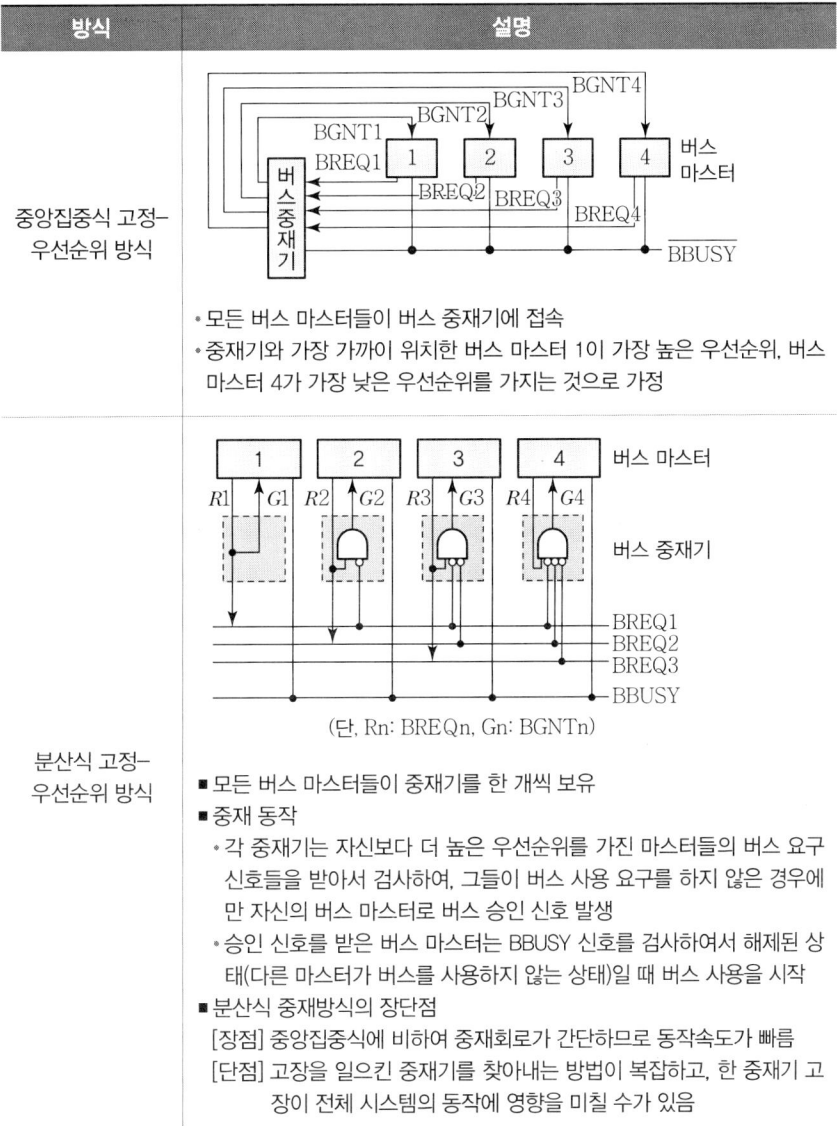 • 모든 버스 마스터들이 버스 중재기에 접속 • 중재기와 가장 가까이 위치한 버스 마스터 1이 가장 높은 우선순위, 버스 마스터 4가 가장 낮은 우선순위를 가지는 것으로 가정
분산식 고정- 우선순위 방식	■ 모든 버스 마스터들이 중재기를 한 개씩 보유 ■ 중재 동작 　• 각 중재기는 자신보다 더 높은 우선순위를 가진 마스터들의 버스 요구 신호들을 받아서 검사하여, 그들이 버스 사용 요구를 하지 않은 경우에만 자신의 버스 마스터로 버스 승인 신호 발생 　• 승인 신호를 받은 버스 마스터는 BBUSY 신호를 검사하여서 해제된 상태(다른 마스터가 버스를 사용하지 않는 상태)일 때 버스 사용을 시작 ■ 분산식 중재방식의 장단점 　[장점] 중앙집중식에 비하여 중재회로가 간단하므로 동작속도가 빠름 　[단점] 고장을 일으킨 중재기를 찾아내는 방법이 복잡하고, 한 중재기 고장이 전체 시스템의 동작에 영향을 미칠 수가 있음

방식	설명
가변 우선순위 방식	■ 시스템의 상태(또는 조건)에 따라 각 버스 마스터들의 우선순위를 계속 변화시키는 방식 [단점] 중재 회로 복잡 [장점] 모든 마스터들이 공정하게 버스를 사용할 수 있게 해준다. ■ 종류 • 회전 우선순위(rotating priority) 방식 　[방법1] 중재 동작이 끝날 때마다 모든 마스터들의 우선순위가 한 단계씩 낮아지고, 가장 우선순위가 낮았던 마스터가 최상위 우선순위를 가지도록 하는 방법 　[방법2] 일단 버스 사용 승인을 받은 마스터는 최하위 우선순위를 가지며, 바로 다음에 위치한 마스터가 최상위 우선순위를 가지도록 하는 방법 　Acceptance-dependent식 회전 우선순위 방식 • 임의 우선순위 방식 : 각 중재 동작이 끝날 때마다 우선순위를 임의로 결정 • 동등 우선순위 방식 : 모든 마스터들이 동등한 우선순위를 가지며 FIFO(First-In First-Out) 알고리즘 사용 • 최근 사용(Least-Recently Used : LRU) 방식 : 최근 가장 오랫동안 버스를 사용하지 않은 버스 마스터에게 최상위 우선순위 할당 [단점] 회로가 매우 복잡

2) 직렬중재방식

방식	설명
중앙집중식 직렬 중재 방식 (Daisy Chain 방식)	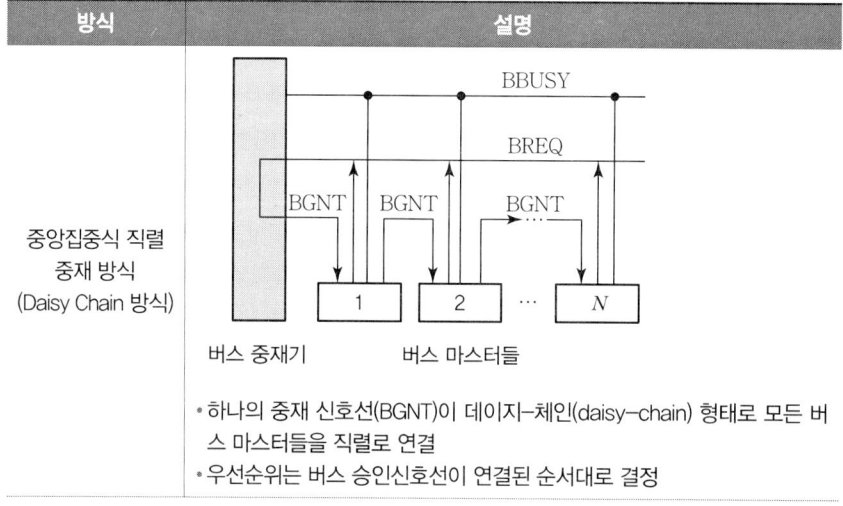 • 하나의 중재 신호선(BGNT)이 데이지-체인(daisy-chain) 형태로 모든 버스 마스터들을 직렬로 연결 • 우선순위는 버스 승인신호선이 연결된 순서대로 결정

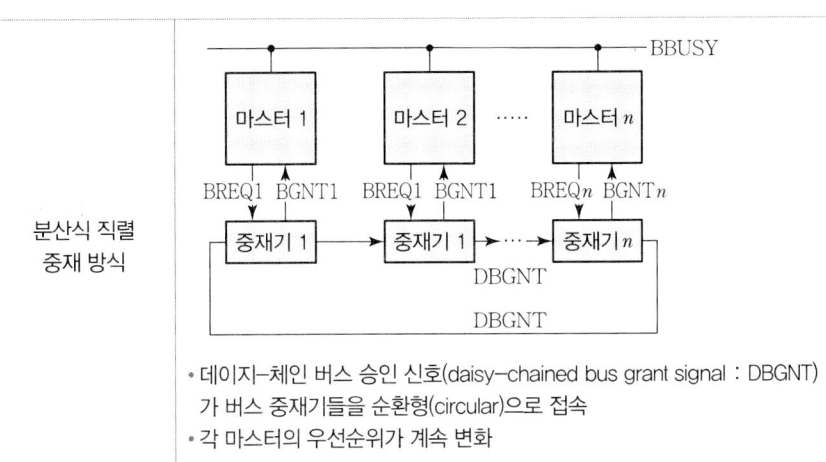

| 분산식 직렬 중재 방식 | · 데이지-체인 버스 승인 신호(daisy-chained bus grant signal : DBGNT)가 버스 중재기들을 순환형(circular)으로 접속
· 각 마스터의 우선순위가 계속 변화 |

3) 폴링방식

방식	설명
H/W 폴링 방식	· 버스 중재기와 각 버스 마스터 간에 별도의 폴링 선(polling line)이 존재 · 2진 코드화된 폴링 주소(binary encoded polling address)를 이용하면, 폴링 선의 수가 $\log_2 N$ 개로 감소 · 공통의 BREQ 선과 BBUSY 선이 각각 한 개씩 존재
S/W 폴링 방식	· 동작 원리 폴링의 순서와 과정을 버스 중재기 내의 프로세서가 관장하는 방식 · 단점 : 프로그램을 실행해야 하므로 하드웨어 방식에 비해 속도가 느림 · 장점 : 우선순위(폴링 순서)의 변경이 용이

1. 노스브리지와 사우스브리지

I/O 인터페이스의 종류는 아래 그림과 같이 크게 노스브리지와 사우스브리지로 구성된다.

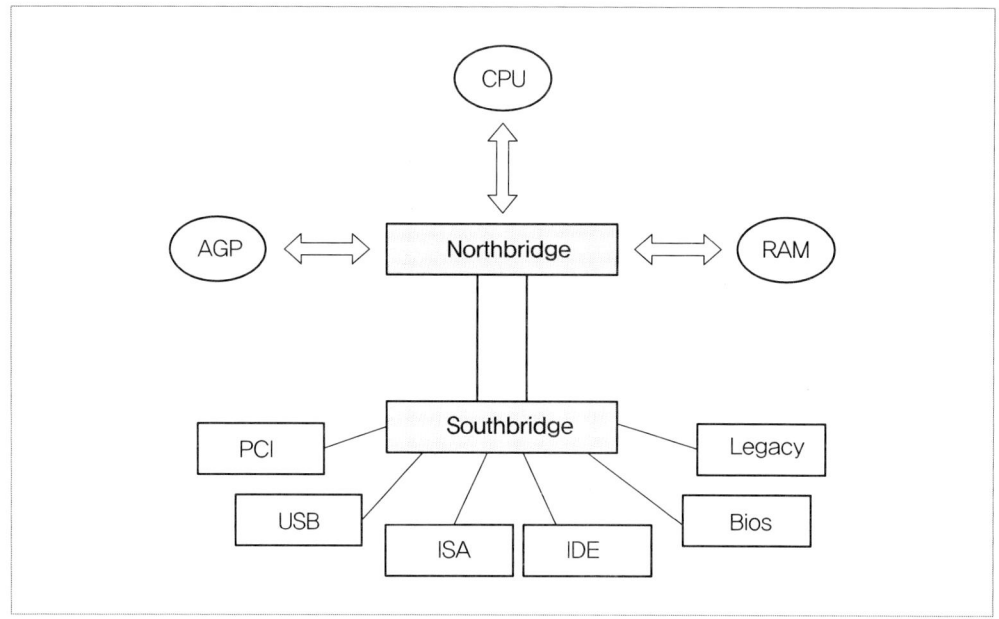

통상적으로 칩들은 PCI 버스를 경유하여 연결되어 있다.

인텔의 "허브(Hub)" 구조에 따르면 각 부분의 이름이 달라지지만, 기본적으로 그 기능은 동일하며, PCI 버스 속도의 두 배인 133MB/s의 전송률을 지니고 있다는 점이 다르다. 또한 일부 제조회사의 경우 몇 달 안에 보다 빠른 내부 칩셋 통신이 가능한 칩셋들을 선보일 것이다. 노스브리지는 점점 많은 기능을 수행해야 하기 때문에 발열량이 점점 많아져서, 요즘은 방열판이나 쿨러를 단 제품들도 있다. 그리고 노스브리지는 메인보드의 가장 핵심적인 부품이기 때문에 보통 메인보드의 종류가 노스브리지의 칩셋에 따라서 달라지게 된다.

노스브리지란 이름은 이 칩셋이 보드의 북쪽에 있기 때문에 붙여졌으며, 사우스브리지는 상대적으로 노스브리지보다 아래쪽에 있기 때문에 붙여진 이름이다. Bridge는 각각의 부품들이 연결되는 다리의 역할을 한다고 해서 붙여진 이름이다.

▶ 노스브리지

노스브리지는 시스템 도식에서 상대적으로 위쪽에 놓인 칩셋이라는 의미에서 붙여진 이름으로, CPU, 메모리, 그래픽 카드를 제어하는 칩셋이다. 메인보드의 성능과 종류를 결정하는 가장 중요한 칩셋이 바로 이 노스브리지로, 이 칩셋의 종류에 따라 지원되는 CPU의 종류, 메모리의 종류와 속도, 그래픽 카드 지원 여부가 달라진다. 최근의 노스브리지 칩셋은 매우 빠른 속도로 데이터를 입출력해 열을 많이 받기 때문에 고급 메인보드에는 노스브리지 전용 팬이나 히트싱크가 달려 있기도 하다.

▶ 사우스브리지

사우스브리지는 메인보드 가운데를 기준으로 PCI(Peripheral Component Interconnect) 슬롯 쪽에 있는 칩셋이다. PCI나 ISA와 같은 버스 입출력과, IDE와 시리얼 ATA 등 저장장치의 데이터 입출력을 담당한다. USB, IEEE1394 등 외부 입출력이나 전원 관리, 키보드나 마우스 등의 입력장치도 여기서 관리한다.

요즘에는 인텔이나 AMD, 비아 등의 업체들이 각자 메인보드 아키텍처를 개발해 쓰고 있기 때문에, 노스브리지와 사우스브리지를 부르는 이름이 조금씩 달라졌다. 그러나 여전히 많은 유저들이 전통에 따라 메인 칩셋과 보조 칩셋을 노스브리지와 사우스브리지라 부르고 있다. 인텔의 경우에는 사우스브리지에 해당하는 칩셋을 ICH라 부르고 있다.

2. I/O 인터페이스의 발전

가. 입출력 인터페이스의 발전(병렬 인터페이스의 한계)

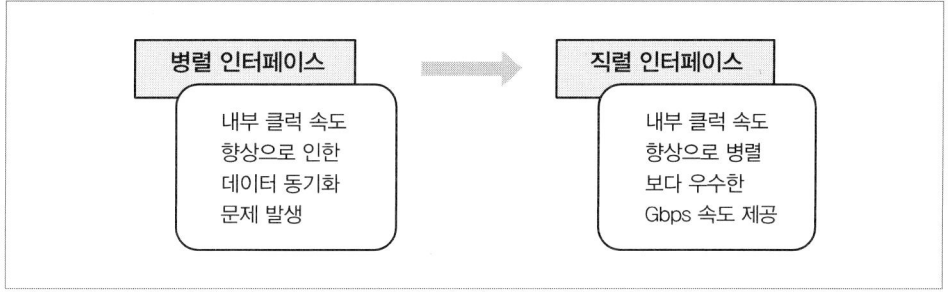

- 병렬인터페이스의 속도한계로 인하여 직렬 인터페이스로의 변화가 일어났음
- 이의 원인은 병렬인터페이스의 경우 병렬로 데이터를 보낸 후 받는 곳에서 데이터를 동기화시켜서 합쳐야 하는데, 이때 내부 클럭의 속도의 발전으로 이 동기화를 맞추지 못하는 skew 현상이 발생함
- 따라서 직렬 인터페이스는 이러한 병렬 동기화 과정이 필요 없으므로 고속으로 데이터를 전송함
- 이는 내부 클럭의 속도 증가와 대역폭 증가로 인한 것임
- 직렬화됨으로써 선의 길이가 길어졌으며, 선의 굵기가 얇아졌음

나. 직렬 인터페이스의 대표적 종류

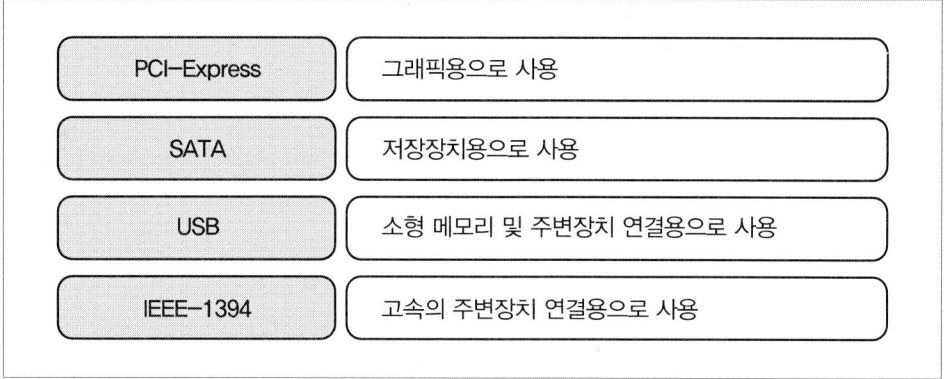

CHAPTER 05 I/O 처리
SECTION 02 I/O 처리방식

핵심 요약(Key point summary)

1 I/O 장치의 I/O 동작처리방식 종류

I/O 장치가 CPU와 함께 혹은 CPU의 간섭을 최소화(혹은 없이)하여 I/O 동작을 처리하는 방식으로 이는 곧 시스템의 성능과 연결되는 중요한 요소이다.

방식	설명
Programed I/O	CPU가 I/O 제어장치에 비해 매우 빠르기 때문에 CPU가 I/O 제어장치의 상태를 지속적으로 검사를 하는데, 이와 같이 CPU가 반복적으로 I/O 제어장치 상태를 검사하여 I/O 동작을 처리하는 방식
Interrupt driven I/O	Programed I/O 의 단점(CPU가 I/O 동작에 계속 관여)을 보완하기 위해 인터럽트 메커니즘을 이용(I/O 동작이 I/O 제어기와 I/O 장치에 의해 수행되는 동안 CPU는 다른 작업을 처리할 수 있게 되어 성능향상)하는 방식
DMA	Interrupt driven I/O 역시 CPU가 직접 I/O 작업에 개입해야 하며 이동되는 데이터들이 반드시 CPU를 경유해야 하는 문제점이 발생하고 이를 해결하기 위해 CPU 개입 없이 I/O 장치와 기억장치 사이에 데이터 전송을 수행하는 방식
I/O Channel	DMA 역시 근본적 문제점이 있어 이를 해결하기 위해 DMA 제어기를 확장시킨 방식

2 I/O 동작처리방식

가. Programed I/O

구분	설명
절차도	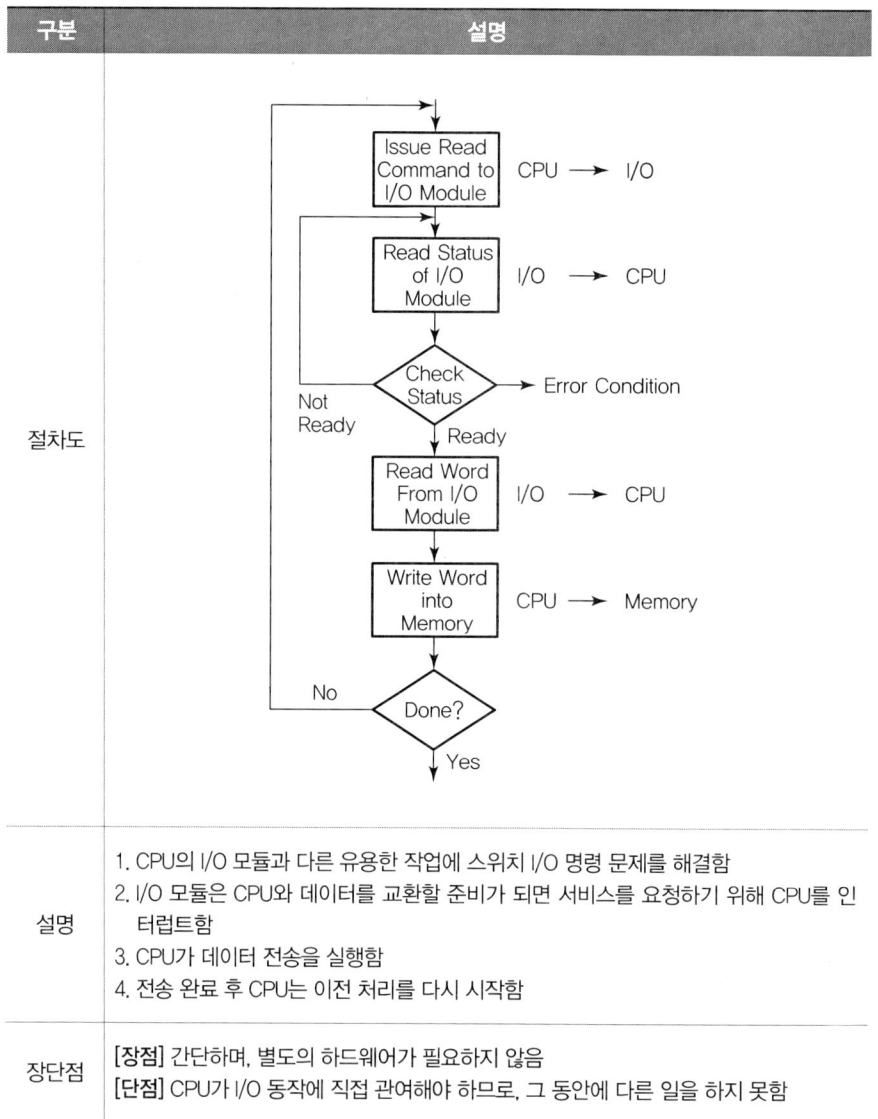
설명	1. CPU의 I/O 모듈과 다른 유용한 작업에 스위치 I/O 명령 문제를 해결함 2. I/O 모듈은 CPU와 데이터를 교환할 준비가 되면 서비스를 요청하기 위해 CPU를 인터럽트함 3. CPU가 데이터 전송을 실행함 4. 전송 완료 후 CPU는 이전 처리를 다시 시작함
장단점	[장점] 간단하며, 별도의 하드웨어가 필요하지 않음 [단점] CPU가 I/O 동작에 직접 관여해야 하므로, 그 동안에 다른 일을 하지 못함

나. Interrupt driven I/O

구분	설명
절차도	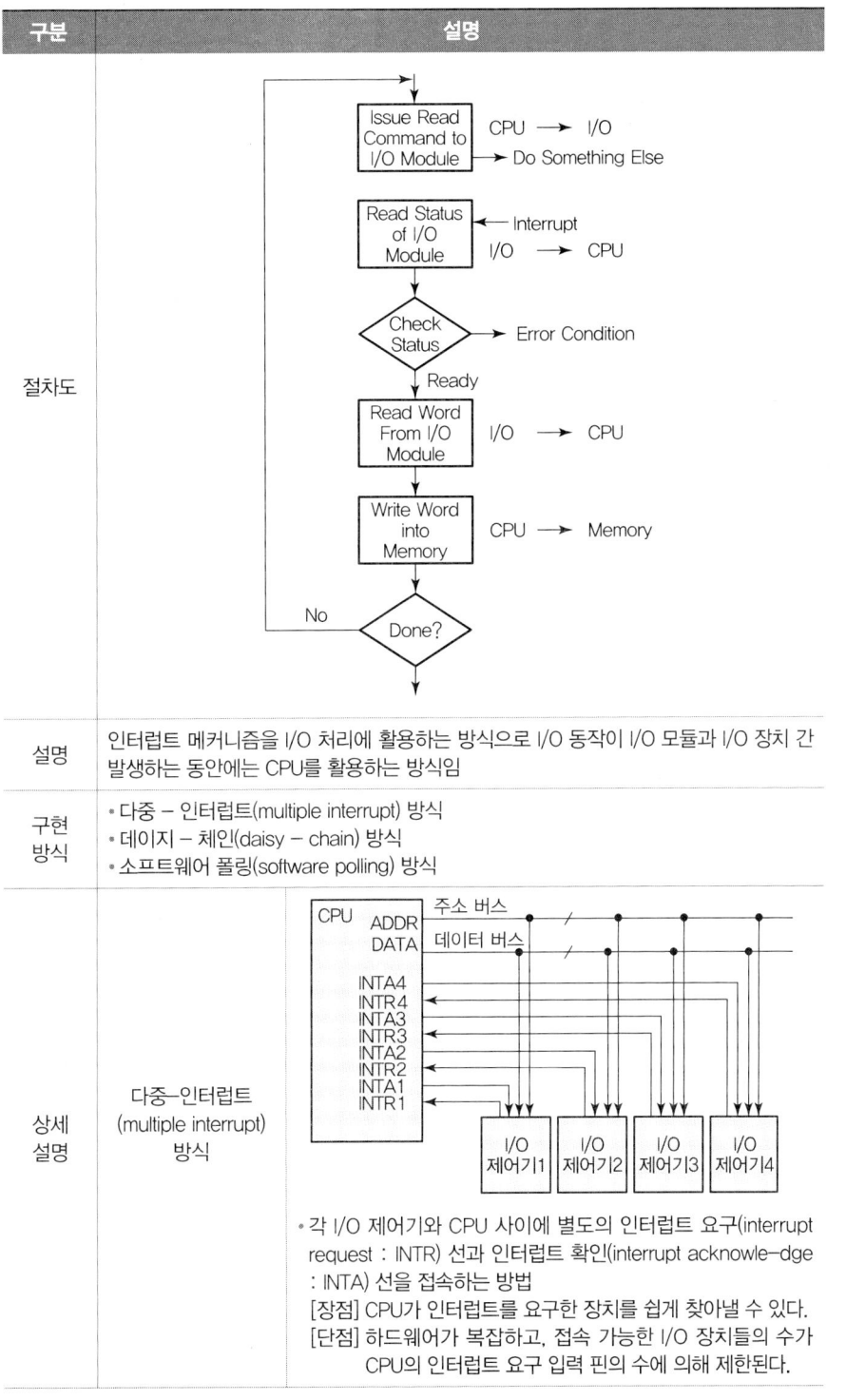
설명	인터럽트 메커니즘을 I/O 처리에 활용하는 방식으로 I/O 동작이 I/O 모듈과 I/O 장치 간 발생하는 동안에는 CPU를 활용하는 방식임
구현 방식	• 다중 – 인터럽트(multiple interrupt) 방식 • 데이지 – 체인(daisy – chain) 방식 • 소프트웨어 폴링(software polling) 방식
상세 설명	다중-인터럽트 (multiple interrupt) 방식 • 각 I/O 제어기와 CPU 사이에 별도의 인터럽트 요구(interrupt request : INTR) 선과 인터럽트 확인(interrupt acknowle-dge : INTA) 선을 접속하는 방법 [장점] CPU가 인터럽트를 요구한 장치를 쉽게 찾아낼 수 있다. [단점] 하드웨어가 복잡하고, 접속 가능한 I/O 장치들의 수가 CPU의 인터럽트 요구 입력 핀의 수에 의해 제한된다.

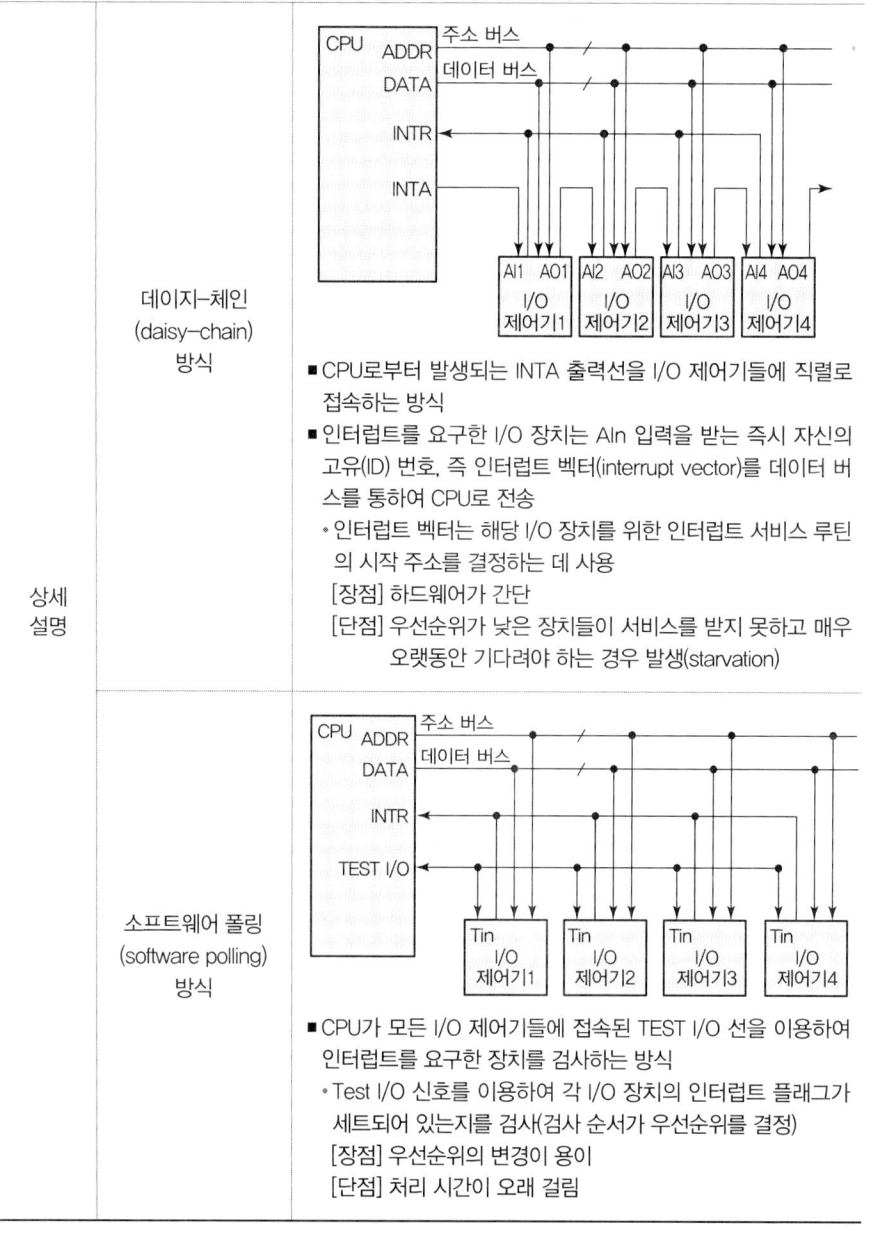

상세 설명	데이지-체인 (daisy-chain) 방식	■ CPU로부터 발생되는 INTA 출력선을 I/O 제어기들에 직렬로 접속하는 방식 ■ 인터럽트를 요구한 I/O 장치는 AIn 입력을 받는 즉시 자신의 고유(ID) 번호, 즉 인터럽트 벡터(interrupt vector)를 데이터 버스를 통하여 CPU로 전송 • 인터럽트 벡터는 해당 I/O 장치를 위한 인터럽트 서비스 루틴의 시작 주소를 결정하는 데 사용 [장점] 하드웨어가 간단 [단점] 우선순위가 낮은 장치들이 서비스를 받지 못하고 매우 오랫동안 기다려야 하는 경우 발생(starvation)
	소프트웨어 폴링 (software polling) 방식	■ CPU가 모든 I/O 제어기들에 접속된 TEST I/O 선을 이용하여 인터럽트를 요구한 장치를 검사하는 방식 • Test I/O 신호를 이용하여 각 I/O 장치의 인터럽트 플래그가 세트되어 있는지를 검사(검사 순서가 우선순위를 결정) [장점] 우선순위의 변경이 용이 [단점] 처리 시간이 오래 걸림

다. DMA 설명

구분	설명
DMA 포함 구조도	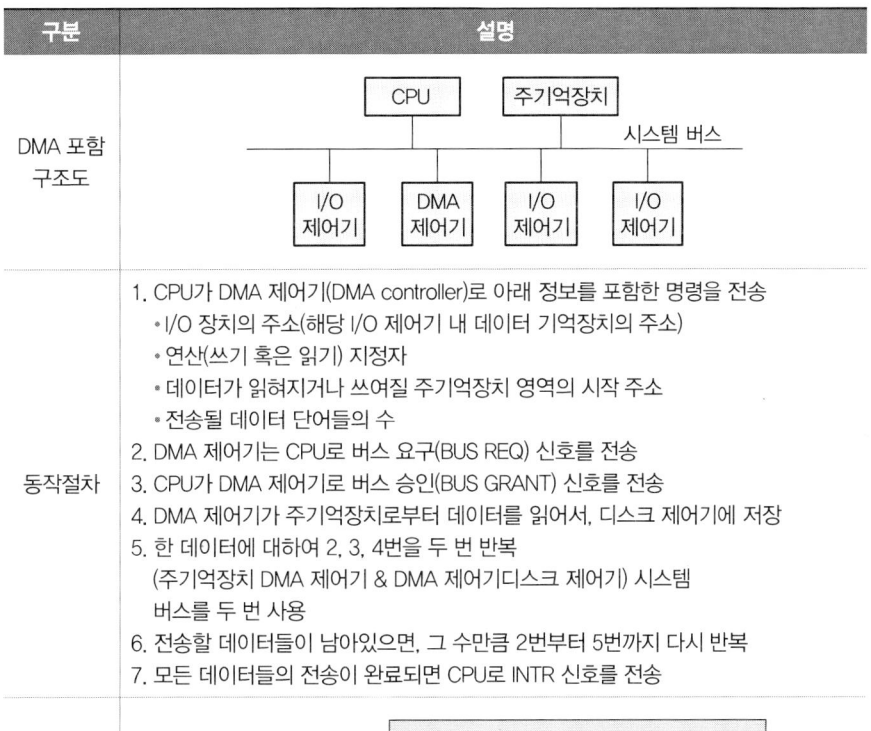

동작절차	1. CPU가 DMA 제어기(DMA controller)로 아래 정보를 포함한 명령을 전송
	  • I/O 장치의 주소(해당 I/O 제어기 내 데이터 기억장치의 주소)
	  • 연산(쓰기 혹은 읽기) 지정자
	  • 데이터가 읽혀지거나 쓰여질 주기억장치 영역의 시작 주소
	  • 전송될 데이터 단어들의 수
	2. DMA 제어기는 CPU로 버스 요구(BUS REQ) 신호를 전송
	3. CPU가 DMA 제어기로 버스 승인(BUS GRANT) 신호를 전송
	4. DMA 제어기가 주기억장치로부터 데이터를 읽어서, 디스크 제어기에 저장
	5. 한 데이터에 대하여 2, 3, 4번을 두 번 반복
	  (주기억장치 DMA 제어기 & DMA 제어기 디스크 제어기) 시스템 버스를 두 번 사용
	6. 전송할 데이터들이 남아있으면, 그 수만큼 2번부터 5번까지 다시 반복
	7. 모든 데이터들의 전송이 완료되면 CPU로 INTR 신호를 전송

DMA 내부 구조	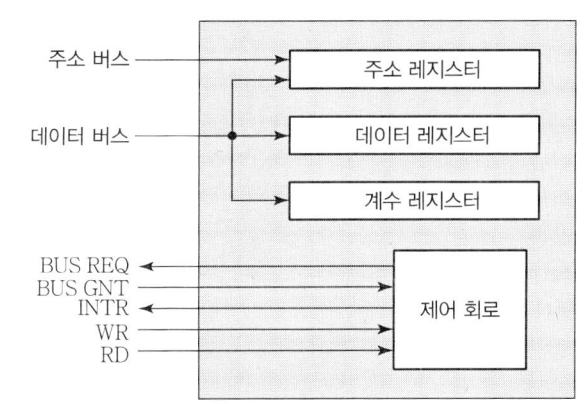

구성요소	역할
주소레지스터	I/O 장치의 주소를 저장
데이터레지스터	데이터 버퍼 역할
계수레지스터	전송될 Data 수 저장
제어회로	각종 제어신호들을 받아들이고 발생하기 위한 회로

라. DMA의 근본적 문제점 및 해결방법 I/O Channel

DMA 근본적 문제점	해결방법
1. I/O 장치들은 종류와 속도가 다양하고 제어 방법도 복잡하기 때문에, 간단한 구조를 가진 DMA 제어기로 지원하는 데는 한계가 있음 2. 디스크 쓰기 혹은 읽기 동작의 경우에는 데이터 블록의 크기가 512 바이트 이상이기 때문에 그 데이터들을 버퍼링(임시 저장)하기 위한 내부 기억장치가 필요	■ I/O 프로세서(I/O processor : IOP) 사용 　[I/O 채널(I/O channel)이라고도 함] ■ IOP 보드에 포함될 요소들 　1. I/O 명령어들(OS 중 I/O driver P/G)을 실행할 수 있는 프로세서 　2. 데이터 블록들을 임시 저장(버퍼링)할 수 있는 용량의 지역 기억장치(local memory) 　3. 시스템 버스 인터페이스 및 버스 마스터 회로 　4. I/O 버스 중재 회로

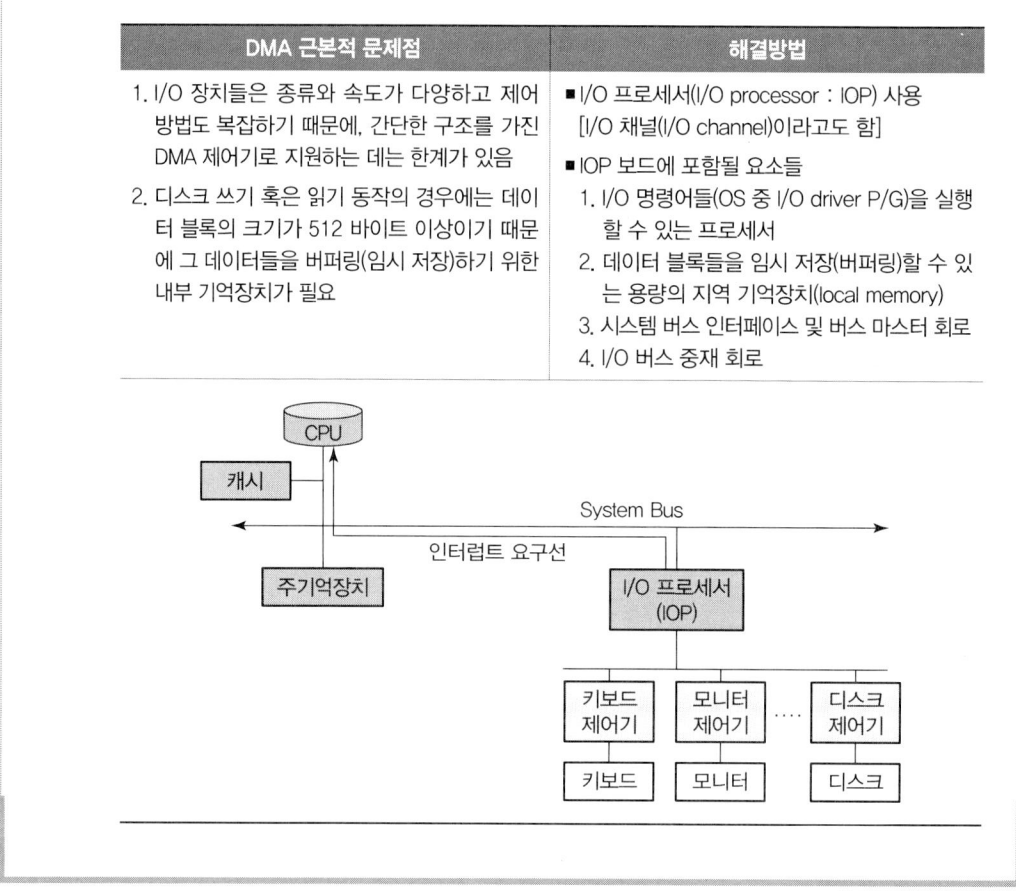

이 중 DMA가 시험에 자주 등장한다.

1. DMA의 개념

- CPU의 개입 없이 I/O 장치와 기억장치 사이에 데이터를 전송하는 방식 [사이클 스틸링(cycle stealing)이라고도 함]
- 작동방법은 CPU가 주기억장치를 액세스하지 않는 시간(CPU가 내부적으로 명령어를 해독하거나 ALU 연산을 수행하는 시간) 동안에 시스템 버스를 사용하여 주기억장치와 I/O 장치(디스크 제어기) 간에 데이터 전송하는 방식

2. DMA의 전송유형(동작모드)

유형	설명
Burst Transfer	• DMA 제어기가 우선권을 가지는 방식 • DMA 제어기가 메모리 버스를 제어하는 동안 여러 개 메모리 Word로 구성된 블록을 지속적으로 전송 • 상당히 오랫동안 CPU가 기아(Starvation) 상태가 될 수 있다.
Inter leaved DMA	• CPU가 시스템 미사용시 DMA가 버스를 사용 • CPU가 우선권을 가지는 방식 • CPU가 버스를 사용하지 않을 때만 DMA가 버스를 사용
Cycle Stealing	• DMA가 데이터 전송을 위해 프로세서의 한 메모리 Cycle을 중지할 것을 요구 • CPU의 버스 사이클을 한 번씩 빼앗아 전송(CPU가 속도가 느린 DMA에게 BUS 사용권을 양보) • DMA 제어기와 CPU가 교대로 사용권한을 가짐 • 입출력 전송률은 낮아짐

3. DMA의 구조적 문제점과 해결책

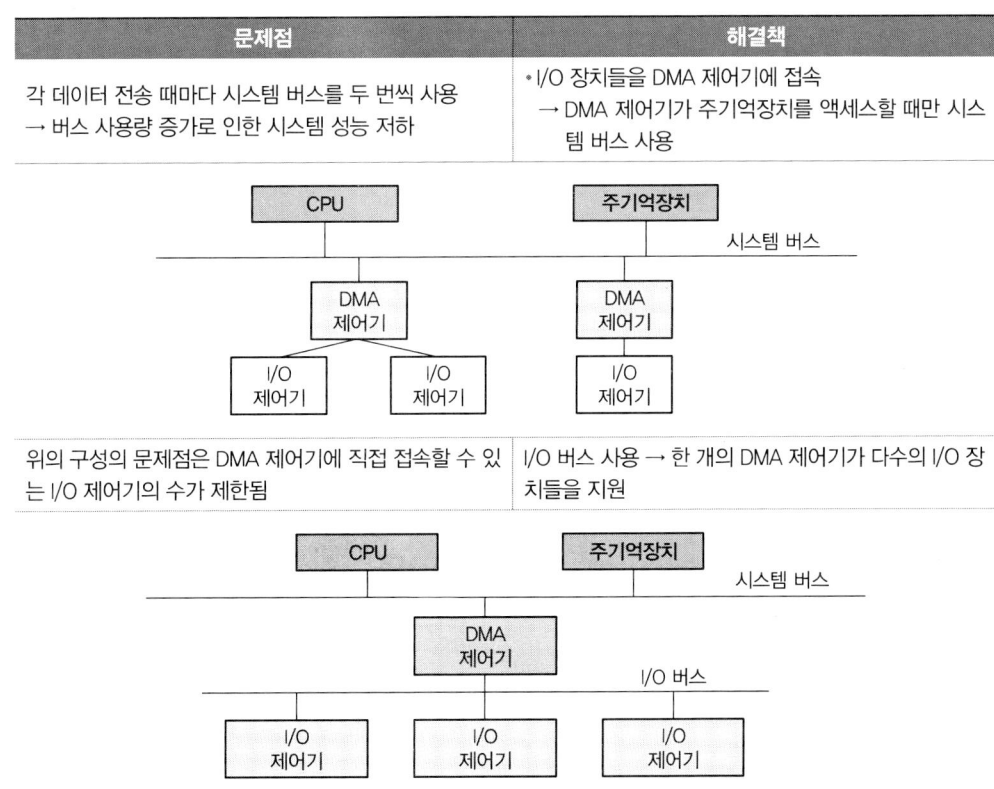

이는 구조적인 문제점을 해결하는 방식이지만 근본적인 문제점을 해결한 방식이 위에서 설명한 I/O Channel(IOP-I/O Processor)이다.

PART 02
Operation System

CHAPTER **01** 운영체제 개관

SECTION 01 | 운영체제 기능 및 역할

01 운영체제 기능 및 역할

CHAPTER 01 운영체제 개관

핵심 요약(Key point summary)

1 운영체제의 개요

가. 운영체제의 정의

- 컴퓨터 시스템을 구성하고 있는 하드웨어 장치와 컴퓨터 사용자 또는 컴퓨터 프로그램의 중간에 위치하여 사용자 또는 응용프로그램들이 보다 쉽고 편리하게 컴퓨터를 이용할 수 있도록 컴퓨터 시스템을 제어하고 관리하는 프로그램들의 집합체
- 컴퓨터 시스템의 모든 부분(하드웨어, 소프트웨어 모두)을 제어하는 프로그램으로서 그 시스템에서 제공하는 기능을 사용할 수 있게 하는 소프트웨어

나. 운영체제의 역할

역할	설명
사용자 인터페이스	• 사용자의 입장에서 본 운영체제 역할 • 운영체제가 사용자들로 하여금 컴퓨터를 사용하는 데 있어 편리함을 제공하는 역할을 담당
자원관리	• 사용자 시스템에서 특히 중요한 기능 • 각 프로그램이 다른 프로그램 영역을 침범하지 않도록 하는 역할 (기억장치 관리, Memory Management) • 중앙처리장치, 입출력 장치, 보조기억장치 등 하드웨어 자원관리 • 시스템 내에 존재하는 각종 파일, 프로그램 등의 소프트웨어 자원관리 • 컴퓨터의 에러 발생시 처리

❷ 운영체제의 구성

가. 제어프로그램(Control Program)

컴퓨터 전체의 동작 상태를 감시, 조절하는 기능을 수행하는 프로그램을 말함

제어기능	설명
감시프로그램	제어프로그램의 중추적 기능을 담당하는 프로그램으로서 처리프로그램의 실행 과정과 시스템 전체의 동작 상태를 감독하고 지원하는 프로그램
데이터 관리 프로그램	컴퓨터에서 취급하는 각종 파일과 데이터를 표준적인 방법으로 처리할 수 있도록 관리하는 프로그램 그룹을 의미하고 주기억장치와 보조기억장치 사이의 데이터 전송, 파일의 조직 및 활용, 입출력 데이터와 프로그램논리의 연결 등을 담당함
작업 관리 프로그램	어떤 업무를 처리하고 다른 업무를 자동적으로 이동하기 위한 준비 및 그 완료 처리를 담당하는 기능을 수행함
통신제어	통신 회선을 경유하는 터미널과 중앙의 컴퓨터 사이에서 데이터를 주고받는 경우라든가 또는 컴퓨터에서의 데이터를 송수신하는 경우에 사용되는 프로그램

나. 처리프로그램(Processing Program)

제어프로그램의 감시하에 특정 문제를 해결하기 위한 데이터 처리를 담당하는 프로그램을 말함

처리기능	설명
언어번역 프로그램	컴퓨터 언어로 작성된 프로그램을 시스템이 이해할 수 있는 기계어로 바꾸어 주는 프로그램으로 컴퓨터 언어의 종류에 따라 각각의 언어 번역 프로그램을 갖고 있음
서비스 프로그램	컴퓨터 사용에 있어서 공통으로 사용빈도가 높은 기능을 메이커 측에서 미리 프로그램으로 작성하여 사용자에게 제공함으로써 사용자의 시간 및 노력을 경감시키고 업무처리의 능률을 향상시킬 수 있음
사용자 프로그램	사용자가 업무상의 문제를 컴퓨터로 처리하기 위해 작성한 프로그램

3 운영체제의 처리형태에 따른 분류

분류	설명
단일 프로그래밍 시스템	• 하나의 실행 프로그램이 컴퓨터 시스템 전체를 독점적으로 사용하도록 설계된 시스템 • 하나의 프로그램이 주기억장치, 중앙처리장치, 프린터 등 자원 전부를 독점적으로 사용
다중 프로그래밍 시스템	• 독립된 두 개 이상의 프로그램이 동시에 수행되도록 중앙처리장치를 각각의 프로그램들이 적절한 시간 동안 사용할 수 있도록 스케줄링하는 시스템 • 중앙처리장치가 대기상태에 있지 않고 항상 작업을 수행할 수 있도록 만들어 중앙처리장치의 사용 효율을 향상시킴
다중 처리 시스템	• 거의 비슷한 능력을 가지는 두 개 이상의 처리기가 하드웨어를 공동으로 사용하여 자신에게 맡겨진 일을 동시에 수행하도록 하는 시스템 • 대량 데이터를 신속히 처리해야 하는 업무, 또는 복잡하고 많은 시간이 필요한 업무처리에 적합한 구조를 지닌 시스템
일괄 처리 시스템	• 사용자들의 작업 요청을 일정한 분량이 될 때까지 모아 두었다가 한꺼번에 처리 • 장점 : 최소의 경비 • 단점 : 사용자의 번거로움, 생산성이 떨어짐
시분할 처리 시스템	• 중앙처리장치의 스케줄링 및 다중 프로그램 방법을 이용해서 컴퓨터 사용자가 자신의 단말기 앞에서 컴퓨터와 대화식으로 사용하도록 각 사용자에게 컴퓨터 이용시간을 분할하는 방법 • 동시에 다수의 작업들이 기억장치에 상주하므로 기억장치를 관리해야 하고 중앙처리장치의 스케줄링 기능도 제공해야 하므로 복잡한 구조를 가짐
분산 처리 시스템	• 복수 개의 처리기가 하나의 작업을 서로 분담하여 처리하는 방식의 시스템
실시간 처리 시스템	• 데이터가 발생하는 즉시 처리하는 시스템 • 실시간 시스템은 입력되는 작업이 제한 시간을 갖는 경우가 있는 시스템을 의미함 • 공장의 공정제어를 컴퓨터가 담당하는 경우나 컴퓨터가 군사적 목적으로 사용되는 경우에 주로 활용됨

운영체제의 구성에 대해 좀더 자세히 설명해보자.

아래 그림은 운영체제의 각 기능들을 담당하는 구성요소들이다.

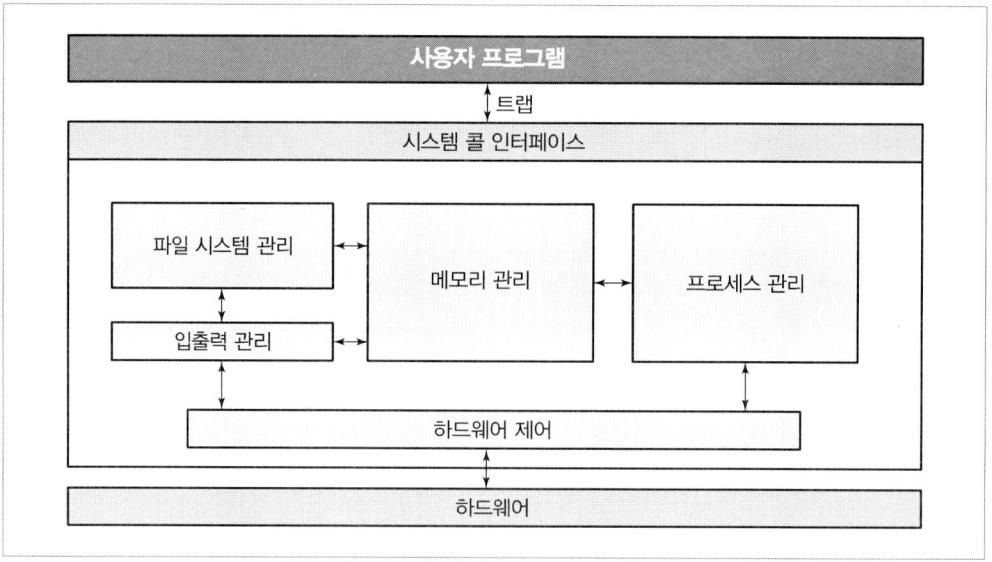

위에서 설명한 대로 운영체제는 하드웨어 제어와 메모리 관리, 프로세스 관리, 입출력 관리, 파일시스템 관리 및 사용자 프로그램과의 상호작용을 위한 시스템 콜 인터페이스 관리로 구성되어 있다. 실제 이보다 더 복잡한 역할을 하지만 공통적으로 운영체제는 이러한 기능을 수행한다.

(1) 프로세스 관리

프로세스 관리자를 살펴보기 전에 프로세스가 무엇인지 알아야 한다. 프로세스를 알기 위해서는 프로그램과 프로세스의 차이를 우선 알아야 한다. 프로세스는 디스크에 있던 프로그램이 메모리에 적재되어 실행 중인 형태로 되는 것을 말한다. 즉 PCB를 가지고 동적으로 실행 중인 상태를 말하는 것이다. 다시 말해 프로세스의 개념을 두 가지로 정리하면 첫째로 프로세스는 실행단위이면서 자원의 할당단위이다. 즉 컴퓨터 시스템의 메모리 등의 자원을 할당할 수 있는 단위이다. 둘째로는 보호영역이라 할 수 있다.

보호영역이라는 개념은 프로세스 간에 서로 침범할 수 없다는 뜻이다. 즉, 게임을 실행 중인 프로세스와 계산기를 실행 중인 두 프로세스는 서로 간의 메모리 영역을 함부로 침범할 수 없다.

만약 하나의 컴퓨터 시스템이 오직 한 사람의 사용자만을 위해 존재하고 컴퓨터가 한번 작동할 때 하나의 프로세스만이 작업을 수행한다면 아마도 프로세스 관리라는 말은 나

올 필요가 없었을 것이다. 그러나 이 시대 컴퓨터 시스템은 하나의 시스템 내에서 통신을 통해 파일을 다운받으면서 한글 문서를 작성할 수 있듯이 동시에 여러 프로그램을 사용할 수 있다. 또한 대용량의 중앙처리컴퓨터를 놓고 여러 대의 모니터가 설치되어 사용하기도 하고 수천 명이 동시에 접속해서 작업을 수행하기도 한다.

이렇게 여러 작업이 동시에 이뤄질 때 프로세스들을 제대로 관리하지 않으면 처리가 느려질 것이다. 이러한 문제를 피하기 위해 프로세스를 보호해주고 프로세스마다 작업 시간을 할당해주고 그 작업에 우선순위를 매기는 등의 작업이 바로 프로세스 관리이며, 이는 시스템 성능(사용자가 느끼는)과 직결되는 중요한 관리 기능이다.

(2) 시스템 콜 인터페이스

시스템 콜은 사용자가 운영체제 내부에 작업을 의뢰하기 위한 함수이다.

문서작업을 수행하고 저장된 파일을 불러오는 작업, 새로운 문서를 작성해 파일명을 지정해 저장하는 작업, 저장된 파일의 이름을 변경하거나 삭제하는 작업, 바로 이러한 작업들 모두가 시스템 콜을 통해 수행된다. 즉 사용자가 시스템의 물리적인 H/W나 중요 시스템을 직접 건드리지 않고 중간에 이러한 기능을 하는 함수들을 통해 보다 쉽고 안전하게 작업을 진행하기 위한 목적이다.

여기서는 시스템 콜의 작동과정을 간단히 살펴보도록 하는데(프로세스 관리 장에서 자세히 설명할 것이다.) 그러기 위해서는 트랩이라는 개념을 먼저 살펴보아야 한다.

트랩이란 사용자가 운영체제 내부로 서비스를 받기 위해 안으로 들어가기 위한 절차라고 할 수 있다. 트랩의 개념까지 생각해서 시스템 콜의 호출과정을 살펴보면 우리가 동사무소에 어떤 업무처리를 위해 찾아갔을 때(주민등록 떼기, 전입, 전출 신고, 출생 신고 등) 그 하나하나의 업무들은 바로 시스템 콜과 동등한 의미가 되는 것이다.

그리고 우리는 그 처리를 담당자에게 요구하기 위해 해당 용지에 기재사항들을 적게 되는데, 이러한 과정은 트랩이 담당하는 것이고 담당 공무원이 업무를 처리해 주는 것이 바로 운영체제 내부의 커널의 역할인 것이다.

우리는 운영체제 내부에 사용자 입장에서 하기 어려운 일을 부탁하기 위해 시스템 콜 인터페이스를 통해 시스템 콜을 호출하는 것이다.

(3) 메모리 관리

초기 컴퓨터의 메모리는 KB에 불과했다 하지만 처리되는 프로그램들도 적은 용량으로 처리가 가능한 단순한 프로그램들이었기 때문에 큰 불편을 느끼지 못했다. 또한 초기 컴퓨터 시스템은 멀티 프로그래밍 환경이 아니었으므로 메모리 내부에 하나의 프로그램만이 자리잡고 있었기에 복잡한 관리 역시 필요하지 않았다.

다시 말해 8KB의 메모리 용량을 가진 컴퓨터가 4KB나 2KB의 프로그램을 실행하고 있더라도 아무 할 일 없이 낭비되고 있는 메모리의 용량을 당연한 것으로 생각했다.
그러나 멀티 프로그래밍 환경으로의 변환과 발맞춰 일정 용량으로 한정된 메모리를 더욱 효율적으로 분배하고 사용하기 위해 메모리 관리가 중요한 쟁점으로 등장하게 되었다.
운영체제의 메모리 관리자는 이렇게 누가 어디에 있는 메모리를 쓰고 있는지 관리하고 누군가가 메모리를 요구하면 요구한 만큼의 메모리를 빌려주고 회수하는 역할을 한다.

(4) 파일 시스템

파일은 프로그램 또는 데이터 등과 같은 정보들의 집합을 말한다. 이러한 정보를 저장할 수 있는 기억장소 공간은 디스크에 할당되어 있으며 디스크에 존재하는 여러 파일들은 각자 고유한 이름을 가짐으로써 구별된다. 더 자세히 살펴보면, 파일은 '바이트의 연속적인 연결'이라고 정의할 수 있다. 즉, 파일은 디스크에 저장되어 있는 알 수 없는 바이트로 이루어진 것을 사용자가 알아보기 쉽게 파일이라는 이름으로 추상화시킨 것에 지나지 않다.

파일 시스템은 이렇게 물리적인 매체, 디스크 혹은 테이프 등에 저장하기 위한 파일들을 관리한다. 예를 들어, 디스크의 경우 보통 512바이트를 하나의 블럭으로 묶어서 관리한다. 파일 시스템은 이러한 저장매체의 특성에 따라 파일을 관리하고 디렉토리의 구성과 관리를 담당한다.

(5) 입출력 관리

운영체제는 입출력 관리를 위해 하드웨어 장치들을 사용하기 편한 형태로 관리한다. 우리가 USB 드라이브에 보고서를 저장해서 학교에서 출력하는 경우 별다른 세팅 없이 USB 드라이브를 사용한다. 사용자에게 불편하고 어려운 작업은 운영체제 내부의 입출력 관리자가 알아서 해주기 때문이다.

운영체제는 이와 같이 사용자가 다루기 힘든 하드웨어 장치를 관리해주거나 또는 사용자의 요구를 들어주기 위해서 여러 작업을 담당하는 구성요소를 갖추고 있다.

4 범용 운영체제의 발전방향

구분	주요내용	운영체제 주요기술
1세대	• 기계어를 직접 사용하였으며 운영체제(Operating System) 부재	• 기계어
2세대	• 진공관, 코어메모리를 사용 • 작업 제어 언어(Job Control Language)의 등장 • 초기 일괄처리시스템(Batch Process System)의 효시 • 한 작업으로부터 다른 작업으로의 전환을 자동적으로 처리 • 기계어나 어셈블리어 사용	• 어셈블리어, 어셈블러 • 일괄처리시스템
3세대	• 트랜지스터, IC(직접회로), 디스크 사용 시작 • 공유시스템(Shared System), 가상기억장치(Virtual Memory), 다중프로그래밍(multi-programming), 다중처리(Multi-Processing) 개발 • 장치독립성 • 다중 모드 시스템 등장 • 시스템 처리능력을 증진시키기 위해 한 컴퓨터 시스템에 여러 개의 프로세서를 사용하기 시작	• Shared System • Time Shared System • Virtual Memory • Multi Programming • Multi Processing • Real Time System
4세대	• LSI, VLSI 사용 • 컴퓨터 네트워크와 온라인 처리기법 사용, 마이크로 프로세서 등장으로 PC개발의 촉진 • 편리한 사용자 시스템들의 개발 • PC 운영체제인 윈도우(Window) 개발 • 워크스테이션(workstation), 다중프로세스(Multiprocessor)가 일반화	• Virtual Machine • Database System • 분산 데이터 처리시스템
5세대	• ULSI, 조셉슨소자, 칼륨-비소 소자, 광소자를 사용 • 분산계산 시스템의 실용화 • 논리, 추론 등 유추기능의 강화 • 자연어 인터페이스를 사용하여 인간과 컴퓨터의 대화 기능 실현 • 인문, 사회, 산업공학, 환경, 생물 등의 분야와 IT의 융합 • 가상화 기술을 이용한 컴퓨팅 자원의 효율적 운영	• 지식기반시스템 • 인공지능 • 가상화

5 운영체제의 분류 상세 설명

가. 일괄 처리 시스템

구분	설명
시스템 구성	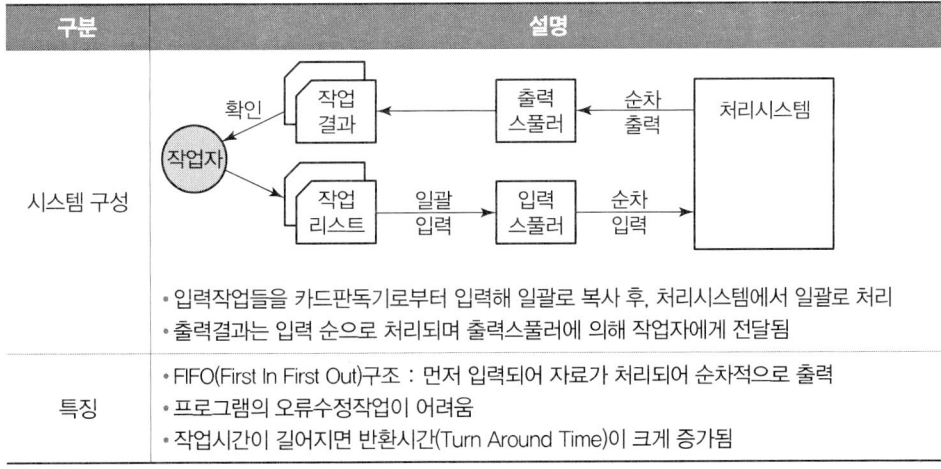 • 입력작업들을 카드판독기로부터 입력해 일괄로 복사 후, 처리시스템에서 일괄로 처리 • 출력결과는 입력 순으로 처리되며 출력스풀러에 의해 작업자에게 전달됨
특징	• FIFO(First In First Out)구조 : 먼저 입력되어 자료가 처리되어 순차적으로 출력 • 프로그램의 오류수정작업이 어려움 • 작업시간이 길어지면 반환시간(Turn Around Time)이 크게 증가됨

나. 다중프로그래밍 시스템

구분	설명
시스템 구성	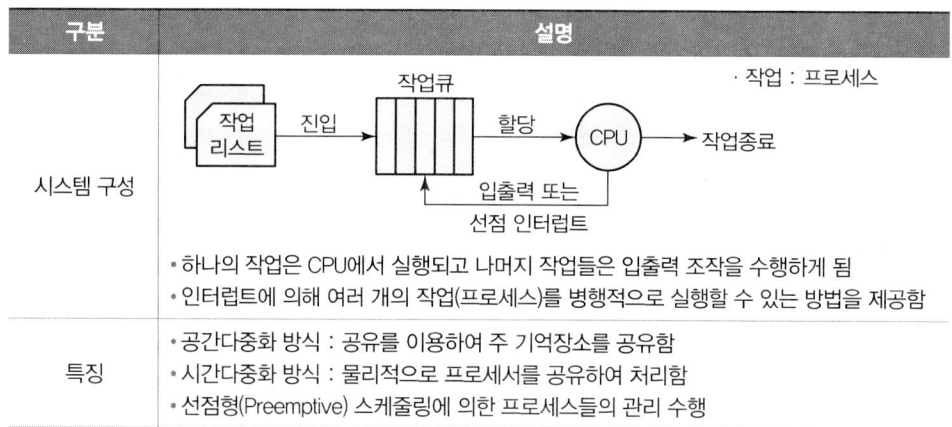 • 하나의 작업은 CPU에서 실행되고 나머지 작업들은 입출력 조작을 수행하게 됨 • 인터럽트에 의해 여러 개의 작업(프로세스)를 병행적으로 실행할 수 있는 방법을 제공함
특징	• 공간다중화 방식 : 공유를 이용하여 주 기억장소를 공유함 • 시간다중화 방식 : 물리적으로 프로세서를 공유하여 처리함 • 선점형(Preemptive) 스케줄링에 의한 프로세스들의 관리 수행

다. 시분할 시스템

구분	설명
시스템 구성	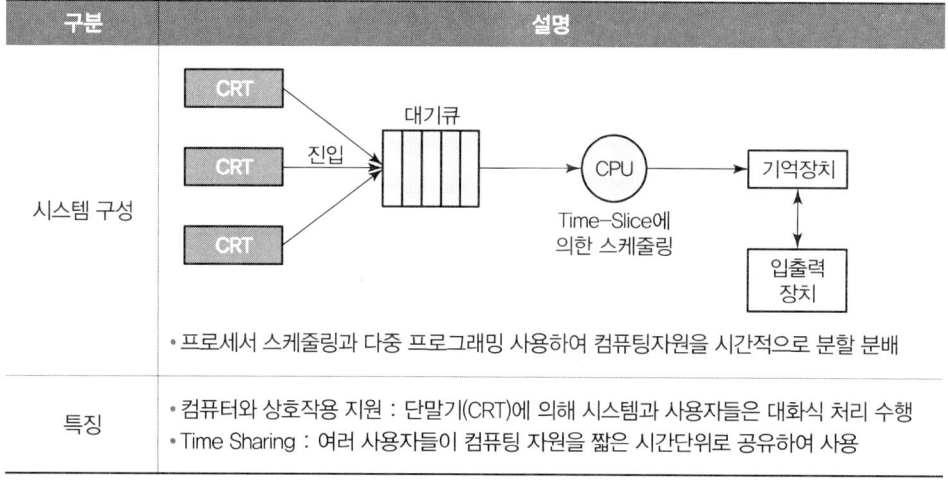 • 프로세서 스케줄링과 다중 프로그래밍 사용하여 컴퓨팅자원을 시간적으로 분할 분배
특징	• 컴퓨터와 상호작용 지원 : 단말기(CRT)에 의해 시스템과 사용자들은 대화식 처리 수행 • Time Sharing : 여러 사용자들이 컴퓨팅 자원을 짧은 시간단위로 공유하여 사용

라. 다중처리 시스템

구분	설명
시스템 구성	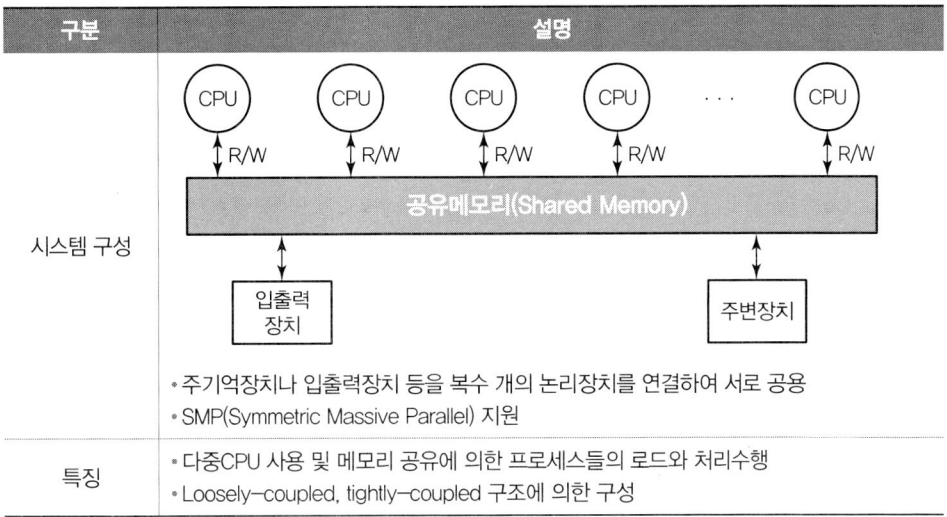 • 주기억장치나 입출력장치 등을 복수 개의 논리장치를 연결하여 서로 공용 • SMP(Symmetric Massive Parallel) 지원
특징	• 다중CPU 사용 및 메모리 공유에 의한 프로세스들의 로드와 처리수행 • Loosely-coupled, tightly-coupled 구조에 의한 구성

마. 실시간 시스템

구분	설명
시스템 구성	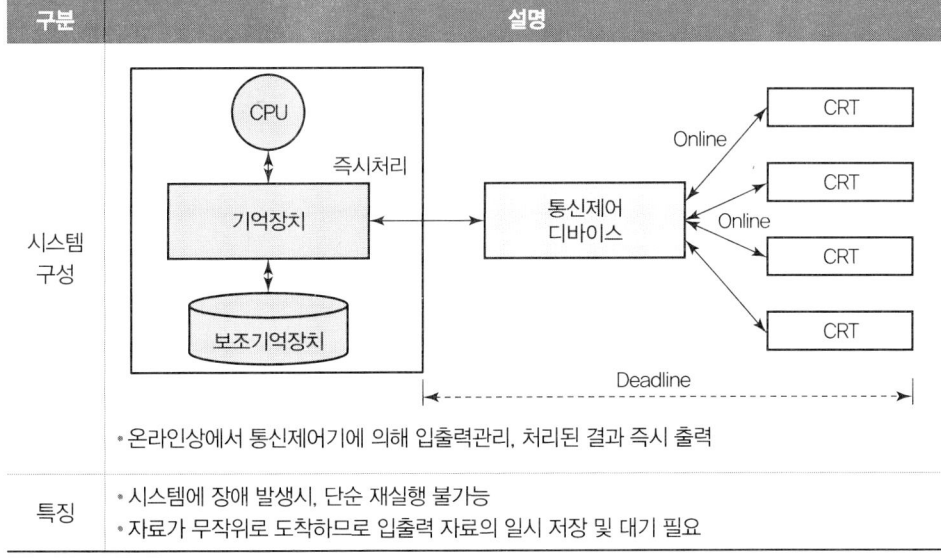 • 온라인상에서 통신제어기에 의해 입출력관리, 처리된 결과 즉시 출력
특징	• 시스템에 장애 발생시, 단순 재실행 불가능 • 자료가 무작위로 도착하므로 입출력 자료의 일시 저장 및 대기 필요

바. 분산 시스템

구분	설명
시스템 구성	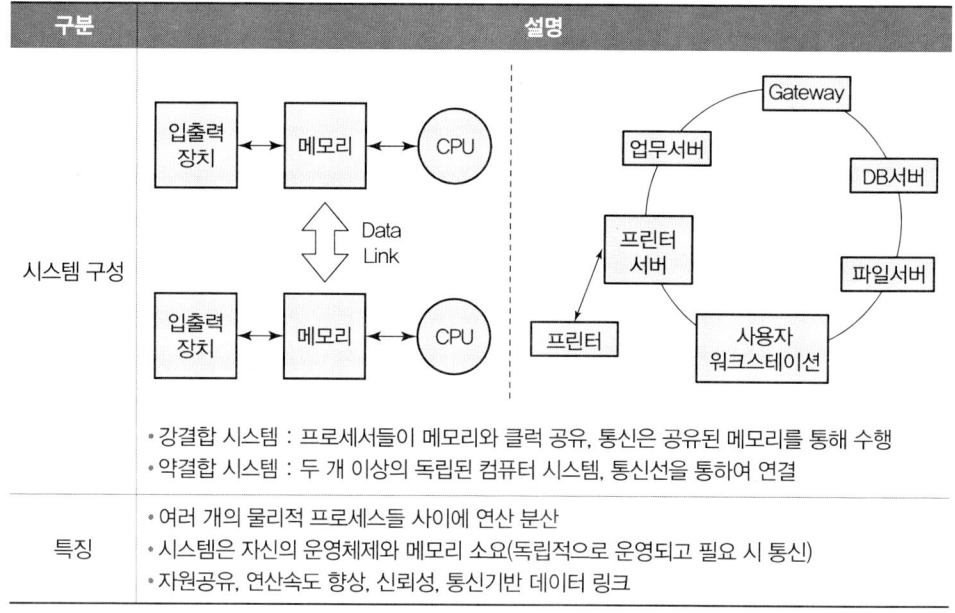
	• 강결합 시스템 : 프로세서들이 메모리와 클럭 공유, 통신은 공유된 메모리를 통해 수행 • 약결합 시스템 : 두 개 이상의 독립된 컴퓨터 시스템, 통신선을 통하여 연결
특징	• 여러 개의 물리적 프로세스들 사이에 연산 분산 • 시스템은 자신의 운영체제와 메모리 소요(독립적으로 운영되고 필요 시 통신) • 자원공유, 연산속도 향상, 신뢰성, 통신기반 데이터 링크

사. 다중 프로그래밍과 다중 프로세싱 비교

구분	처리 메커니즘	주요기술
다중 프로그래밍	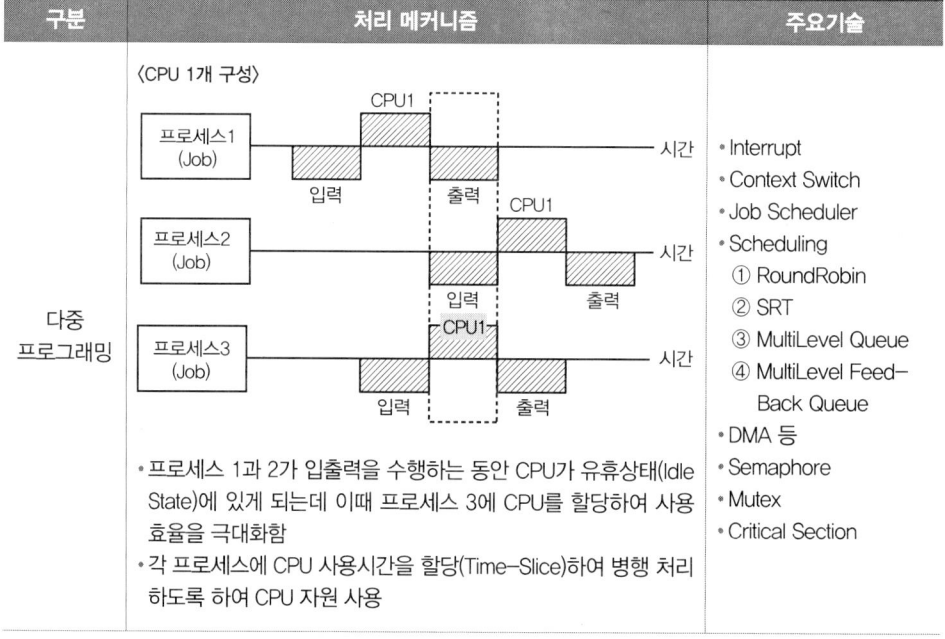 • 프로세스 1과 2가 입출력을 수행하는 동안 CPU가 유휴상태(Idle State)에 있게 되는데 이때 프로세스 3에 CPU를 할당하여 사용 효율을 극대화함 • 각 프로세스에 CPU 사용시간을 할당(Time-Slice)하여 병행 처리 하도록 하여 CPU 자원 사용	• Interrupt • Context Switch • Job Scheduler • Scheduling 　① RoundRobin 　② SRT 　③ MultiLevel Queue 　④ MultiLevel Feed-Back Queue • DMA 등 • Semaphore • Mutex • Critical Section

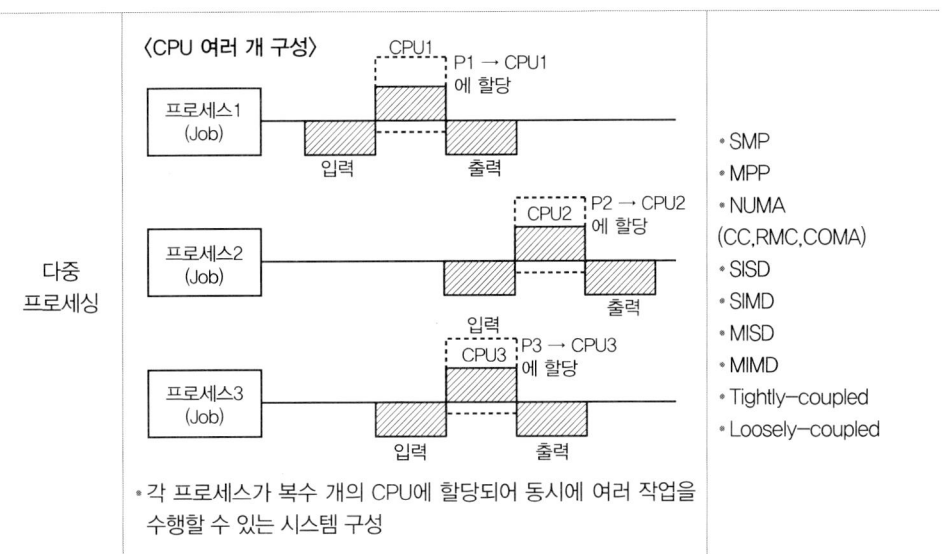

- 다중프로그래밍 시스템은 여러 프로그램이 동시에 수행되는 것이 아니고 한 프로그램씩 순차적으로 돌아가면서 수행되는 방식으로 CPU 속도가 빠르므로 동시에 수행되는 것처럼 보임
- 다중 프로세싱 시스템은 실제로 여러 프로그램이 각 CPU에 할당되어 병렬처리됨

Memo

CHAPTER 02 프로세스 관리

SECTION 01 | 프로세스 개념
SECTION 02 | 프로세스 동기화
SECTION 03 | 교착상태
SECTION 04 | CPU 스케줄링
SECTION 05 | Context Switching
SECTION 06 | 커널 관리

CHAPTER 02 프로세스 관리

SECTION 01 프로세스 개념

핵심 요약(Key point summary)

1 프로세스의 개요

가. 프로세스의 정의
- 프로세스는 컴파일된 프로그램이 메모리에 load되어 실행되는 일련의 명령어들의 set
- 레지스터(register), 스택(stack), 포인트(point), 프로그램, 데이터 등의 집합체로 실행 중인 프로그램 인스턴스
- 현재 실행 중이거나 실행 가능한 PCB를 가진 프로그램
- 프로세스 문맥(Process context), 기억장치 문맥(memory context)을 가짐

나. 프로세스의 특징
- 우선순위 : 우순순위 지정이 가능
- 상태의 전이 : 상황에 따른 상태 전이 수행
- 다중 사용자 컴퓨터 시스템에서 사용자 요구 처리의 핵심
- 자원 할당, 지정된 연산 수행, 프로세스 간 통신 수행

2 프로세스의 상태도 및 상태별 설명

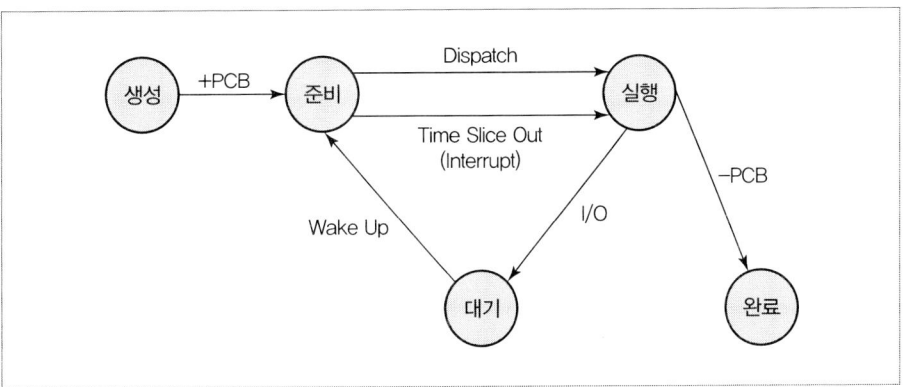

상태	설명
생성 상태	작업이 제출되어 스풀 공간에 수록
준비 상태	CPU가 사용 가능한(할당할 수 있는) 상태
실행 상태	프로세스가 CPU를 차지(프로세스를 실행)하고 있는 상태
대기 상태	I/O와 같은 사건으로 인해 CPU를 양도하고 I/O 완료 시까지 대기 큐에서 대기하고 있는 상태
완료 상태	CPU를 할당받아 주어진 시간 내에 수행을 종료한 상태

대기상태가 필요한 이유는 CPU를 점유하는 시간에 비하여 I/O의 속도가 상대적으로 늦기 때문이다.

I/O가 일어나는 동안 CPU를 점유하는 것은 자원을 낭비하게 되므로 I/O를 요청한 프로세스를 대기 상태로 둠으로써 CPU를 효율적으로 관리할 수 있게 된다.

3 프로세스의 메모리 공유 Thread 설명

가. Thread의 정의

- 하나의 프로세스 내에서 독립적으로 수행 가능한 단위명령의 집합
- 멀티스레드 방식으로 하나의 프로세스가 여러 개의 스레드로 동시에 나뉘어져 수행 가능함

나. Thread의 장점

- 메모리 효율성 높음(프로세스의 경우 스택이나 코드, 데이터 영역을 위해 새로운 메모리를 잡음. 그러나 스레드는 같은 주소공간을 사용하기 때문에 메모리 효율성 높음)
- Context switching에 대한 비용이 적음
- IPC(Inter Process Communication)를 사용하지 않음

다. 프로세스와의 관계/구성도/종류/구현모델

프로세스와의 관계	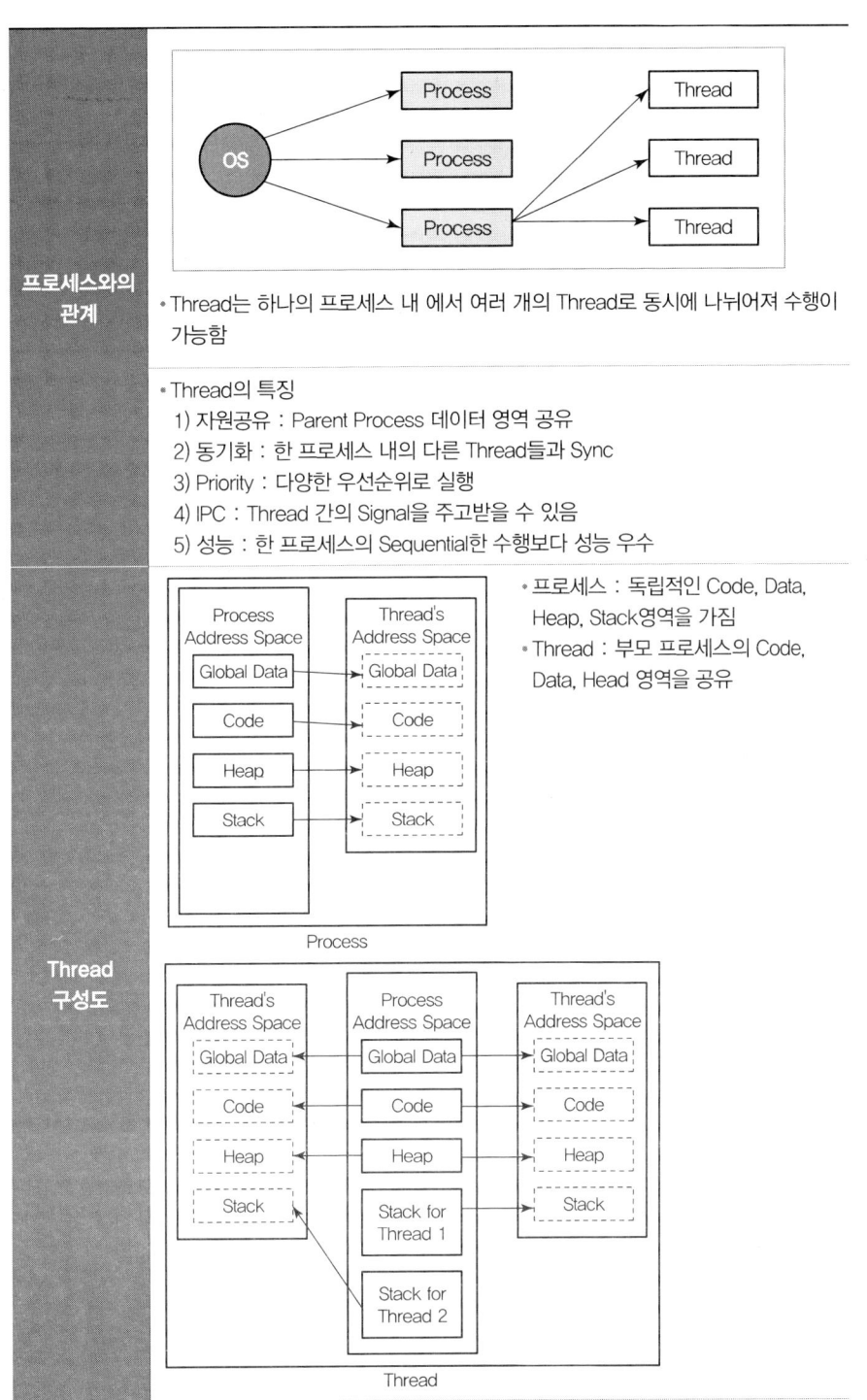

• Thread는 하나의 프로세스 내 에서 여러 개의 Thread로 동시에 나뉘어져 수행이 가능함

• Thread의 특징
1) 자원공유 : Parent Process 데이터 영역 공유
2) 동기화 : 한 프로세스 내의 다른 Thread들과 Sync
3) Priority : 다양한 우선순위로 실행
4) IPC : Thread 간의 Signal을 주고받을 수 있음
5) 성능 : 한 프로세스의 Sequential한 수행보다 성능 우수 |
| Thread 구성도 | • 프로세스 : 독립적인 Code, Data, Heap, Stack영역을 가짐
• Thread : 부모 프로세스의 Code, Data, Head 영역을 공유 |

Thread 종류	• 사용자 Thread(User Thread) – 커널은 Thread의 존재를 알지 못함 – 모든 Thread 관리는 응용프로그램이 Thread 라이브러리를 사용하여 수행 – Thread 간의 전환에 커널모드 특권이 필요하지 않음 – 스케줄링은 응용프로그램마다 다르게 할 수 있음 • 커널 Thread(Kernel Thread) – 모든 Thread는 커널이 관리 – 커널 Thread를 이용하기 위한 API는 제공되나 별도의 Thread 라이브러리는 제공 안 됨 – 프로세스와 Thread에 대한 문맥교환 정보를 커널이 유지 – Thread 간 전환을 위해 커널 스케줄링 정책이 필요
Thread 구현모델	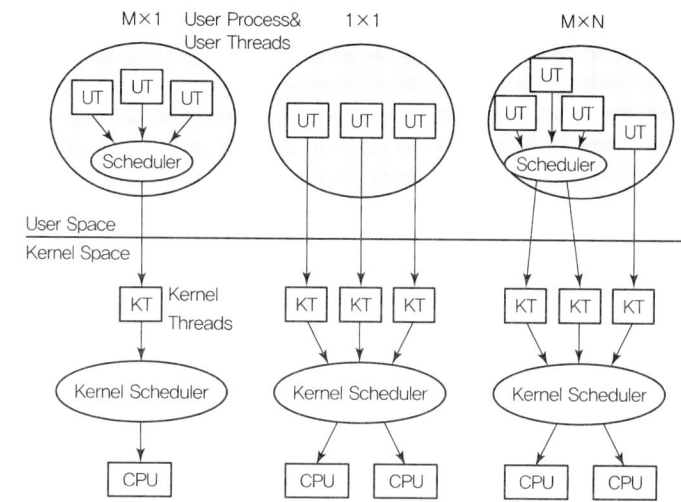 가. Many-to-One : 여러 개의 Thread가 하나의 Kernel Thread로 동작. 하나의 Kernel Thread는 Process가 될 수 있다. 즉, User-Level Thread 만으로 구성되는 모델이다. User Level Thread의 장단점을 그대로 가지고 있다. 나. One-to-One : Kernel Level Thread 만으로 구성되는 모델. Kernel Level Thread의 장단점을 그대로 가지고 있다.(Win 2k, NT, OS/2 등) 다. Many-to-Many : Many-to-one + one-to-one의 혼합형태. 많은 User Level Thread가 하나의 Kernel Level Thread에서 동작한다. 그리고 Process당 여러 개의 Kernel Level Thread가 생성될 수 있다. Thread의 생성은 User space 에서 완료되며 멀티프로세서를 지원한다. 또한 block system call이 발생해도 전체 Process가 block 되지 않는다.(Solaris HP-UX, IRix 등)

PCB, 프로세스 상호 통신, 프로세스 상호작용

프로세스에서 중요한 개념 한 가지는 PCB이다. 프로세스는 PCB를 가지고 있는 프로그램이라 할 수 있다. 즉 PCB가 프로세스의 정체성을 지정해 준다고 할 수 있다.

즉 PCB는 운영체제에 프로세스에 대한 중요한 정보를 제공하는 자료구조 테이블이며 프로세스 생성 시에 만들어지며 모든 프로세스는 고유의 PCB를 가지고 있다.

PCB 가 가지고 있는 정보는 아래와 같다.

- 프로세스의 현재 상태
- 프로세스의 고유이름(identifier)
- 프로그램 카운터(PC) : 다음 실행 명령어 주소
- 프로세스 우선순위
- 프로세스가 적재된 자원에 대한 포인터
- CPU의 각종 레지스터 상태를 가리키는 포인터
- 기억장치 관리정보, 계정정보, 입출력 정보
- 부모(parent), 자식(child) 프로세스 번호

프로세스 간에 통신하는 방식 역시 알아두어야 한다. IPC(inter Process Communication)이라 하는데 사실 이 모델은 Thread 이전 프로세스 통신 모델이지만 알아 두어야 한다.

통신방법	설명

파이프에 의한 통신	• 프로세스들은 메일 박스와 비슷하게 파이프를 통해서 프로세스 간에 통신하는 기법
	• 한쪽 방향으로만 흐를 수 있으며(읽거나 쓸 수만 있고, 동시에 읽고 쓰기는 할 수 없다.)
	• 동일한 부모를(PPID가 같은) 가지는 프로세스 사이에서만 사용이 가능
	• 파이프는 각각 읽기 끝(read end)과 쓰기 끝(write end)을 가짐
	• 두 프로세스 P1, P2이 있고 P1이 P2에게 메시지를 보내려 할 때
	  - 공통의 조상 P0가 파이프를 생성 pipe( )
	  - P0는 파이프를 상속하는 P1, P2를 생성 fork( )
	• 모든 프로세스는 다른 프로세스에 의해 종료
	
	P1 → Pipe-Id → P2
	Write(Pipe-Id, Buffer1, Nbytes) Read(Pipe-Id, Buffer2, Nbytes)

공유 메모리에 의한 통신	• OS가 공유 메모리를 제공하고 통신은 프로그래머가 직접 제어 • 한 시스템 내에서만 가능함 • 프로세스 P1이 전송한 메시지가 공유 메모리에 있고 Process P2가 공유 메모리의 메시지를 읽음 • 하나의 메모리를 공유해서 직접 접근하게 되므로 데이터의 복사와 같은 불필요한 오버헤드가 발생하지 않음 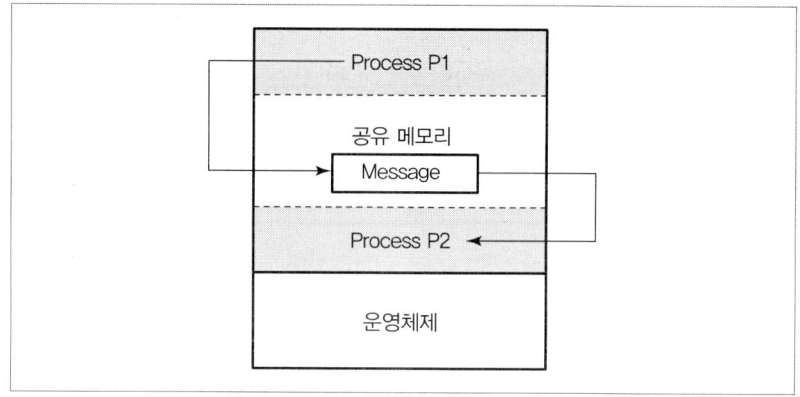
메시지 전달 통신	• OS는 통신기능을 제공할 책임을 가지며 메시지 교환을 통해 프로세스 간 통신을 함 • 주로 분산 환경에서 사용 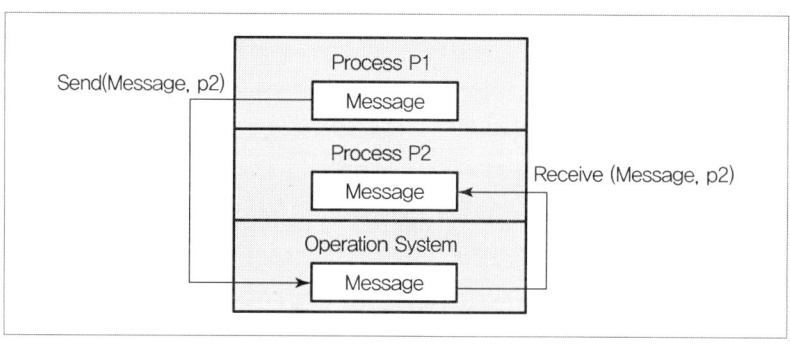

프로세스 간의 상호작용에 대한 용어들은 뒤에서 상세히 설명할 것이다.

구분	내용	설명
경쟁	임계영역	정확한 연산을 위해 공유자원을 접근하는 병행 수행이 불가능한 코드 세그먼트 구간
	상호배제	어느 시점에도 한 프로세스만 임계영역에 존재

경쟁	상호블록	자신의 임계영역 밖에서 수행되는 프로세스는 다른 프로세스가 임계영역에 들어가는 것을 막아서는 안 됨 • 기아상태(starvation) : 한 프로세스의 임계영역 독점 지속으로 다른 프로세스가 장기간 임계영역에 들어가지 못하는 상태 • 교착상태(deadlock) : 임계영역에 들어가고자 두 프로세스가 무한정 기다리는 상태 • 라이브 록(live lock) : 두 프로세스가 계속 양보하거나 결정을 무한정 연기하는 상태
협동	동기화	프로세스들 간의 우선순위를 부여하거나, 다른 프로세스 종료 시 프로세스를 활성화하는 등 프로세스 간 처리순서 결정
	공유 메모리	공유 메모리를 통해 정보를 공유
	메시지 전송	요청 및 응답 메시지 송수신을 통해 임계영역을 공유
	세마포어	P, V, initialize 연산을 통해 동기화 문제 해결

Thread의 종류

대표적인 Thread로는 Multi-Thread와 Hyper-Thread가 있다.

Multi-Thread

1. Multi-Thread의 개요

가. Multi-Thread의 정의
- 여러 개의 Thread가 자원을 공유하며 하나의 수행 업무를 동시에 처리하는 프로세스
- Thread는 실행에 필요한 최소한의 정보만 갖고 있으며 프로세스의 실행환경을 다른 Thread와 공유

나. Multi-Thread의 사용 이유
- 단일 프로세서 시스템의 효율성 증대
- 시스템 자원 활용 극대화 및 처리량 증대

2. Multi-Thread의 특징 및 개념도

가. Multi-Thread의 특징
- 다른 Thread와 자원 공유(힙, 정적자료, 코드)
- 각 Thread는 독립적 수행
- 자원의 효율적 사용
- 새로운 자원생성 불필요

나. Single-Thread와 Multi-Thread의 개념도

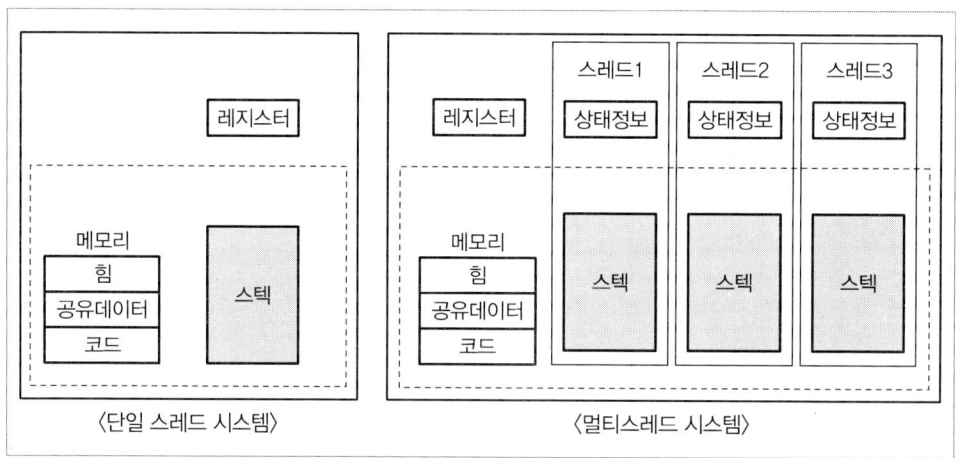

각각의 Thread가 힙(Heap)과 정적자료, 그리고 코드 부분을 공유하는 반면 자기 자신만의 레지스터와 스택을 갖고 있다.

3. Multi-Thread의 이용 분야 및 장단점

가. Multi-Thread의 이용분야

구분	주요내용
프로그램 성능향상	• 복잡한 사용자 인터페이스를 가진 시스템에서 여러 작업을 수행하며, 사례로 JAVA Thread가 있음
분산시스템	• 하나의 서버가 많은 클라이언트 요청을 처리해야 할 때 사용
웹서버	• 웹 서버에 몰리는 클라이언트의 요청을 처리하기 위해 Multi-Thread로 동시적으로 처리
미들웨어	• 비즈니스 프로세싱을 위해 사용

나. Multi-Thread의 장단점

장점	단점
여러 개의 Process fork( )가 필요 없음	Deadlock, 우선순위 역전 가능성이 존재함
적은 System 자원으로 활용가능	사용자는 Thread를 예측하지 못함
Overhead 감소	Response Time을 예측하기 어려움

Hyper-Thread

1. Hyper-Thread의 개요

가. Hyper-Thread의 정의
- CPU의 성능을 효과적으로 높여주는 기술로 1개의 CPU를 논리적으로 2개로 인식시켜 동영상 편집 등의 멀티 태스킹 시 처리속도를 빠르게 해주는 기술
- 기존의 1CPU가 1Thread를 처리한 것에 반해 1CPU가 2개의 Thread를 처리함
- 범용 프로세서에서 SMT(Simultaneous Multi-Threading)를 구현함

나. Hyper-Thread의 특징
- 동작 중인 파이프라인의 빈 공간을 활용하는 것이기 때문에 실제 성능향상은 2배가 되지 않음
- HDV 영상 편집처럼 여러 동영상을 동시에 불러오는 것과 같은 복잡한 소프트웨어에 성능효과가 높음
- OS와 사용자 관점에서, 동시 멀티스레딩 프로세서는 두 개 이상의 논리 프로세서로 나뉘며, 각 논리 프로세서 상에서 SMP 시스템처럼 스레드를 실행
- 스케줄링 로직으로 실행 슬롯을 모두 채우기 때문에 실행 코어를 계속 활용하면서 효율적으로 리소스를 활용함

2. Hyper-Thread의 작동원리 및 문제점

가. Hyper-Thread의 작동원리

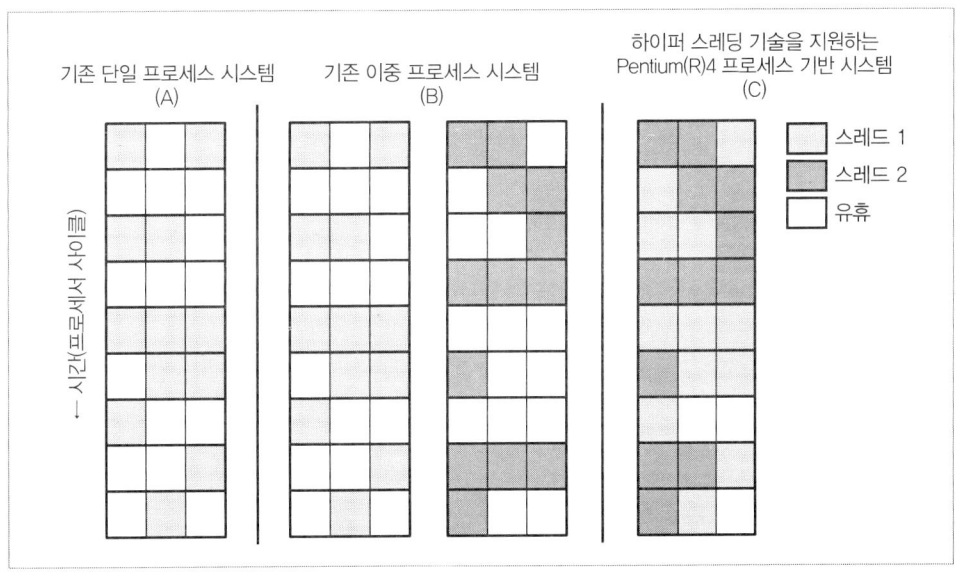

- 동작 중인 파이프라인의 빈 공간을 효율적 활용

나. Hyper-Thread의 문제점

- L1과 L2를 공유함으로써 성능저하(SQL 서버)
- L1과 L2 공유로 인한 보안 문제발생 가능(스레드 하나가 그 서버의 계정정보를 읽는 중이고 다른 한 스레드는 웹서버 스레드일 때, 웹서버 스레드(anonymous 권한)가 계정정보 스레드(어드민 권한)의 메모리를 볼 수 있는 시나리오)
- 논리 프로세서가 동일한 캐시를 공유하기 때문에 캐시 충돌 가능성 증가
- Hyperp-Thread의 최고 강점인 공유 리소스는 제일 큰 약점이기도 함

3. Hyper-Thread의 기대효과 및 개선사항

가. 기대효과

- Hyper-Thread 기술은 범용 프로세서에서 SMT를 처음 구현한 것으로 서버 및 고성능 워크스테이션에서 스레드 수준의 병렬성(TLP)을 높여줌
- 리눅스 커널과 멀티스레드 애플리케이션에 긍정적인 영향을 미침 스케줄러 실행 큐 지원에 따라 속도 향상은 30~51%까지 높아짐

나. 개선사항

- L1과 L2를 공유로 인한 캐시 일관성, 성능저하현상, 보안문제는 해결과제임
- 시스템의 성능은 구체적인 하드웨어와 소프트웨어의 사양에 따라 달라질 수 있음

CHAPTER 02 프로세스 관리

02 프로세스 동기화

핵심 요약(Key point summary)

1 프로세스 동기화의 개요

가. 프로세스 동기화의 정의

- 병렬처리를 위한 Process 간의 실행을 시간에 따라 순서적으로 처리하는 기법
- 병행처리를 위한 컴퓨터 자원, 공유 데이터에 대한 접근시간을 기준으로 직렬화하는 기법
- 시스템의 상태 또는 공유 데이터의 전송 시간에 따라 프로세서들 간의 동작 시간을 일치시키는 기술
- 상호배제 : 한 프로세스가 공유 메모리 혹은 공유 파일을 사용하고 있을 때 다른 프로세스들이 사용하지 못하도록 배제시키는 제어기법

나. 프로세스 동기화의 필요성

- 경쟁조건(Race Condition) 해결 : 두 개의 프로세스가 동일 자원 사용 시 자원의 적절한 할당
- 임계영역(Critical Section)에 대한 상호배제 보장
- 프로세스 동기화 방법
  - H/W 기술 + S/W 기술
  - S/W 기술 : 프로세서들 혹은 데이터의 상태를 나타내는 공유 변수를 상호배타적으로 액세스할 수 있어야 함(동기화 방식 = 상호배타 방식)

2 프로세스 동기화 기법

기법	설명
Bus_Locking	■ 프로세서가 버스에 접속된 공유 자원을 액세스하는 동안에는 버스를 독점함으로써 다른 프로세서들이 버스를 사용하지 못하게 하는 방식 ■ 구현 방법 : bus locking(버스 잠금)을 위한 특수 명령어 및 H/W 사용 　◉ 80x86 계열 프로세서의 LOCK 명령어 ■ 동작 순서 　1. 버스 요구(bus request)의 발생 　2. 버스 중재에 의한 버스 사용허가(bus grant) 획득 　3. 버스 잠금(bus locking) 　4. 임계영역(critical section)의 실행 : 공유 자원의 사용 　5. 버스 잠금의 해제(bus release) ■ 상호배타 프로그램 　LOCK(bus); 　　임계 영역(C.S.)의 실행 　UNLOCK(bus); ■ Bus locking 방식을 이용한 경우의 시스템 동작 시스템 버스: P_n에 의하여 잠가짐 (P_n만 버스 사용가능) ■ 장점 　• 구조가 간단 　• 버스 경합이 없기 때문에 임계영역 실행 시간이 짧다. ■ 단점 　• 한 프로세서가 임계영역을 실행하는 동안에는 버스상의 다른 공유 자원을 사용하려는 모든 프로세서들이 기다려야 하므로 시스템 성능이 저하된다.

Spin-lock 방식	- Lock 변수의 상태를 검사하여, 허가된 경우에만 임계영역을 실행하도록 하는 방식. 한 번에 한 프로세서만 공유자원 사용
	- 구현 방법
	  • 공유 변수 S를 lock 변수로 사용
	  • 공유자원을 사용하려는 프로세서는 Lock 변수 S를 검사하여,
	   - 공유변수 S = 0이면, 임계영역 실행을 시작
	   - 공유변수 S ≠ 0이면, S에 대한 반복 검사(spin-lock) 수행
	- Spin-lock에 의한 시스템 동작
	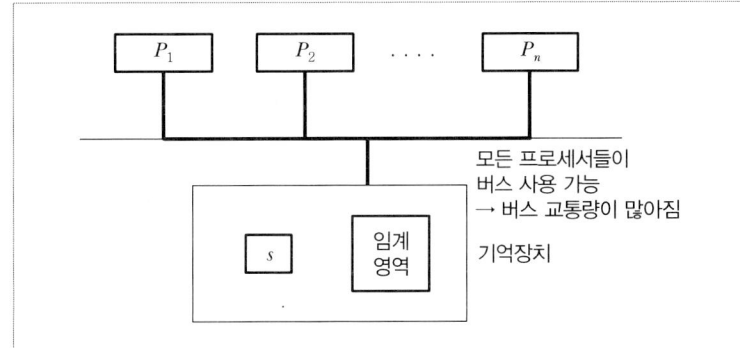
	- 상호배타 프로그램(공유변수 s의 초기값 = 0)
	  do Test&Set(S) while (S ! = 0) ;
	    임계영역 실행
	  S = 0 ;
	- 문제점 : 두 개 이상의 프로세서들이 동시에 S에 대한 검사를 수행하는 경우에, 먼저 S를 읽은 프로세서가 S를 1로 세트하기 전에 다른 프로세서가 S를 읽어간다면, 두 프로세서들이 모두 임계영역에 들어가게 됨(상호배타가 지켜지지 못함)
	[원인] S에 대한 test와 set가 원자적으로(atomically) 수행되지 못하기 때문에 발생
	[해결 방법] S에 대한 읽기-수정-쓰기(read-modify-write)를 원자 연산 (atomic operation ; primitive operation, 혹은 indivisible operation)으로 수행
	- 장점
	  • 어떤 프로세서가 공유자원을 사용하는 동안에도 다른 프로세서들이 버스를 통한 시스템 동작을 계속할 수 있다.
	- 단점
	  • 반복 검사를 수행하는 프로세서들에 의해 버스 통신량(traffic)이 높아져 시스템 성능이 저하된다.
	  • Test&Set 함수 혹은 TAS 명령어의 반복 실행에 따른 S/W 오버헤드 때문에 전체 프로그램 실행 시간이 길어진다.
	- 변형된 기법
	  • Test&Set with backoff : 프로세서가 S 검사를 위해 다시 액세스하기 전에 약간의 지연(delay)을 가지도록 하는 방식
	  • Test-and-Test&Set : S에 대한 반복 검사 과정 동안에 버스 통신이 발생되지 않도록 하는 방법

세마포어 방식	■ P 연산 및 V 연산을 이용하는 상호배타 방식 • P 연산(P operation) : S ← S −1 하고, 만약 결과 값이 0보다 작으면 프로세서는 대기 상태에 들어감 • V 연산(V operation) : S ← S +1 하고, 만약 결과 값이 0보다 작거나 같으면 대기 중인 프로세서를 wakeup 시킴 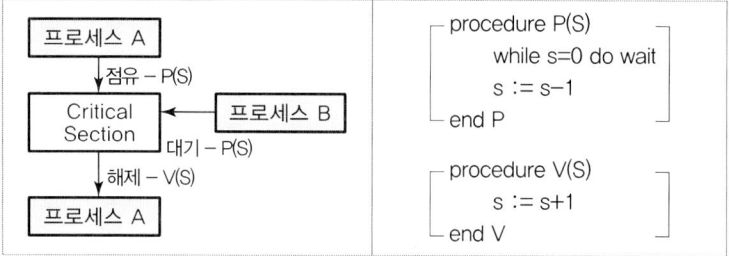 • 프로세스 A는 P(S) 연산을 통해 임계영역 진입 • 프로세스 B는 S=0이므로 대기 • 프로세스 A가 작업종료 후 V(S) 수행 • 프로세스 B 진입 ■ 장점 • 반복검사가 없으므로 버스 통신량(bus traffic) 감소 • 버스 잠금이 없으므로 다른 공유자원 사용 가능 ■ 단점 • Wake up 신호 발생을 위한 H/W 필요 • S/W 오버헤드가 크다. ■ 세마포어의 예 * 0일 때 Non-signal(주인 있음)/1일 때 signaled(주인 없음) * count가 0 이하로 내려가는 경우는 절대 없다. CreateSemaphore( ) : Initial count, maximum count 등 결정 가능 WaitForSingleObject( ) : count가 0이면 대기, 0 이상이면 count를 1 감소시키면서 리턴 ReleaseSemaphore( ) : Semaphore를 얼마 증가시킬건지 결정(1이 일반적임) CloseHandle( ) : Semaphore를 소멸 ■ 적합한 경우 임계영역 실행 시간이 긴 경우에 적합(짧은 경우에는 spin-lock 방식이 더 적합)
뮤텍스	■ Mutex 개념 • 커널모드 동기화 객체 • 커널모드라서 크리티컬 섹션보다는 느리지만 프로세스를 넘어서 모든 스레드에 사용될 수 있는 동기화 객체이다. • 뮤텍스를 신호상태로 생성한 후 스레드에서 Wait 함수를 호출하면 뮤텍스 비신호 상태가 되어서 다른 스레드에서는 접근하지 못한다. • ReleaseMutex를 호출하면 뮤텍스는 신호상태가 되어 다른 스레드들이 접근가능하다.

뮤텍스	■ Mutex 특징 • mutex name을 가지며 name은 유일한 값이 된다. • mutex를 소유한 thread가 mutex의 소유를 반납하지 않고 비정상 종료될 경우 강제로 해제시켜 다른 thread에서 소유할 수 있도록 한다. • mutex를 소유한 thread가 중복으로 호출할 경우 critical section처럼 진입을 허용하고 내부 count만 증가시켜 deadlock을 발생시키지 않는다. • mutex는 다른 말로 상호배제 semaphore라고도 불리는데 이는 mutex가 특별한 형태의 binary semaphore이다.(일반 binary semaphore와 다른 이유는 소유권이 있다는 점이다.) ■ Mutex 예 > * Non-signal : 작업권에 주인 있음/signaled : 작업권에 주인이 없음 > − CreateMutex( ) : 초기상태 결정까지 가능(Non-signaled or Signaled) > − WaitForSingleObject( ) : Mutex가 signaled가 될 때 까지 대기, signaled로 변하면 리턴하면서 Non-signaled로 되돌린다. > − ReleaseMutex( ) : Mutex의 상태를 [non-signaled → signaled]로 바꿈 > − CloseHandle( ) : Mutex를 소멸
모니터	■ 모니터 개념 • 순차적으로만 사용할 수 있는 공유 자원 혹은 그룹을 할당하는 데 사용 • 데이터, 프로시저 등을 포함한 병행성 구조(concurrency construct) • 공유데이터와 이 데이터를 처리하는 프로시저의 집합 • 한 순간에 단 한 개의 프로세스만이 모니터 내부에 있게 되고, 모니터가 사용 중이면 다른 프로세스는 대기해야 함(상호배제가 엄격하게 실행됨) • 세마포어와 같은 기능을 하는데 세마포어는 개발자가 관련 기능을 개발하여 사용하는 반면 모니터는 시스템, 즉 프레임웍에서 제공하므로 개발 편의성 및 개발자에 의한 오류를 줄일 수 있는 기법임 ■ 모니터 특징 • 모니터 내부의 공유 자원을 원하는 프로세스는 해당 모니터의 프로시저 호출 • 모니터 외부의 프로세스는 모니터 내부의 데이터 직접 접근 불가능 → 정보 은닉 • 한 순간에 하나의 프로세스만이 모니터 내부로 진입 가능 • 모니터 내에서 동기화를 위해 사용되는 연산은 wait와 signal ■ 모니터 기능 • 임계영역과 유사하며, 프로세스가 실행되는 동안 상호배제와 동기화를 제공 • 임계영역은 조건 임계영역으로 확장되었으며, 모니터에도 동기화를 위한 부수 기법이 필요 − 조건변수 • 모니터 밖의 프로세스가 대기 시 조건 변수에 의해 수행 재개가 결정됨 − 아래와 같이 한 개 이상, 조건 형태의 변수 정의 가능 > Condition x, y ; • 조건 변수에서는 wait와 signal 연산만이 호출 가능 − 조건 변수는 두 가지 연산을 제공하는 추상적인 데이터 형태로 볼 수 있음

모니터	• 모든 조건 변수는 관련된 큐가 있기 때문에 wait를 호출하는 프로세스는 해당 조건 변수와 연관된 큐에 놓임 [조건변수를 가진 모니터]
배리어 동기화 방식	■ 배리어(Barrier : 장벽) : 동기식 병렬 알고리즘을 처리하는 과정에서, 계산에 참여한 모든 프로세서들이 다음 동작의 시작 시간을 일치시키기 위하여 기다려야 하는 사건(event) 예 모든 프로세서들의 한 주기 계산 종료 ■ 배리어 동기화(Barrier Synchronization) : 배리어를 이용하여 프로세서들의 특정 사건 시작을 일치시키는 방식
Full/empty flag 를 이용한 동기화 방식	■ 공급자 – 소비자 관계(producer-consumer relationship) : 데이터 의존성이 존재하는 경우에, 데이터를 교환하는 두 프로세서들 간의 관계 • 공급자 : 공유변수를 보내주는 프로세서 • 소비자 : 공유변수를 받아서 사용하는 프로세서

Fetch-and-
Add 명령어
이용한 방식
	■ 다단계 상호연결망(MIN)을 이용한 공유-기억장치시스템에서 Fetch_and_add(V,e) 명령어를 이용한 상호 배타 및 프로세서 동기화
	■ F&A(V,e) 명령어 (단, V : 공유변수, e : 임의의 정수)
	   Pi : F&A(V,ei) → Pi ← V
	   Pj : F&A(V,ej) Pj ← V + ei
	         V ← V + ei + ej
	■ 기억장치 모듈과 직접 연결된 스위치에 두 개(이상)의 F&A 명령어를 통합처리하기 위한 H/W 포함 기억장치 액세스 수 = 1
	※ 동일한 기억장소에 대한 동시 액세스들을 직렬화(serialization)

프로세스 동기화 부분에서는 Critical Section/Race Condition/Priority Inversion/상호배제는 당연히 연계되어 생각하고 알고 있어야 하는 부분이다.

1. Critical Section

가. Critical Section 개념
- 유저모드 동기화 객체
- 커널모드 객체가 아니기 때문에 가볍고 같은 프로세스 내에 스레드 동기화에 사용할 수 있다.
- EnterCriticalSection을 호출하면 객체는 비신호 상태가 되고,
- LeaveCriticalSection을 호출하면 신호상태로 바뀌어서 다른 스레드들이 접근가능하다.

나. Critical Section 특징
- kernel-mode에 비해 빠르지만 한 프로세스 안에서만 사용이 가능하다.(mutex보다 2~10배) -대기 thread가 많을 경우, kernel-mode로 대기 thread를 관리하므로 user-mode일 때만 빠르다.
- 유저영역 메모리에 존재하는 구조체이므로 한 process에 속한 thread들의 동기화만 가능하다.
- 하나의 thread에서 여러 번 호출할 때에는 이를 무시한다.(deadlock 방지를 위해)
- mutex와 달리 소유한 thread가 비정상 종료하면 다른 thread들은 무한정 대기한다.

2. Race Condition

가. Race Condition 의 개념
Multi-processing 시스템 환경에서 특정 자원에 대하여 여러 프로세스 가동 시에 자원(Resource)을 획득하려고 경쟁하는 상황

  ⓜ 유닉스는 시분할 정책으로 프로세스에게 자원을 할당하므로 동시에 같은 자원을 두 개 이상의 프로세스가 경쟁적으로 사용하려는 상황이 발생함

CHAPTER 02 프로세스 관리

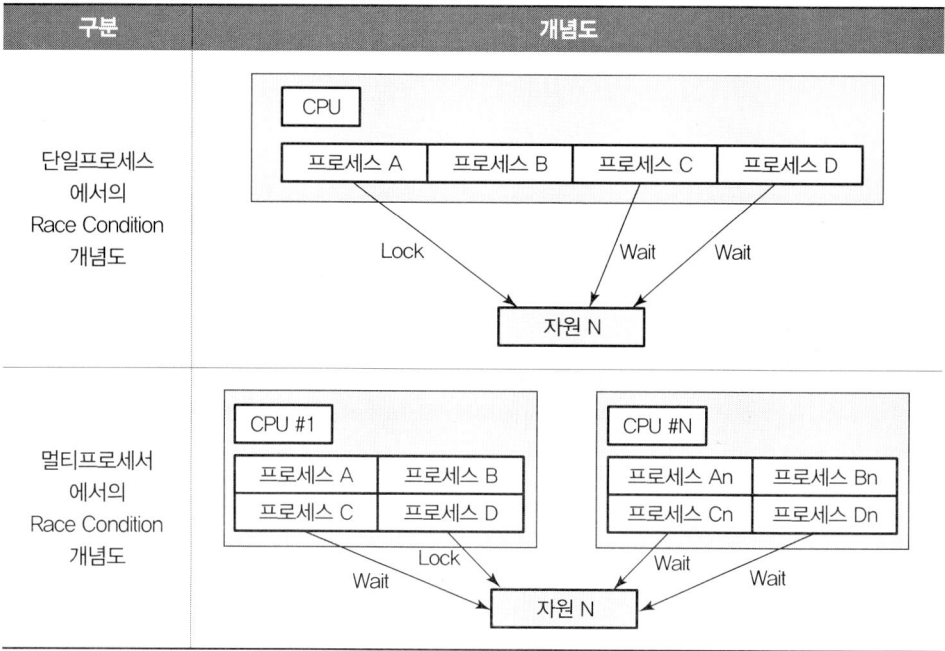

나. Race Condition 발생원인
- 시스템의 중요 자원의 integrity를 보증하기 위하여 중요 자원을 access하는 경우에 자원을 locking하고, 사용 후에 release시킴
- 한 프로세스가 자원을 lock하고 있는 경우에, 이 자원을 얻으려는 다른 프로세스들은 wait해야 함
- 자원을 lock한 프로세스가 내부적인 문제로 release가 길어지는 경우에 프로세스 대기 행렬이 길어지고, 교착상태(deadlock)의 발생가능성이 커지고, 시스템의 performance에 심각한 영향을 줌

다. Race Condition의 해결방안
- 위에서 설명한 프로세스 동기화 기법을 이용하여 처리한다.

3. Priority Inversion

가. Priority Inversion 개념 및 문제점

구분	설명
개념	우선 순위가 높은 태스크가 READY 상태(실행 가능)로 바뀌었지만 낮은 우선순위의 태스크가 CPU를 점유하고 있어서 실행되지 못하는 상태
문제점	• RTOS 환경에서 중요한 태스크의 수행이 요구된 시간에 끝내지 못함 • 중요한 태스크의 무한정 대기로 인한 전체 시스템의 이상현상 발생 가능함

나. Priority Inversion의 원인 및 해결방법

구분	설명
원인	• 스케줄링과 동기화 사이의 상호작용 결과로 발생 • 스케줄링 규칙에서 실행되어야 하는 스레드와 동기화에서 실행되어야 하는 스레드가 서로 다른 경우, 결과적으로 두 스레드의 우선순위가 역전되어 나타남 1) 비선점 스케줄링에서 낮은 우선순위의 태스크가 자원을 점유 2) 실시간 운영체제에서의 상호배제를 위한 세마포어를 이용 3) 공유자원의 장기 소유 4) 자원 점유 후 릴리즈 시 낮은 우선순위의 태스크가 자원을 점유하는 경우
해결방법	■ 우선순위 상속(Priority Inheritance)으로 해결 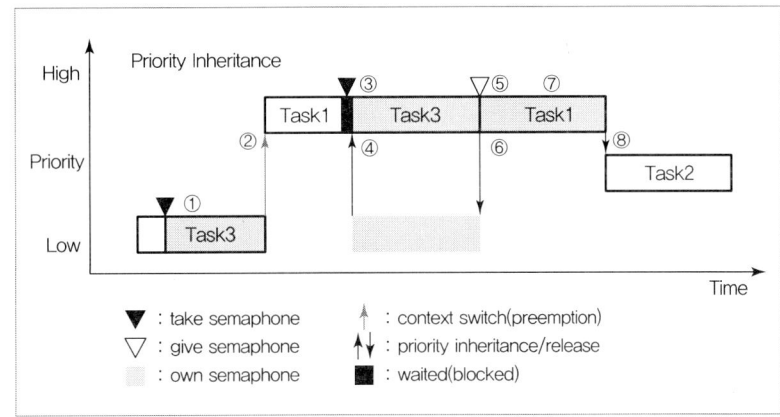 특정 스레드가 더 낮은 우선순위의 스레드가 소유하고 있는 뮤텍스에서 대기 중인 경우, 소유자의 우선순위가 대기자의 우선순위로 증가시켜 해결 ■ Priority Ceiling으로 해결 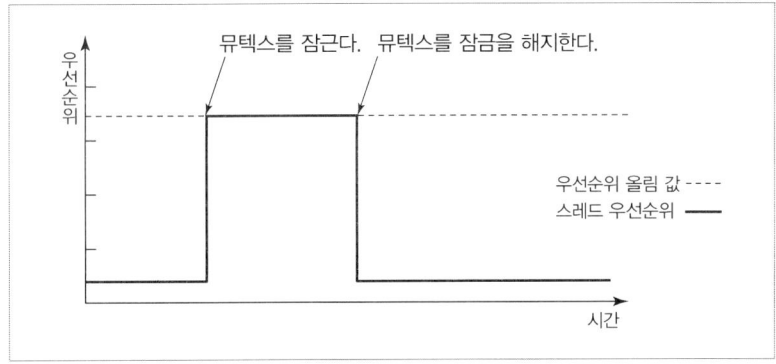 어떤 스레드가 뮤텍스를 소유하고 있는 동안은 지정된 우선순위에서 동작 [원리] • 어떤 스레드가 priority ceiling 속성을 가지는 뮤텍스를 Lock 설정하면, 스레드의 우선순위는 뮤텍스의 우선순위 올림 값으로 자동으로 상승 • 단, 스레드의 우선순위가 뮤텍스의 우선순위 올림 값보다 작은 경우에만 우선순위 변경됨 • 올림 값보다 더 높은 우선순위를 가지는 스레드가 잠글 경우 규칙 깨짐 • 따라서 뮤텍스를 이미 잠근 스레드는 뮤텍스를 잠그려고 시도하는 다른 스레드들에 의해 선점되지 않고 자신의 작업을 종료 가능

4. 상호배제

가. 상호배제의 개념
- 시스템의 어떠한 자원을 한 시점에서 한 개의 프로세스만이 사용할 수 있도록 하는 기술
- 프로그램에서 이러한 자원을 사용하거나 혹은 변경하는 부분을 Critical Section이라 하며, 둘 이상의 프로그램이 Critical Section을 동시에 수행되지 못하도록 하는 기술

나. 상호배제의 요구조건

구분	내용
상호배제 조건	두 개 이상의 프로세스들이 동시에 임계영역에 있어서는 안 된다.
진행 조건	임계 구역 밖의 프로세스가 다른 프로세스의 임계구역 진입을 막아서는 안 된다.
한계 대기 조건	어떤 프로세스도 임계구역 진입이 무한정 연기되어서는 안 된다.
동일 프로세스	프로세스들의 상대적인 속도에 대해서는 어떠한 가정도 하지 않는다.

다. 상호배제의 구현방법

구분	내용
2개 프로세스의 상호배제	1) 데커알고리즘(Dekker's Algorithm) • 2개 프로세스를 위한 상호배제의 최초의 정확한 소프트웨어 해결법 • 한 프로세스는 두 번 연속해서 임계구역에 진입할 수 있으나, 세 번째는 다른 프로세스가 진입 2) 피터슨 알고리즘(Peterson's Algorithm) • 1단계 및 2단계 프리미티브를 결합한 모든 요구조건 만족의 해결법
N개 프로세스의 상호배제	1) Dijkstra : 최초로 n개 프로세스의 상호배제 문제를 S/W적으로 해결 2) Knuth : 무한대기 가능성 배제 해결책 제시(프로세스 대기시간 장기화) 3) Eisenberg와 Mcguire : 프로세스가 n-1번 시도 이내에 임계구역 진입 4) Lamport : 분산처리시스템에서 유용한 알고리즘 개발 • 한계대기조건만 만족하면 됨 • 들어온 순서대로의 수행법칙은 배제 • 결과적으로 상호배제, 한계대기, 진행조건 모두 만족
하드웨어 명령어를 이용한 N개 프로세스의 상호배제	1) 원자적(Atomic) 명령어이고 분할 가능하지 않음(indivisible) 인터럽트나 다른 사건에 의한 명령어 중단이 없음 2) 다른 CPU에서 실행되어도 순차적으로 실행됨 3) Test And Set 명령어
Busy Waiting 해결책	1) Semaphore 2) Eventcount/Sequencer 3) Critical Section에 진입 불가능한 프로세스들을 Blocked 상태로 전환

SECTION 03. 교착상태

CHAPTER 02 프로세스 관리

핵심 요약(Key point summary)

1 교착상태의 개념

가. 교착상태의 정의

여러 프로세스들이 한정된 자원을 사용하려고 서로 경쟁하면, 한 프로세스가 자원을 요청했을 때 그 시각에 그 자원을 사용할 수 없는 상황이 발생할 수 있고 그 때는 프로세스가 대기상태로 들어간다. 대기 중인 프로세스가 요청한 자원들이 다른 대기 중인 프로세스에 의해서 점유되어 있기 때문에 결코 다시 그 프로세스가 상태를 변경할 수 없는 경우가 발생하는 상황

나. 교착상태의 문제점

구분	내용
System panic 유발	Spinlock timeout으로 인한 system panic 발생
Application 실행 중단	특정 table에 의한 lock으로 application 및 커널 프로세스 실행의 중단 (wait 상태로 대기)
Performance 저하	비정상적인 하나의 lock에 의하여 많은 프로세스들이 wait와 sleep을 반복함
System Call 증가	Wait/check/sleep의 반복으로 system call 증가 및 전체 성능저하

2 교착상태의 개념도 및 원인

가. 교착상태의 개념도

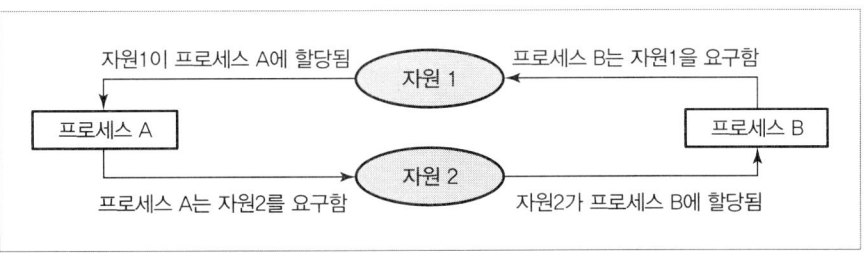

- 프로세스A가 자원2을 요청하면서 자원1은 점유
- 프로세스B가 자원1을 요청하면서 자원2는 점유
- 프로세스A와 B는 서로의 자원을 기다리면서 교착상태에 빠짐

나. 교착상태의 원인

원인	설명
상호 배제 (Mutual Exclusion)	최소한 하나의 자원이 비공유 모드로 점유되어야 한다. 비공유 모드에서는 한 번에 한 프로세스만이 그 자원을 사용할 수 있다. 다른 프로세스가 그 자원을 요청하면 요청 프로세스는 자원이 방출될 때까지 반드시 지연된다.
점유하며 대기 (Hold-and-wait)	최소한 하나의 자원을 점유한 채 현재 다른 프로세스에 의해 점유된 자원을 추가로 얻기 위해 대기하고 있는 프로세스가 반드시 있어야 한다.
비선점 (Nonpreemption)	자원들을 선점할 수 없어야 한다. 즉 자원이 강제적으로 방출될 수 없고 점유하고 있는 프로세스가 태스크를 종료한 후 그 프로세스에 의해 자발적으로만이 방출될 수 있다.
환형 대기 (Circular wait)	대기하고 있는 프로세스의 집합 {P1⋯..Pn}에서 P1은 P2가 점유한 자원에 대기하고 P2는 P3가 점유한 자원을 대기하고 ⋯. Pn-1은 Pn이 점유한 자원을 대기하며 Pn은 P1이 점유한 자원을 대기한다.

교착상태가 발생하려면 위의 네 가지 조건이 성립되어야 한다. 환형대기조건은 점유하며 대기조건을 암시하므로 네 가지 조건이 완전히 독립적인 것은 아니다.

3 교착상태의 해결방안

교착상태 해결방안으로는 예방, 회피, 발견, 복구 4가지 방법이 있다.

해결방안	설명		
예방	교착상태가 발생하려면 4가지의 필요조건이 만족되어야 하므로 이들 조건 중 최소한 하나가 성립하지 않도록 보장함으로써 교착상태를 예방할 수 있다.		
	구분	특징	단점
	상호 배제의 부정	공유할 수 없는 자원을 사용할 때 성립	자원낭비 및 비용증가
	점유하며 대기 부정	프로세스는 필요한 모든 자원을 한 번에 요청하고 시스템은 요청된 자원을 전부 할당 또는 전혀 할당하지 않는 방식	• 자원낭비 및 비용증가 • 자원공유 불가능 • Starvation 발생가능
	비선점 부정	어떤 자원을 가진 프로세스가 더 이상 자원할당 요구가 받아지지 않으면 점유 자원을 반납	• 비용증가 • Starvation 발생가능 • 일부 자원은 안전하게 선점 불가
	환형 대기 부정	모든 프로세스에게 각 자원의 유형별로 할당순서를 부여하는 방법	새로운 자원 추가시 재구성 필요

회피	• 운영체계는 자원의 상태를 감시하고 사용자 프로세스는 사전에 자기 작업에서 필요한 자원의 수를 제시 • OS는 사용자 프로세스로부터 자원의 요청이 있으면 모든 프로세스가 일정기간 내에 성공적으로 종료될 수 있는 안전한 상태인지 분석 • OS는 안전한 상태를 유지할 수 있는 요구만 수락하고, 그외 요구는 만족될 때까지 계속 거절 → 은행가 알고리즘 사용
탐지	• 교착상태가 발생했는지 결정하기 위해 시스템의 상태를 검사하는 알고리즘 사용 • 시스템 자원할당 그래프로 교착상태 검출(Graph reduction, cycle Detection, Knot detection) • 교착상태 발견 시 자원할당 소거 프로세스 A → 프로세스 A → 프로세스 A → 프로세스 A → 어떤 자원이 교착상태를 일으켰는지 발견 난해 예) Wait for Graph, Cycle Detection, Knot Detection 예) CPU 사용률이 50% 이하로 떨어졌을 경우 1시간에 한 번
복구(회복)	• 교착상태 탐지기법과 함께 사용 • 프로세스 종료 - 교착상태 프로세스를 모두 중지 - 교착상태가 제거될 때까지 한 프로세스씩 중지 • 자원선점 - 교착상태가 깨질 때까지 프로세스로부터 자원을 계속적으로 선점해 이들을 다른 프로세스에게 줌 - 희생자 선정, 복귀(rollback), 기아상태를 고려해야 함

■ 교착상태(Dead Lock)와 무한대기(Starvation)의 차이점

항목	교착상태	무한대기
정의	다수의 프로세스가 아무 일도 못하고 특정 사건을 기다리며 무한대기	특정 프로세스가 자원을 할당받기 위하여 무한정 대기하는 상태
발생원인	상호배제, 점유와 대기, 비선점, 환형 대기	자원의 편중된 분배정책
해결방안	예방, 회피, 발견, 복구	Aging 기법

1. 회피기법 – 은행가 알고리즘

가. 은행가 알고리즘의 개념도 및 정의

구분	설명
개념도	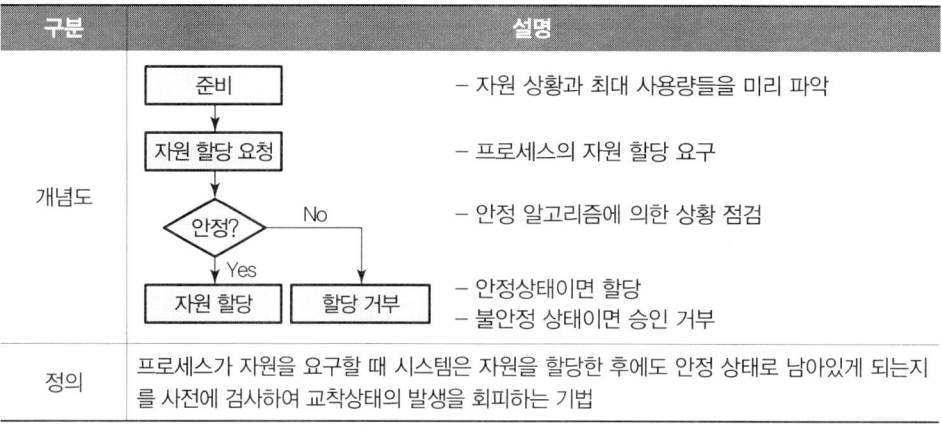 − 자원 상황과 최대 사용량들을 미리 파악 − 프로세스의 자원 할당 요구 − 안정 알고리즘에 의한 상황 점검 − 안정상태이면 할당 − 불안정 상태이면 승인 거부
정의	프로세스가 자원을 요구할 때 시스템은 자원을 할당한 후에도 안정 상태로 남아있게 되는지를 사전에 검사하여 교착상태의 발생을 회피하는 기법

나. 은행가 알고리즘을 위한 자료구조

n=프로세스 개수, m=자원 유형의 개수일 때

자료명	자료형태	내용
Available	m의 Vector	Available[j] : 자원 Rj 사용가능 수
Max	n * m 행렬	Max[i, j] : 프로세스 Pi 가 자원 유형 Rj에 요청 가능한 최대 수량
Allocation	n * m 행렬	Allocation[i, j] : 프로세스 Pi 가 현재 할당 받은 자원 유형 Rj의 수
Needs	n * m 행렬	Needs[i, j] : 프로세스 Pi 가 작업 완료를 위해 필요한 자원 유형 Rj의 수 Needs[i, j] = Max[i,j] − Allocation [i,j].
Request	n * m 행렬	Request[i, j] : 프로세스 Pi 가 Rj 에게 요청한 자원의 수

다. 은행가 알고리즘의 자원 요청 처리 알고리즘

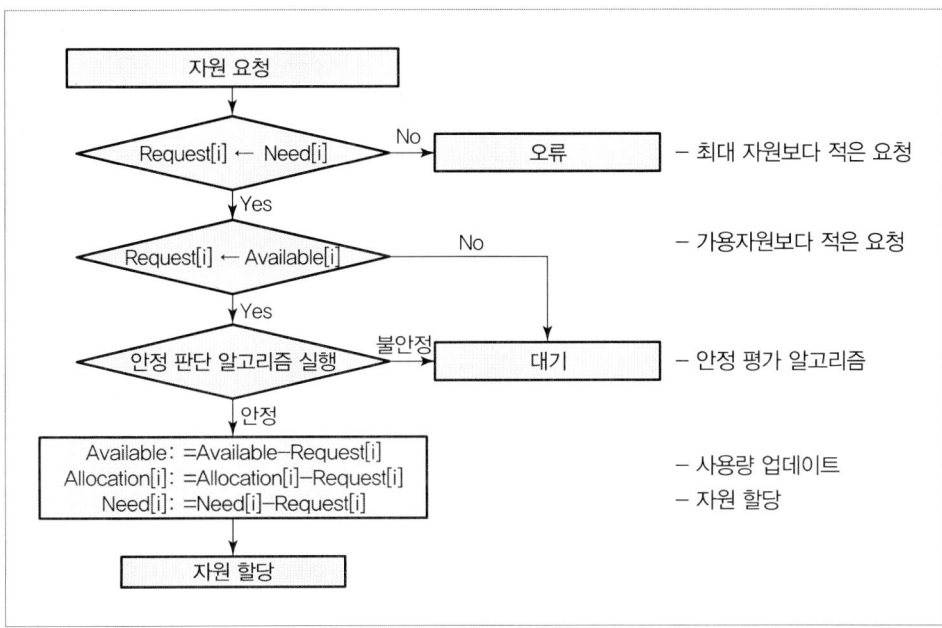

라. 은행가 알고리즘 예제

1) 가정사항

- 3가지의 자원 타입 : R(1) = 9, R(2) = 3, R(3) = 6
- 아래의 초기 상태를 가지는 4개의 프로세스

	Claimed			Allocated			Available		
	R1	R2	R3	R1	R2	R3	R1	R2	R3
P1	3	2	2	1	0	0	1	1	2
P2	6	1	3	5	1	1			
P3	3	1	4	2	1	1			
P4	4	2	2	0	0	2			

2) 프로세스 P2가 Q=(1, 0, 1) 자원 할당을 요청할 때 자원을 할당할 것인가?

현재 사용 가능한 자원이 있으므로 자원 할당을 가정하면 다음과 같은 새로운 자원 할당 상태가 된다.

	Claimed			Allocated			Available		
	R1	R2	R3	R1	R2	R3	R1	R2	R3
P1	3	2	2	1	0	0	1	1	2
P2	6	1	3	6	1	2			
P3	3	1	4	2	1	1			
P4	4	2	2	0	0	2			

3) 새로운 상태가 안정상태가 되는지를 검사(P2 → P1 → P3 → P4)

4) 프로세스 P2를 실행할 경우

	Claimed			Allocated			Available		
	R1	R2	R3	R1	R2	R3	R1	R2	R3
P1	3	2	2	1	0	0	6	2	3
P2	0	0	0	0	0	0			
P3	3	1	4	2	1	1			
P4	4	2	2	0	0	2			

5) 프로세스 P1을 실행할 경우

	Claimed			Allocated			Available		
	R1	R2	R3	R1	R2	R3	R1	R2	R3
P1	0	0	0	0	0	0	7	2	3
P2	0	0	0	0	0	0			
P3	3	1	4	2	1	1			
P4	4	2	2	0	0	2			

6) 프로세스 P3을 실행할 경우

	Claimed			Allocated			Available		
	R1	R2	R3	R1	R2	R3	R1	R2	R3
P1	0	0	0	0	0	0	9	3	4
P2	0	0	0	0	0	0			
P3	0	0	0	0	0	0			
P4	4	2	2	0	0	2			

7) 프로세스 P4를 실행할 경우

	Claimed			Allocated			Available		
	R1	R2	R3	R1	R2	R3	R1	R2	R3
P1	0	0	0	0	0	0	9	3	6
P2	0	0	0	0	0	0			
P3	0	0	0	0	0	0			
P4	0	0	0	0	0	0			

8) 만약 초기상태에서 프로세스 P1이 Q = (1, 0, 1) 자원 할당을 요청할 경우

	Claimed			Allocated			Available		
	R1	R2	R3	R1	R2	R3	R1	R2	R3
P1	3	2	2	2	0	1	0	1	1
P2	6	1	3	5	1	1			
P3	3	1	4	2	1	1			
P4	4	2	2	0	0	2			

새로운 상태는 안전상태가 아니므로 프로세스 P1의 할당요청은 거부됨

마. 은행가 알고리즘의 문제점
- 할당할 자원량이 일정량 존재해야 함
- 최대자원 요구량을 미리 알아야 함
- 프로세스들은 유한한 시간 안에 자원을 반납해야 함

2. 회피기법 Wait - die, Wound - wait 알고리즘

가. Wait - die, Wound - wait 알고리즘 비교

비고	Wait - die	Wound - wait
정의	오래된 트랜잭션 기다리고, 새로운 트랜잭션이 Rollback 되고 다시 계획	오래된 트랜잭션이 새로운 트랜잭션을 rollback시키고 이를 다시 계획
트랜잭션 양	lock을 요청하는 단계 중에 abort되어 재시작 되므로, abort되는 트랜잭션의 처리된 양이 적음	처리 도중 높은 우선 순위 트랜잭션에 의해 abort되므로, 그 동안 처리된 일이 모두 무시되어 불필요한 작업 수행
공통점	• 두 방법 모두 우선 순위가 높은 트랜잭션이 낮은 우선순위의 트랜잭션을 abort 시킴 • 중지된 트랜잭션은 기존 타임스탬프를 가지고 재시작 • 결국 시스템에서 가장 높은 우선 순위를 갖게 되어 완료됨 • 구현이나 관리가 waits-for graph보다 쉬움	

나. Wait – die Algorithm

나중에 시작된 프로세스가 먼저 시작된 프로세스가 점유한 자원을 요청할 시 복귀(rollback)되거나 종료(die)

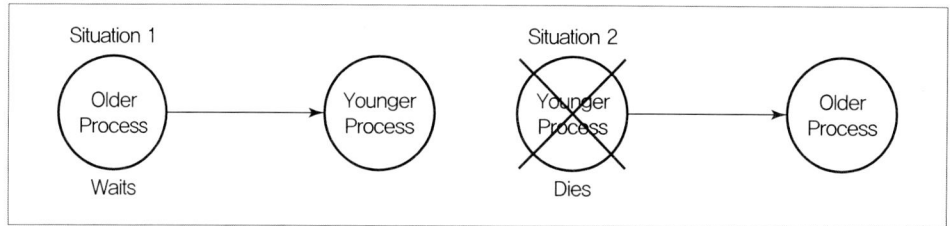

- 상황 1 – 고참 프로세스(Older Process)가 신참 프로세스(Younger Process)가 점유한 자원을 요청 시, 고참 프로세스가 기다림(wait)
- 상황 2 – 신참 프로세스(Younger Process)가 고참 프로세스가 점유한 자원을 요청 시 신참 프로세스는 철회(die)

다. Wound – Wait Algorithm

먼저 시작된 프로세스가 나중에 시작된 프로세스의 자원을 선점(preempt) 가능(나중에 시작된 프로세스를 killing 또는 wounding)

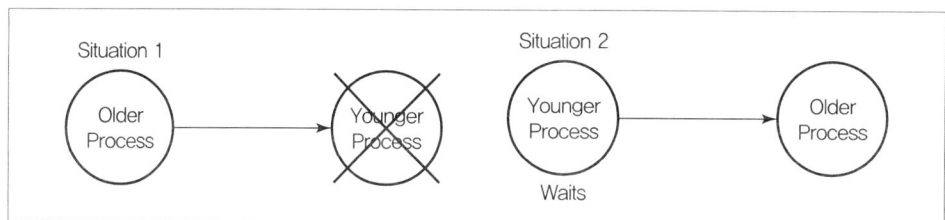

- 상황 1 – 고참 프로세스(Older Process)가 신참 프로세스(Younger Process)가 점유한 자원을 요청 시, 신참 프로세스를 wound(때리기)하여 자원 선점(preempted)
- 상황 2 – 신참 프로세스(Younger Process)가 고참 프로세스(Older Process)가 점유한 자원을 요청 시, 신참 프로세스는 기다림(Wait)

3. 탐지기법 – 시스템 자원할당 그래프

가. 시스템 자원할당 그래프의 정의 및 표현식

- 교착상태를 쉽게 탐지하기 위해, 유도된 방향으로 표시된 그래프(방향성 그래프)를 이용, 자원할당사항과 요구사항을 표현하는 기법
- G = (V, E)

나. 자원 할당 그래프 관련 용어

- Vertex : 꼭짓점 집합

유형	설명	표현
프로세스	• 프로세스들을 나타내는 정점 • 원으로 표현	○
자원	• 자원들을 나타내는 정점 • 사각형으로 표현하고, 자원의 개수를 점으로 표현	▦

- Edge : 간선 집합

유형	설명	표현
요청선	• 프로세스에서 자원으로의 연결선 • 프로세스가 자원형태의 한 자원을 요청함	P_i → ▦ R_j
할당선	• 자원에서 프로세스로의 연결선 • 프로세스가 자원형태의 자원을 점유하고 있음	P_i ← ▦ R_j

다. 자원 할당 그래프 표현 및 교착상태 확인사례

1) 자원 할당 그래프의 표현사례

자원 상태 조건		자원할당 그래프
상황집합	프로세스 P = {p1, p2, p3} 자원 R = {r1, r2, r3} 간선 E = {(p1,r1), (p2,r3), (r1,p2), (r2,p2), (r2,p1), (r3,p3)}	
단위 자원 수	• r1과 r3 : 1개 • r2 : 2개	
프로세스 상태	• p1 : r2 단위자원 하나 소유, r1 단위자원 하나 대기 • p2 : r1, r2의 단위자원 하나 소유 r3 단위자원 하나 대기 • p3 : r3의 단위자원 하나 소유	

2) 자원 할당 그래프를 이용한 교착상태 확인사례

- 자원 할당 그래프에서 환형 대기를 나타내는 사이클이 있으면, 교착상태가 존재할 수 있다. 이를 이용하여 교착상태 파악이 가능하다.

- 사이클이 존재하면,
  - 자원 유형에 하나의 사례(Instance)만 있으면 교착상태
  - 자원 유형에 여러 사례(Instance)가 있으면 교착상태 가능성(즉, 아닐 수도 있음)

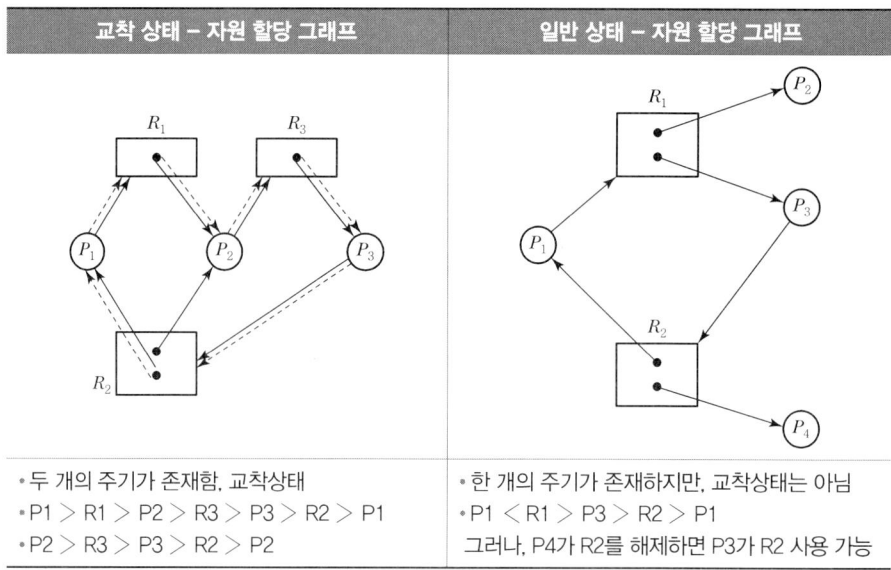

교착 상태 – 자원 할당 그래프	일반 상태 – 자원 할당 그래프
• 두 개의 주기가 존재함, 교착상태 • P1 > R1 > P2 > R3 > P3 > R2 > P1 • P2 > R3 > P3 > R2 > P2	• 한 개의 주기가 존재하지만, 교착상태는 아님 • P1 < R1 > P3 > R2 > P1 그러나, P4가 R2를 해제하면 P3가 R2 사용 가능

라. 자원 할당 그래프를 이용한 교착상태 탐지 시 고려사항

- 탐지 알고리즘은 주기적으로 수행해야 하며, 프로세스의 수가 n개이면 n^2의 연산 필요, 시스템 부담 증가
- 각 자원 형태가 하나의 자원을 가질 경우, 자원 할당 그래프의 변형인 대기 그래프를 이용, 주기 검사 개선

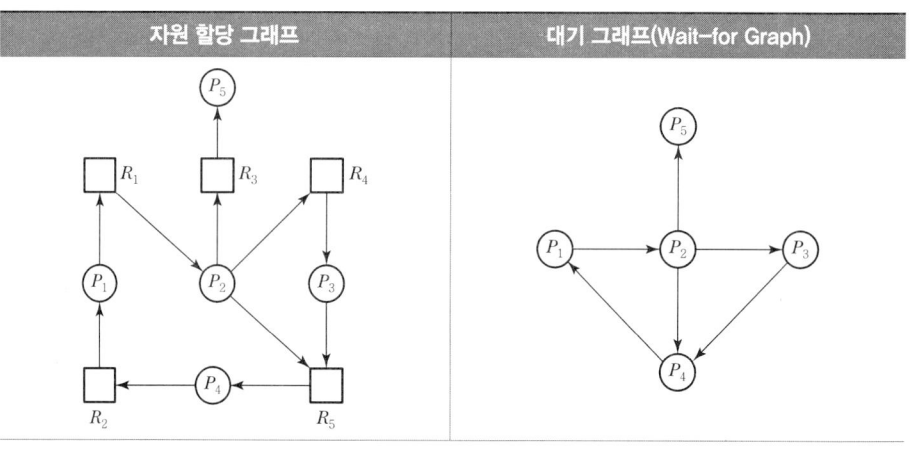

자원 할당 그래프	대기 그래프(Wait-for Graph)
• 자원형태 노드를 제거한, 자원 할당 그래프 변형 • 대기 그래프의 노드는 프로세스를 표현함	

CHAPTER 02 프로세스 관리

04 CPU 스케줄링

핵심 요약(Key point summary)

1 CPU 스케줄링의 개요

가. CPU 스케줄링의 정의
- Process 작업수행을 위해 언제, 어느 Process에 CPU를 할당할 것인지를 결정하는 작업
- Multi-Processor 환경 하에서 Processor 간의 우선순위를 저장함으로써 CPU 활용을 극대화하기 위한 방법

나. CPU 스케줄링의 기준
- 바람직한 동작을 보이는 프로세스에게 더 좋은 서비스 제공
- I/O Bound와 CPU Bound 프로세스의 적절한 혼용
- Process의 작업형태, 우선순위, Burst 시간, 잔여실행시간을 복합적으로 고려

다. CPU Scheduling의 요건(Scheduling Criteria)

요건	설명
처리능력(Throughput) 최대화	• 주어진 시간에 최대한 많은 작업 처리(처리된 프로세스 수/시간)
CPU 이용률(Utilization) 극대화	• CPU를 정해진 시간 내 100% 가동
Fairness 최대화	• 프로세스별 CPU 자원 할당의 공정성
Deadline 최대화	• 실시간 환경 등에서의 즉시처리 한계시간
반환(경과)시간(Turnaround time) 최소화	• 전체작업 수행시간을 최소화(system in → system out 시간)
대기시간(Waiting time) 최소화	• ready queue에서 기다리는 시간 최소화
응답시간(Response time) 최소화	• 대화식 시스템에서 첫 응답까지의 시간 최소화

라. CPU 스케줄링을 결정하는 상황(즉 프로세스 상태 천이가 발생할 때 결정됨)
- 한 프로세스가 실행상태에서 대기상태로 전환될 때
- 프로세스가 실행상태에서 준비완료상태로 전환될 때
- 프로세스가 대기상태에서 준비완료상태로 전환될 때
- 프로세스가 종료할 때

2 CPU 스케줄링의 알고리즘

가. Scheduling 기법

구분	선점(Preemptive) 스케줄링	비선점(Non-preemptive) 스케줄링
개념	• 한 프로세스가 CPU를 차지하고 있을 때 우선순위가 높은 다른 프로세스가 현재 프로세스를 중지시키고 자신이 CPU를 점유 가능 • 높은 우선순위를 가진 프로세스들이 빠른 처리를 요구하는 시스템에서 유용	• 한 프로세스가 CPU를 할당받으면 작업 종료 후 CPU 반환 시까지 다른 프로세스는 CPU 점유 불가
장점	• 비교적 빠른 응답 • 대화식 시분할 시스템에 적합	• 응답시간 예상이 용이 • 모든 프로세스에 대한 요구를 공정하게 처리
단점	• 높은 우선순위 프로세스들이 들어오는 경우 오버헤드를 초래	• 짧은 작업을 수행하는 프로세스가 긴 작업 종료 시까지 대기
기법	Round Robin, SRT, 다단계 큐, 다단계 피드백 큐	FCFS, Priority, Deadline, SJF, HRN
활용	실시간 응답환경, Deadline 응답환경	처리시간 편차가 적은 특정 프로세스 환경

나. CPU scheduling 알고리즘

1) 선점 스케줄링 알고리즘

알고리즘	처리방식
RR	• Round Robin • 대화식 사용자를 위한 시분할 시스템(Time Sharing System)을 위해 고안 • 준비큐(FCFS)에 의해 보내진 각 프로세스는 같은 크기의 CPU 시간을 할당받음 • 프로세스가 할당된 시간 내에 처리를 완료하지 못하면 준비큐 리스트의 가장 뒤로 보내지고 CPU는 대기 중인 다음 프로세스로 넘어감 • 할당 시간이 가장 중요하며, 일반적으로 시간 할당량은 100 밀리 초에서 1,2초 사이 값 • 할당시간이 크면 FCFS 와 같게 되고, 작으면 문맥 교환이 자주 발생

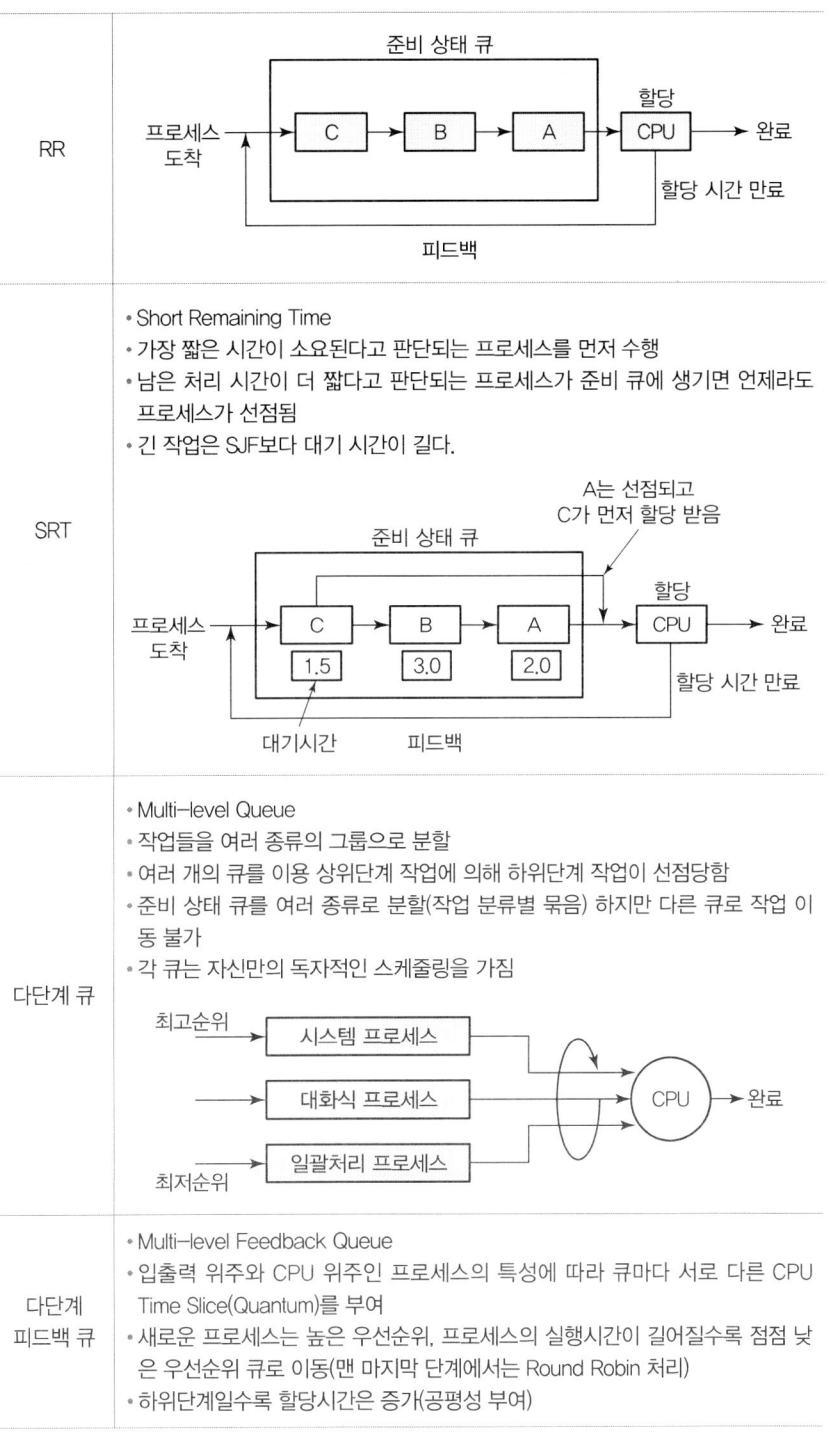

RR	(그림: 준비 상태 큐 - C → B → A → CPU → 완료, 할당 시간 만료 시 피드백)
SRT	• Short Remaining Time • 가장 짧은 시간이 소요된다고 판단되는 프로세스를 먼저 수행 • 남은 처리 시간이 더 짧다고 판단되는 프로세스가 준비 큐에 생기면 언제라도 프로세스가 선점됨 • 긴 작업은 SJF보다 대기 시간이 길다.
다단계 큐	• Multi-level Queue • 작업들을 여러 종류의 그룹으로 분할 • 여러 개의 큐를 이용 상위단계 작업에 의해 하위단계 작업이 선점당함 • 준비 상태 큐를 여러 종류로 분할(작업 분류별 묶음) 하지만 다른 큐로 작업 이동 불가 • 각 큐는 자신만의 독자적인 스케줄링을 가짐
다단계 피드백 큐	• Multi-level Feedback Queue • 입출력 위주와 CPU 위주인 프로세스의 특성에 따라 큐마다 서로 다른 CPU Time Slice(Quantum)를 부여 • 새로운 프로세스는 높은 우선순위, 프로세스의 실행시간이 길어질수록 점점 낮은 우선순위 큐로 이동(맨 마지막 단계에서는 Round Robin 처리) • 하위단계일수록 할당시간은 증가(공평성 부여)

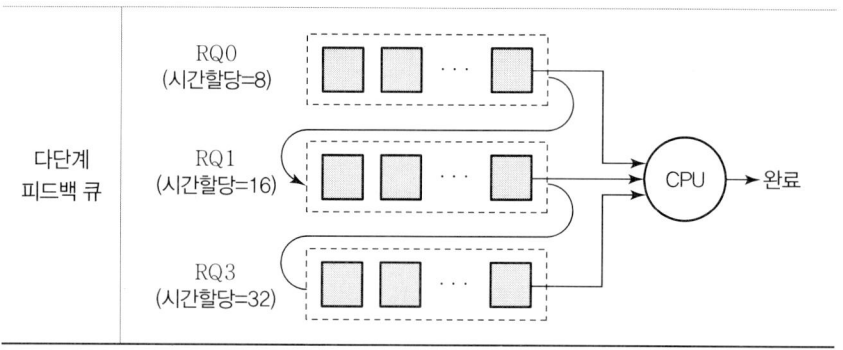

2) 비선점 스케줄링 알고리즘

알고리즘	처리방식
우선순위 스케줄링	• 각 프로세스에 우선순위가 주어지고 우선순위에 따라 CPU 할당 • 동일한 우선순위간은 FCFS 처리 • 우선순위 결정 : 관리자에 의한 결정, 자원요구량에 의한 결정, CPU처리 시간에 의한 결정, 시스템에서 보낸 시간에 의한 결정 등 사용 • 우선순위가 높은 작업이 계속적으로 들어오게 될 우선순위가 낮은 프로세스는 Starvation 발생 → Aging 기법으로 해결가능
기한부 스케줄링	• 작업들이 명시된 시간이나 기한 내에 완료되도록 계획 • 사용자는 사전에 작업이 요구하는 정확한 자원을 제시 • 작업시간이나 상황 등 정보를 미리 예측하기가 어려움
FCFS	• First Come First Service • 프로세스가 대기큐(준비큐)에 도착한 순서에 따라 CPU 할당 • 가장 간단한 스케줄링 알고리즘으로 FIFO(First Input First Out) 알고리즘이라고 함 • Convoy Effect 발생 가능 (Burst time이 긴 프로세스가 CPU 독점) • 단독적 사용이 거의 없으며, 다른 스케줄링 알고리즘에 보조적으로 사용(우선순위 스케줄링, RR 스케줄링 등)
SJF	• Shortest Job First • 준비 큐 내의 작업 중 수행시간이 가장 짧다고 판단되는 것을 먼저 수행 • 각 프로세스에서 CPU 버스트 길이를 비교하여 CPU가 이용 가능해지면 가장 작은 CPU 버스트를 가진 프로세스를 할당 • 주어진 프로세스 집합에 대해서 평균대기시간이 최소가 되는 최적 알고리즘 • CPU 요구시간이 긴 작업과 짧은 작업 간의 불평등이 심하여, CPU 요구 시간이 긴 프로세스는 Starvation 발생 → HRN 사용

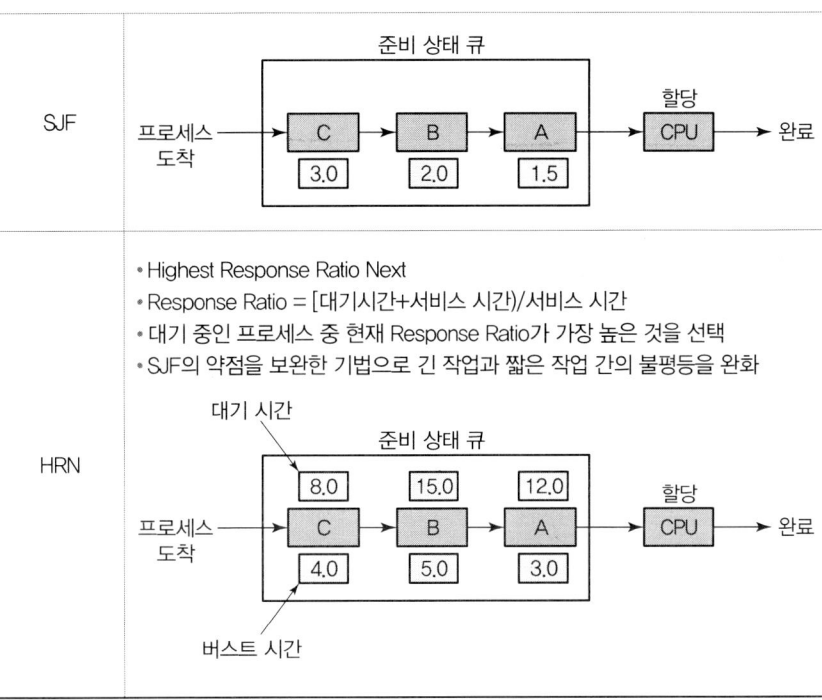

3 CPU 스케줄링 알고리즘 평가방법

특정시스템을 위해 CPU 스케줄링 알고리즘을 어떻게 선택해야 하는가라는 문제에 직면하게 된다.

이때 사용되는 알고리즘 평가방법은 아래와 같다.

평가방법	설명
결정론적 모델링 (Deterministic Modeling)	• 분석적 평가 • 사전에 정의된 특정 작업 부하를 받아들여 그 작업 부하에 대한 각 알고리즘의 성능을 정의한다. • 스케줄링 알고리즘을 설명하고 예를 제공하는 데 사용된다. • 동일한 프로그램을 반복해 여러 번 실행하고 프로그램의 처리 요구사항들을 정확하게 측정할 수 있는 경우 사용할 수 있다. [장점] • 단순하고 신속하다. 알고리즘들을 비교할 수 있도록 정확한 값을 제공한다. [단점] • 입력에 대한 정확한 숫자를 요구하며 그 응답도 단지 이들의 경우에만 제공 • 너무 특정적이고 정확한 지식을 많이 필요로 하기 때문에 사용하기 곤란한 점이 있다.

큐잉 모델 (Queuing Model)	• 많은 시스템에서 실행되는 프로세스들은 날마다 변화하기 때문에 결정론적 모델링을 사용할 수 있는 프로세스들(그리고 시간들)의 정적인 집합이 없다. 그러나 결정할 수 있는 것은 CPU와 입/출력 버스트 분포이다. • 측정할 수 있는 이용률, 평균 큐 길이, 평균 대기시간 등을 분석하여 평가하는 방식임
모의 실험 (Simulation)	• 스케줄링 알고리즘을 더욱 정확하게 평가하기 위해 사용 • 컴퓨터 시스템의 모델을 프로그래밍하는 것을 포함 • 소프트웨어 자료구조가 시스템의 주요 구성요소를 표현한다. 모의 실험기(simulator)는 시간을 나타내는 변수를 가진다. 이 변수의 값을 증가시키면서 시스템의 상태를 수정해 장치들, 프로세스 및 스케줄러 등의 활동을 반영한다.
구현 (Implementation)	• 모의실험도 정확성에 한계가 있다. 스케줄링 알고리즘을 완전히 정확히 평가하는 유일한 방법은 실제 코드로 작성해 운영체제에 넣고 실행해 보는 것이다. • 이 접근방식은 평가를 위해 실제 운영 환경 하에서 실제 시스템에 알고리즘을 넣는 것이다. • 가 방식의 주요 어려움은 높은 비용에 있다.

CPU 스케줄링에 의해 프로세스가 CPU에 할당되고 제거되는 과정을 거치게 된다. 이는 곧 프로세스 상태전이와 연결되어 있으니 상태전이와 더불어 알고 있을 필요가 있다.
프로세스 개념 장에서 설명하였으나 여기에서는 전이도와 스케줄러와 연관하여 살펴보자.

1. Process 상태 전이도와 Scheduler의 종류 및 역할

가. 프로세스 상태 전이도

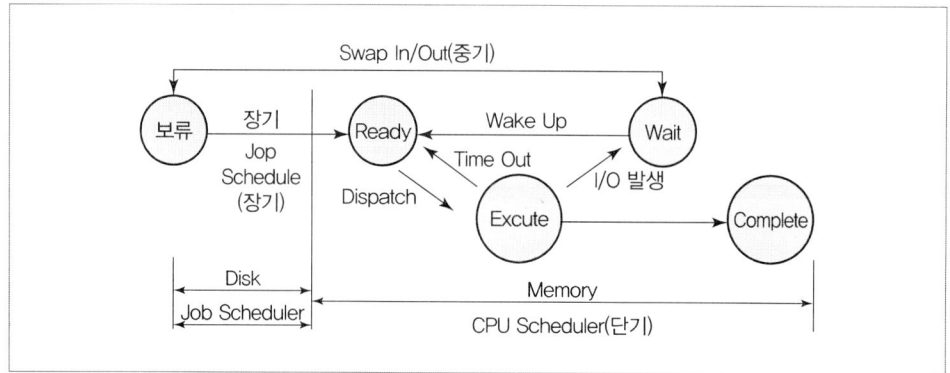

나. Scheduler의 종류 및 역할

종류	역할
Scheduling Queue	• 주기억장치의 할당을 기다림(보류상태, 디스크에 위치)
장기(Job) Scheduler	• 프로세스 선택, 주기억장치 할당(보류 준비)
중기(Process) Scheduler	• 프로세스 수에 따라 디스크로 보냄(대기 보류)
단기 Scheduler	• 실행 준비된 프로세스에 CPU 할당(준비 실행)

2. 스케줄링 기법 계산 예제

스케줄링 기법 예제에서 사용할 Table은 아래와 같고 우선순위를 갖는 RR, SRT, SJF를 다음의 Table을 기준으로 설명할 것이다.
(단, 시간 할당량은 5초로 한다.)

프로세스	수행시간(초)	도착시간	우선순위
P1	20	10시	2
P2	14	10시 2초	3
P3	17	10시 6초	3
P4	6	10시 6초	1
P5	3	10시 6초	2

[조건] 문맥교환에 소요되는 시간은 0 으로 간주한다.

가. 선점 CPU 스케줄링 기법 예제

기법	설명
Round Robin (우선순위를 갖는 RR)	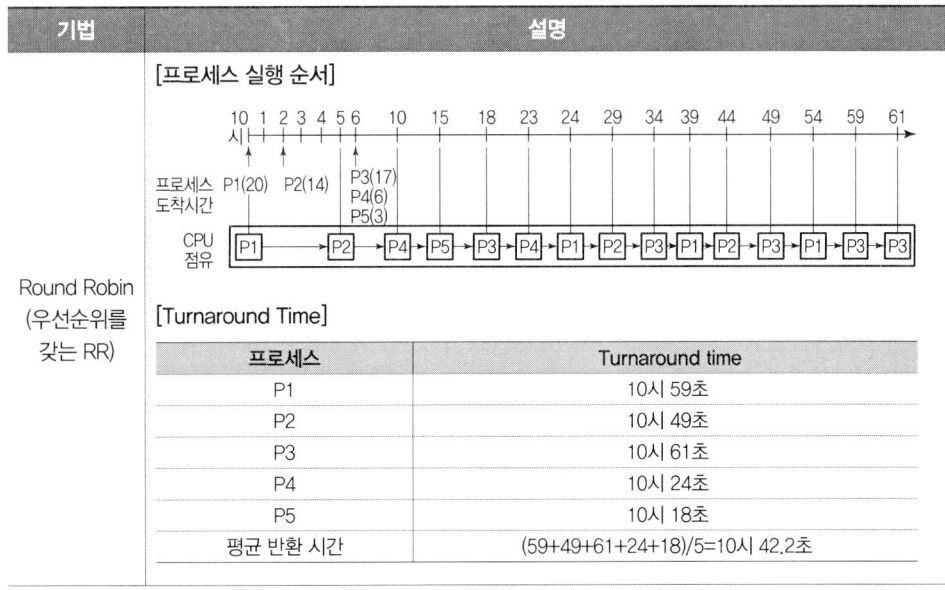

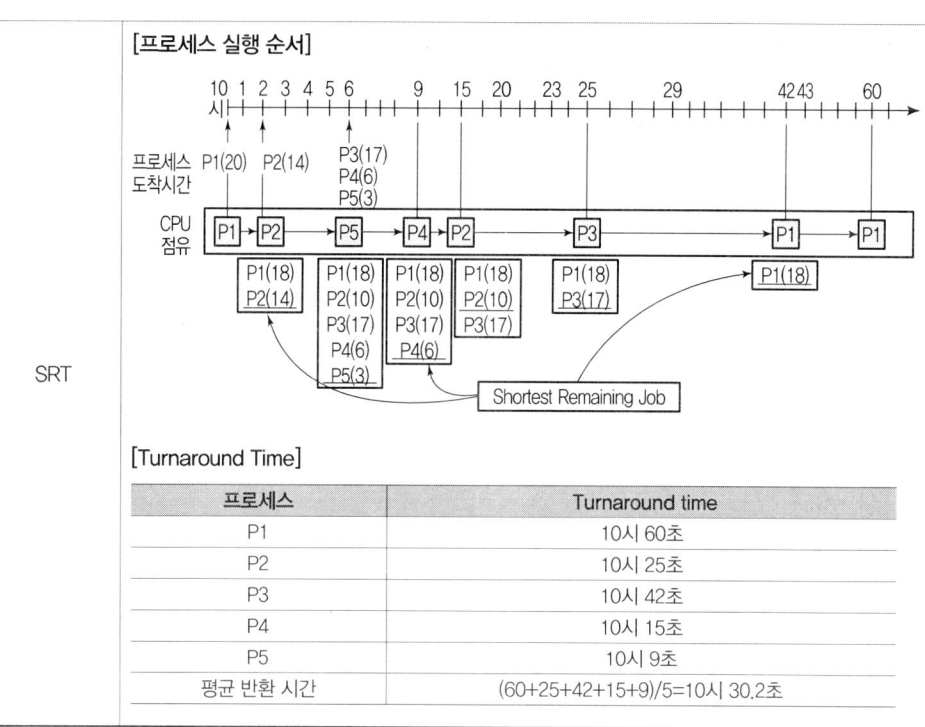

나. 비선점 CPU 스케줄링 기법 예제

기법	설명
SJF	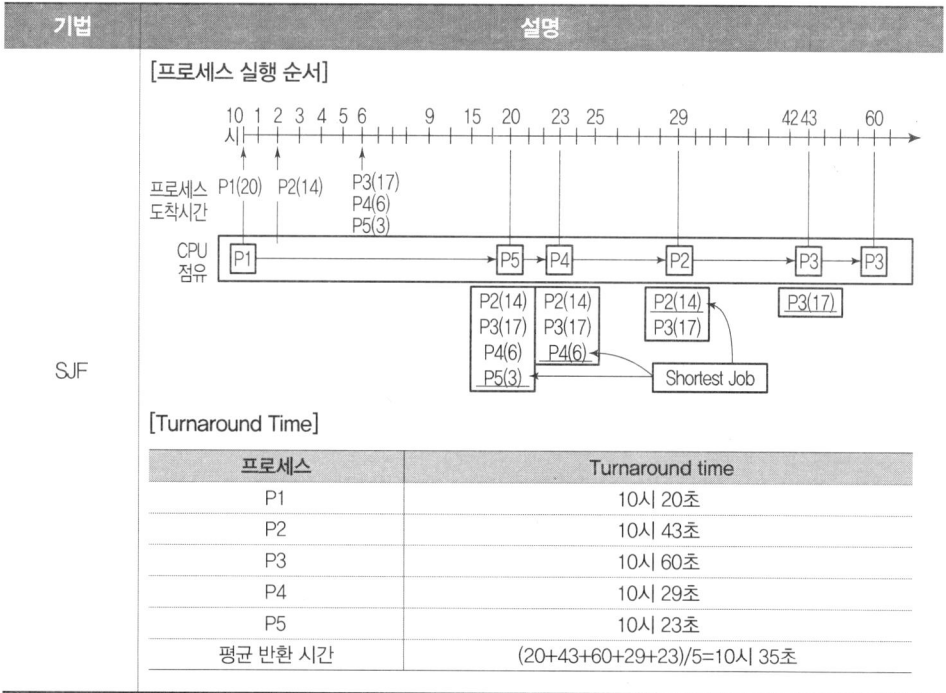

3. 비선점 스케줄링 기법 중 우선순위 스케줄링

가. 우선순위 스케줄링의 두 가지 방법

구분	설명	장점	단점
정적(Static) 우선순위 방법	실행 중 우선순위를 변경하지 않음	구현이 쉽고 오버헤드가 적음	Starvation
동적(Dynamic) 우선순위 방법	상황 변화에 적응하여 우선순위 변경 가능	시스템의 응답속도를 증가, 효율적	구현 복잡, 오버헤드 많음

우선순위가 같은 프로세스들은 선입 선처리(FCFS)

- 우선순위는 일반적으로 0에서 7, 또는 0에서 4,096까지 사용
- 낮은 숫자가 낮은 우선순위, 또는 높은 우선순위인지는 시스템마다 상이

나. 우선순위(Priority) 기반 CPU 스케줄링 종류

구분	설명
선점 우선순위 스케줄링 알고리즘	• 새로 도착한 프로세스의 우선순위가 현재 실행되는 프로세스의 우선순위보다 높으면 CPU를 선점
비선점 우선순위 스케줄링 알고리즘	• 단순히 준비 큐의 머리 부분에 새로운 프로세스를 넣음 • SJF 알고리즘은 단순한 우선순위 알고리즘으로서 우선순위(P)는 예측되는 다음 CPU 버스트의 역임 CPU 버스트가 클수록 우선순위가 낮으며, 그 반대도 성립됨

일반적으로 우선순위 기반 스케줄링은 비선점으로 알려져 있으나, 선점/비선점 모두 존재함

다. 우선순위(Priority) 기반 CPU 스케줄링 문제점 및 해결방안

문제점	해결방안
• 무한정지(Indefinite Blocking) 또는 기아상태(Starvation) • 낮은 우선순위 프로세스들은 실행되지 못하고 무한히 대기하는 경우, 즉 부하가 과중한 컴퓨터 시스템에서는 높은 우선순위의 프로세스들이 꾸준히 들어와서 낮은 우선순위의 프로세스들이 CPU를 사용하지 못하게 되는 경우	에이징(Aging) 기법 사용 : 시스템 내에서 우선순위가 낮아서 실행되지 않고 오래 대기한 프로세스는 점차적으로 우선순위를 높여주는 정책

4. 실시간 운영체제(RTOS) CPU 스케줄링 기법

- 실시간 운영체제에서 사용하는 스케줄링 알고리즘의 특징

선점(preemptive) 스케줄링	높은 우선순위를 갖는 태스크에 CPU를 양보(단, 태스크가 임계영역에서 실행 중일 때는 예외)
우선순위(priority) 스케줄링	태스크마다 우선순위가 부여되어, 우선순위가 높은 태스크가 먼저 실행, 우선순위 스케줄링에는 우선순위가 한번 부여되면 변하지 않는 정적기법과, 상황에 따라 변하는 동적 기법이 있음

- 실시간 운영체제에서 사용하는 대표적인 스케줄링 알고리즘

주기단조(Rate Monotonic, RM) 스케줄링	고정우선순위 선점 스케줄링의 일종이며 태스크 간에 선행관계가 없다는 조건을 만족할 때 주기가 짧은 태스크에게 높은 우선순위를 주는 기법
최단마감시간 우선(Earliest Deadline First) 스케줄링	동적 우선순위 선점 스케줄링의 일종이며, 현재 준비상태에 있는 태스크들 중에서 마감시간이 가장 짧은 태스크를 선택하여 수행하는 기법

> CHAPTER 02 프로세스 관리

05 Context Switching

핵심 요약(Key point summary)

1 Context Switching 개념

가. Context Switching 정의
- 한 프로세스에서 다른 프로세스를 CPU가 새롭게 배당되는 교환과정을 문맥교환(Context switching)이라고 하며, 환경교환이라고도 함
- 프로세스들을 적절한 순서로 바꾸는 작업

나. Context Switching 발생 상황(프로세스 상태 천이 발생 시에 발생)
- 프로세스가 준비상태에서 실행상태로 변환될 때
- 프로세스가 실행상태에서 준비상태로 변환될 때 (Time slice Out)
- 프로세스가 실행상태에서 대기상태로 변환될 때 (I/O)
- 프로세스가 실행상태에서 종료상태로 변환될 때

2 Context Switching 작동방식 및 문제점

가. Context Switching 작동방식

구분	설명
절차도	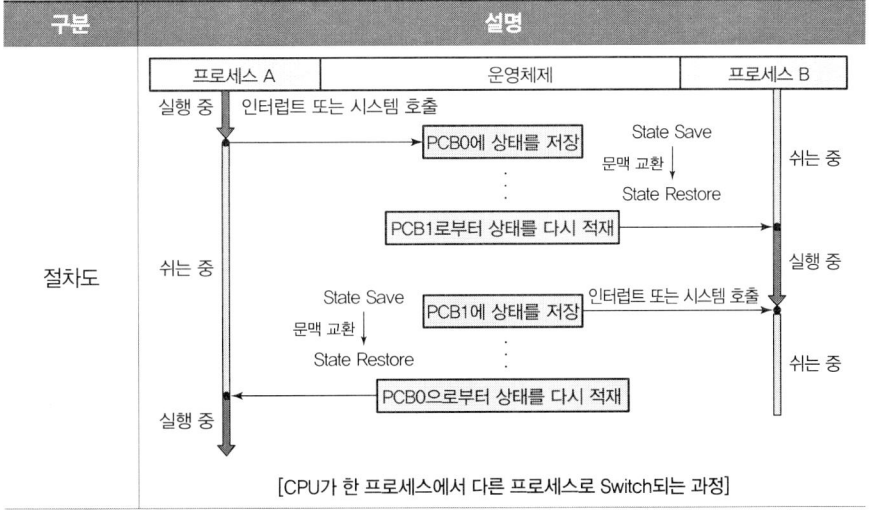 [CPU가 한 프로세스에서 다른 프로세스로 Switch되는 과정]

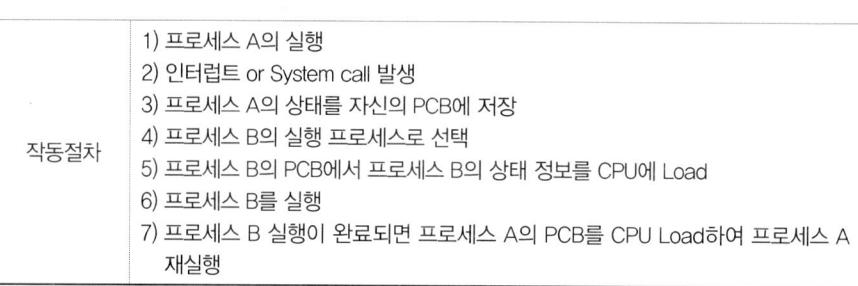

작동절차	1) 프로세스 A의 실행 2) 인터럽트 or System call 발생 3) 프로세스 A의 상태를 자신의 PCB에 저장 4) 프로세스 B의 실행 프로세스로 선택 5) 프로세스 B의 PCB에서 프로세스 B의 상태 정보를 CPU에 Load 6) 프로세스 B를 실행 7) 프로세스 B 실행이 완료되면 프로세스 A의 PCB를 CPU Load하여 프로세스 A 재실행

나. Context Switching 문제점

문맥 교환에 소요되는 시간은 기억장치의 속도, 레지스터의 수 등 컴퓨터 구조에 따라 다르지만 보통 문맥 교환 시에 1 ~ 1000 마이크로 초(micro second)까지 시간적인 오버헤드가 존재함

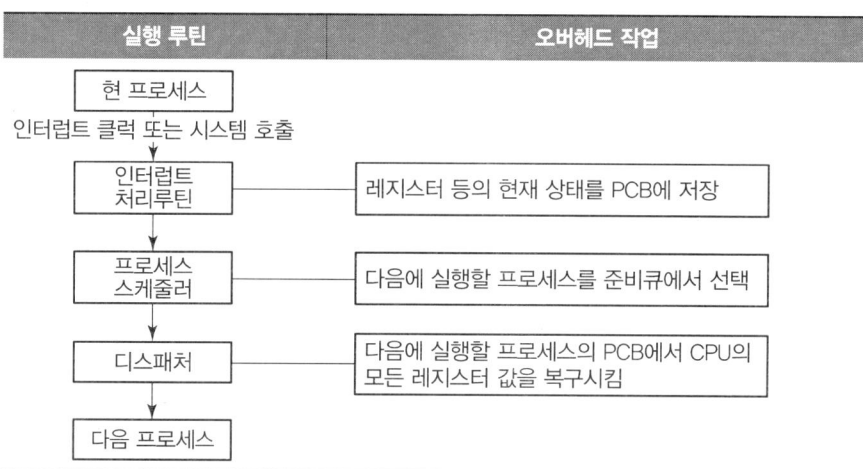

실행 루틴	오버헤드 작업

즉 문맥교환이 자주 일어난다는 것은 I/O 작업이 자주 일어난다는 것이므로 시스템 성능에 영향을 줄 수밖에 없다. 그러므로 이를 해결해야 한다.

3 Context Switching 문제점 해결방식

1) 문맥교환은 운영체제에서 아주 자주 발생하므로 가능한 효율적으로 구현해야 하며 이는 가능한 적은 자료들을 주 기억 장소로 옮겨야 함을 의미
2) 스택 중심(Stack-Oriented) 기계에서는 스택 포인터 레지스터를 변경함으로써 효율적으로 프로세스 간의 문맥교환을 수행할 수 있음
3) 최근의 많은 운영체제는 효율적인 문맥교환을 위해 특별한 프로세스 구성 기법인 스레드(Thread)를 이용하고 있음
4) 스레드 중심 시스템에서는 프로세스는 스레드의 실행을 위한 환경이 되고, 스레드는 독립적 프로세스 스케줄링의 최소단위로서 프로세스 역할을 담당함

Context Switching을 발생시키는 신호를 인터럽트라고 한다. Context Switching을 알려면 인터럽트 역시 알고 있어야 하므로 인터럽트에 대해 더 알아보자.

■ 인터럽트
- 컴퓨터의 제어를 현 상태로 부터 특수한 사건이나 환경으로 보내는 특별한 제어신호
- 프로그램 제어신호를 보낸 원인에 해당하는 특수 서브루틴

1. 처리방식
- 인터럽트가 발생하면 현재 수행 중인 프로그램 처리는 일시 중단되고 제어권이 제어 프로그램으로 넘어간다.
- 제어 프로그램 중에 준비된 인터럽트 처리 루틴과 인터럽트 서비스 루틴이 처리된다.
- 이 루틴들의 처리가 끝나면 시스템은 인터럽트가 발생하기 이전의 상태로 돌아가서 먼저 실행하던 처리 프로그램의 실행을 다시 시작

2. 발생원인

구분	원인	설명
외부 인터럽트	컴퓨터 자체 내의 기계적인 문제	정전, 자료 전달과정의 오류, Timing Device에 의해 인터럽트 유발
	컴퓨터 관리자의 의도적인 중단	Power Off, 작업 취소
	컴퓨터 주변 장치의 작동	속도가 빠른 Memory 상의 수행 도중에 속도가 낮은 Key Board, Mouse 등 주변장치의 입출력 요구
내부 인터럽트 (트랩이라고도 함)	프로그램상의 문제	보호된 Memory에 접근시도, 불법적인 Instruction 실행(Overflow, Stack Overflow, Devide By Zero 등)

3. 처리프로세스
인터럽트는 H/W적인 동작과 S/W적인 처리상태로 구분된다.

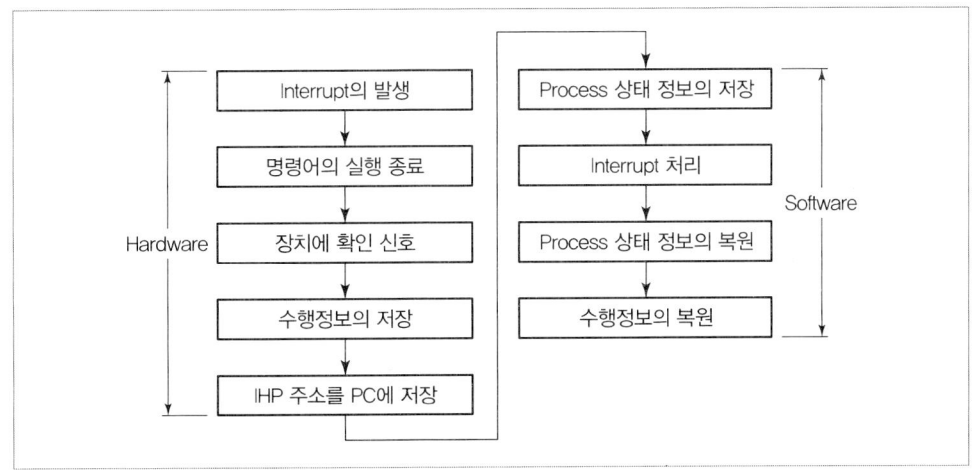

H/W 부분은 Computer Architecture에서 실제 전기적 신호와 메모리 등의 H/W에서 진행되는 부분이며 S/W 부분은 프로세스의 상태를 변경시키는 부분이다.

4. 인터럽트 종류

종류	설명
기계 검사 인터럽트 (machine check interrupt)	프로그램을 수행하는 도중에 기계의 착오로 인하여 생기는 인터럽트
외부 인터럽트 (external interrupt)	외부의 신호에 의하여 발생하는 인터럽트
I/O 인터럽트 (I/O interrupt)	입출력의 종료나 입출력의 오류에 의해 생기는 인터럽트
프로그램 검사 인터럽트 (program check interrupt)	연산기에서 0으로 나누는 경우라든가 명령 코드를 잘못 사용한 경우와 같이 프로그램의 오류에 의해 생기는 인터럽트
감시 프로그램 호출 인터럽트 (supervisor call interrupt)	프로그램 내부에서 특정한 요구를 하는 경우에 생기는 인터럽트

5. 인터럽트 요청장치 판별방법

여러 장치에서 인터럽트가 동시에 들어오기 때문에 어떤 장치에서 요청이 들어왔고 어떤 장치에 우선순위를 두고서 처리할 것인지에 대한 처리 메커니즘이 필요함
(I/O 처리방식 중 인터럽트 Driven I/O 처리방식 참고)

가. 소프트웨어에 의한 판별
- 폴링(Polling) : 명령어 중에 입출력장치의 인터럽트 요청 신호 플래그를 테스트하는 것이 있어서, 이 명령어를 각 디바이스에 대하여 실행시킴으로써 요청장치를 판별하는 방식
- 폴링방식의 특징 : DONE 플래그를 검사할 CPU 명령어가 필요하다. 응답시간이 길다. 프로그램에 의해서 우선순위 조종 가능. 인터럽트 취급 루틴의 실행 전에 IR과 DONE을 0 세팅(만약 그렇지 않으면 계속 인터럽트를 요청하게 된다.)

나. 하드웨어에 의한 방법
- Vectored 인터럽트 방식 : CPU와 인터럽트를 요청할 수 있는 장치 사이에 장치 번호 버스(Device code bus)를 설치하여 이를 CPU에 알리는 방법

다. 인터럽트 방법별 장단점

인터럽트 방법	특징 및 장단점
폴링 (Polling)	• SW적으로 우선순위가 높은 인터럽트를 알아내는 방법 • 장점 : 융통성 있음, 별도의 HW 불필요로 경제적 • 단점 : 반응속도가 느림
데이지 체인 (Daisy-Chain)	• 인터럽트 라인을 직렬로 연결하는 방법으로서 우선순위가 가장 높은 장치를 선두로 하여 우선순위에 따라 연결하는 방식 • HW적인 방식
병렬처리순위 Vectored Interrupt (HW적인 방식)	• 각 장치의 인터럽트 요청에 따라 각 비트가 개별적으로 세트될 수 있는 레지스터를 사용하며, 우선순위는 이 레지스터의 비트의 위치에 따라 결정 • 각 인터럽트 요청 상태를 조절할 수 있는 마스크(Mask) 레지스터 이용 • 장점 : 장치 판별 과정이 간단해서 반응속도가 빠름 • 단점 : 추가적인 하드웨어 필요로 비경제적

6. 인터럽트 중첩

- 인터럽트 처리 루틴을 실행하는 중에 새로운 인터럽트가 발생하는 경우에 처리방법
- 긴 인터럽트 : 수행 시간이 긴 인터럽트의 경우에, 중첩 허용 필요
- 치명적인 인터럽트 : 시스템 수행에 치명적인 경우에는, 무조건 수행 필요(중첩 불허)

가. 인터럽트 중첩의 처리과정

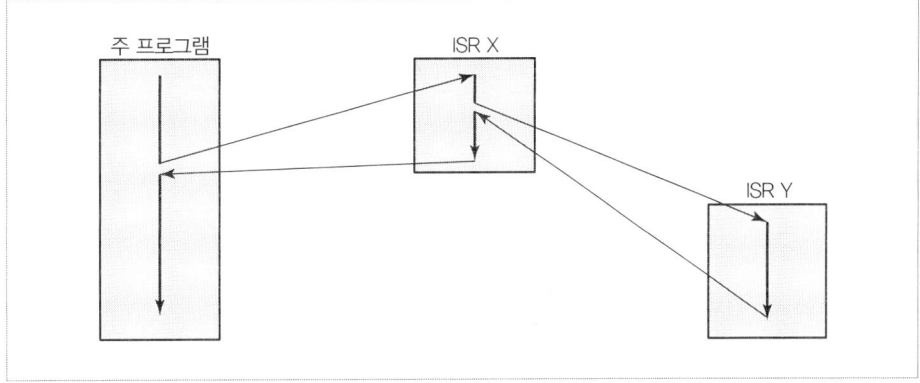

- 장치 X를 위한 ISR X를 처리하는 도중에 우선순위가 더 높은 장치 Y로부터 인터럽트 요구가 들어와서 먼저 처리되는 경우에 대한 제어의 흐름
- 인터럽트 중첩이 발생하면 무시하거나 우선순위를 기반으로 처리 수행

나. 인터럽트 중첩의 처리방법

구분	설명
Interrupt Pending	• 이전 인터럽트의 처리가 종료될 때까지 인터럽트 처리를 연기 • CPU가 인터럽트 서비스 루틴을 처리하고 있는 도중에는 새로운 인터럽트 요구가 들어오더라도 CPU가 인터럽트 사이클을 수행하지 않도록 방지
Priority-based Preemption	• 인터럽트의 우선순위를 정하고, 우선순위가 낮은 인터럽트가 처리되고 있는 동안에 우선순위가 더 높은 인터럽트가 들어오면 현재의 인터럽트 서비스 루틴의 수행을 중단하고 새로운 인터럽트를 처리

다. 중첩 처리 시 조건

구분	설명	비고
우선순위	처리 중인 인터럽트와 발생한 인터럽트 간의 우선순위 비교	관련 비트를 마스킹(masking)하여, 낮은 우선순위의 인터럽트 발생은 무시함
ISR 스택	인터럽트의 중첩된 처리를 위한 ISR 전용 스택(User 스택과 구분됨)	ISR 스택 상황에 따라, 더 이상의 인터럽트 중첩의 처리가 불가능할 수도 있음
허용 플래그	CPU 내에서 인터럽트를 허용(enable) 또는 불허(disable)하는 플래그 설정	❗ context 저장/복원 과정에서는 다른 인터럽트 처리가 불허됨

SECTION 06. 커널 관리

> **CHAPTER 02** 프로세스 관리

핵심 요약(Key point summary)

1 커널의 개요

가. 커널의 정의
- 운영체제에서 가장 기본적이고 중요한 프로그램, Interrupt나 System Call에 의해 호출
- 커널은 Supervisor mode로 실행되고 다른 process들은 User Mode로 실행됨

나. 커널의 기능
- 사용자, Application이 H/W를 조정하고 관련 인터페이스를 제공하는 역할 수행
- 메모리, Communication, 프로세스, 스레드, Supervisor 관리기능 등을 수행함

2 마이크로 커널 및 모놀리틱 커널

가. 마이크로 커널 및 모놀리틱 커널의 개념

구분	개념
마이크로 커널	• 커널이 가져야 하는 핵심적인 기능만을 구현한 최소 커널 • 핵심기능(프로세스/Memory 관리)만을 커널에 구현하고, 나머지 기능은 독립적인 서비스 모듈로 구현하여 제공하는 운영체제 구조 • 기존 monolithic kernel의 많은 기능을 독립적인 모듈로 분리하여 크기 및 기능을 극소화한 커널
모놀리틱 커널	• 커널 안에 OS에서 필요한 모든 것들이 포함되어 있다. • 운영체제 모든 기능을 구현하여 커널의 크기가 비대한 커널임

나. 마이크로 커널의 아키텍처 구조 및 모놀리틱 커널과의 비교

1) 마이크로 커널의 아키텍처 구조

Process Manager		
Thread Manager	Communication Manager	Memory Manager
Supervisor		

- Process/Thread Manager는 프로세스/스레드 스케줄링 시에 Context Switch 지원/관리

구조	설명
Process Manager	프로세스 생성과 저수준의 동작 처리
Thread Manager	Thread 생성, 동기화, 스케줄링 관리
Communication Manager	Thread 간 통신 관리
Memory Manager	물리적인 메모리 지원 및 CaChe, 가상 메모리 관리
Supervisor	Interrupt, System Call, Trap 및 기타 예외 상황 관리

모놀리틱 커널은 마이크로 커널의 기능을 포함하고 확장된 기능을 포함하는 커널임

2) 마이크로 커널과 모놀리틱 커널의 비교

Monolithic		Microkernel	
User Space	Applications	User Space	Applications
	Libraries		Libraries
Kernel	File Systems		File Systems / Process Server / Pager / Drivers / ...
	Interprocess Communication	Kernel	Microkernel
	I/O and Device Managment		
	Fundamental Process Managment		
Hardware		Hardware	

컴 퓨 터 구 조 및 운 영 체 제 해 설

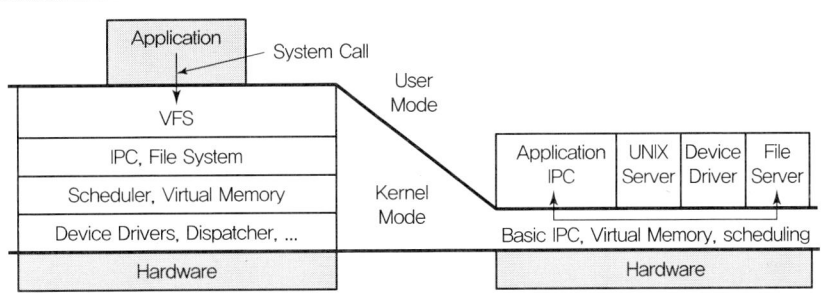

- monolithic kernel에서는 시스템 콜을 통해 OS의 기능에 접근하는 반면 microkernel에서는 peer 기반 하의 IPC를 통해 이루어지며 user mode에서 동작하는 service 간 통신 역시 IPC를 통해 동작

■ 특징	■ 특징
• 커널 크기 비대	• 커널 크기 최소화
• 운영체제의 모든 기능 구현	• 운영체제의 최소 기능만 구현
■ 장점	■ 장점
• 파일시스템, 네트워크 프로토콜 스택, 표준 유닉스 인터페이스 등 모든 OS 상부기능 포함	• 하드웨어 종속성 최소화로 우수한 확장성 및 이식성
• 사용 용이성(OS 구조에 대한 사용자 투명성)	• 커널 운용시 메모리 자원 소모 최적화 기능
■ 단점	■ 단점
• 불필요한 OS 모든 기능도 함께 로딩되어 메모리 소모 과다	• 커널과 서비스 모듈 간의 자료 교환을 위한 잦은 Context Switch의 오버헤드로 인한 성능 저하
• H/W 종속성으로 인해 확장성 및 이식성 제한	• 원활한 활용을 위한 OS 구조에 대한 지식 필요

3 모놀리틱 커널 및 마이크로 커널의 단점 극복을 위한 하이브리드 커널

가. 커널 개념도 간 비교

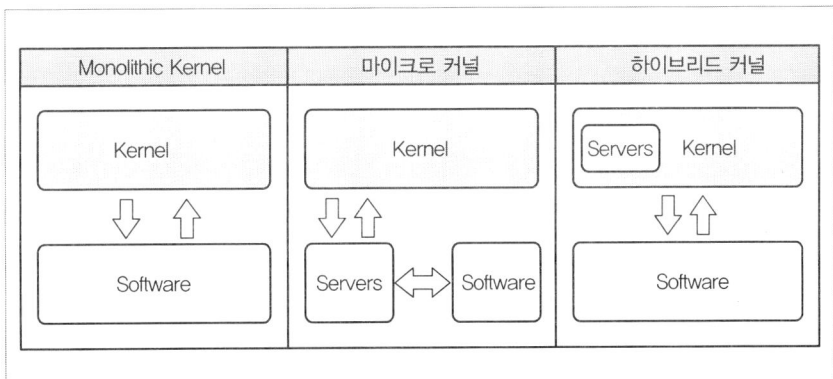

> - Software : User Application
> - Servers : Kernel 및 User Application에 독립적인 서비스 모듈
>
> ### 나. 상용 운영체제로서의 하이브리드 커널
> - 마이크로 커널의 구조적 성능저하 현상으로 인하여, 상용 운영체제에서 사용이 곤란
> - Monolithic Kernel의 사용자 편이성과 마이크로 커널의 확장/이식성의 장점을 모두 수용하고자 함
> - 유닉스는 전통적으로 Monolithic Kernel 구조였으나, 현재 대부분의 상용유닉스 운영체제에 동적 설정 가능 커널 패러미터와 모듈의 개수가 증가하는 추세이며, 이는 마이크로 커널의 "동적 재구성 가능" 특성을 수용하는 것임
> - 마이크로 커널 구조는 현재 열악한 하드웨어 자원을 보유한 임베디드 실시간 운영체제에서 사용 중임

현재 우리가 사용하는 운영체제는 여러 부분으로 구성되어 있다.

운영체제 자체가 하나의 커다란 SP(Service Provider) 역할을 하고 있지만, 그 중에서도 가장 기본적인 역할과 핵심 기능을 하는 부분을 커널(kernel)이라고 부른다.

운영체제의 많은 기본 컨셉들은 여러 단계와 레이어에 걸쳐 구현되어 있는데, 커널은 하드웨어와 다른 운영체제의 부분 사이에서 중재자 역할을 하는 부분이라고 생각하면 된다.

운영체제의 디자인이 다르듯이 커널의 형태도 커널의 디자인 원칙에 따라 다른 형태의 모습을 가지게 된다.

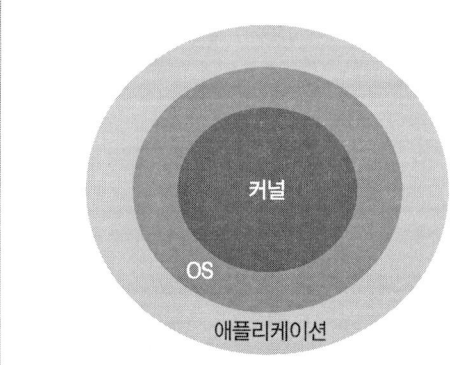

커널은 운영체제의 역할 중에서 가장 핵심이 되는 역할을 수행한다. 운영체제의 디자인 컨셉트에 따라 커널은 여러 형태의 모습을 띤다.

커널이 실제로 하는 일은 하드웨어 자원을 운영체제의 여러 서비스들에게 잘 분배해 줄 수 있도록 하는 것이다. 운영체제의 서비스들이란 앞에서 말한 것과 같은 여러 종류의 기본 컨셉들을 의미한다. 커널의 형태에 따라서 모든 기능들이 커널에 들어가 있는 종류의 커널도 있고 많은 기능이 운영체제와 그 밖의 부분으로 빠져나와 있는 형태의 커널도 있다.

커널의 기능을 최소화하고, 가장 핵심적인 기능만을 모아 놓은 구조를 마이크로 커널(micro kernel) 구조라고 하고, 커널이 운영체제가 관장하는 모든 서비스들을 가지고 있는 구조를 모놀리틱 커널(monolithic kernel) 구조라고 한다. 커널의 디자인에서 크게 분류하는 요소 중 하나는 기능적인 측면이다. 운영체제라는 큰 서비스 제공자가 제공하는 모든 기능을 커널에서 제공할 수도 있고, 경우에 따라서는 운영체제의 요소요소 간 통신에 필요한 중재자 역할만을 제공할 수도 있다. 운영체제의 디자인은 아래 그림에서 보는 바와 같이 운영체제와 커널의 형태마다 다른 형태로 존재한다.

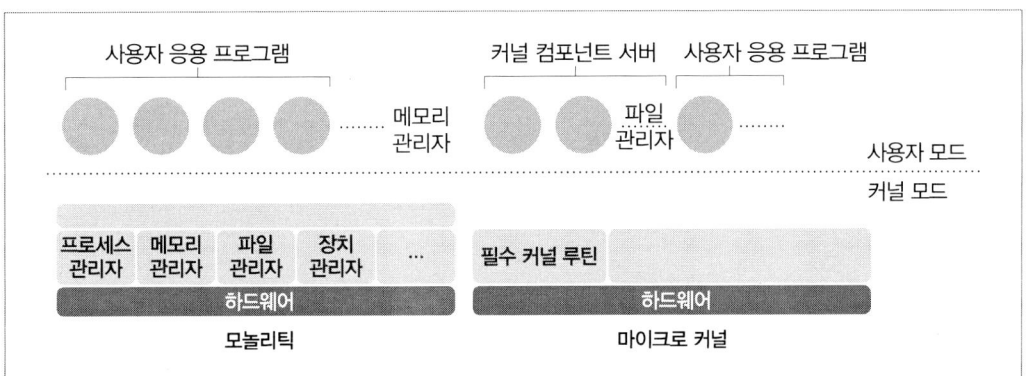

마이크로 커널의 경우 커널의 컴포넌트 서버를 사용자 모드에서 실행하고, 필수 커널 루틴만을 코어 커널이 가지고 있다. 이에 반해 모놀리틱 커널은 여러 운영체제 서브 시스템들이 하나의 큰 커널 안에 뭉뚱그려져 들어 있으며 사용자 운영 프로그램과 함께 동작한다.

커널은 왜 작게 만들어야 하는가에 대한 많은 논란들은 소프트웨어 공학에서 출발한다. 소프트웨어 공학적 측면에서 마이크로 커널은 중요한 의미를 갖는데, 1960년대 이후 제기되어 온 소프트웨어 위기에 대한 논의는 운영체제 쪽에도 같은 방식의 발상의 전환을 가져오게 되었다.

운영체제의 성능이나 기능 구현의 주요한 발전은 하드웨어 발전의 추세에 따라 여러 다양한 형태의 운영체제 개선방안을 가져왔고, 여기에 새로운 메커니즘과 최적화된 알고리즘들이 등장함에 따라 개선된 운영체제가 등장하게 되었다. 운영체제의 개선은 모든 관련된 부분의 수정을 의미한다. 운영체제 전체가 하나의 큰 서비스를 제공하는 블랙박스라면 실제 개발자의 입장에서는 여러 사람의 노력으로 만들어진 코드 전체를 이해할 수 없는 상황이 발생하게 된다. 자신이 개선하는 부분으로 인해 시스템에 어떤 영향을 미치게 될 것인지 정확히 알지 못하는 상황에서 여러 개발자의 산발적인 개선은 운영체제 코드를 이해할 수 없는 수준으로 만들기도 한다.

또한 새로운 운영체제의 등장이나 개선된 운영체제의 등장은 사용자들에게도 그리 달가운 일이 아니다. 새로운 운영체제의 등장은 기존의 운영체제에 수정을 요구하는 것을 의미하기 때문이다. 컴퓨터 시스템에서 응용 프로그램들에 기본적인 서비스를 제공하는 운영체제는 성능뿐만 아니라 안정성도 큰 평가 요소이다.

더욱이 응용 프로그램의 개선이 요구되는 경우 응용 프로그램 사용자는 새로운 응용 프로그램을 확보해야 함은 물론이고, 응용 프로그램 개발자 역시 모든 시스템에 대한 확인작업을 일일이 거쳐야 하는 것을 의미하므로 엄청난 시간과 노력이 필요하게 되는 것이다.

마이크로 커널은 운영체제의 디자인에 있어서 중요한 의미를 가진다.
초기의 마이크로 커널들이 앞에서 언급한 이유로 운영체제와 커널 사이의 인터페이스를 구분하고, 커널을 작게 만드는 것이 유리하다는 논의가 진행되면서 커널과 운영체제 서비스들 간의 구분을 점점 크게 하면서 flexibility에 대한 고려도 하게 되었다.

커널이 핵심적인 자원 관리와 스케줄링 역할만을 수행하도록 하면 운영체제는 항상 고정적이 아니라 응용 프로그램이나 사용자의 요구에 맞게 다이내믹한 설정을 가질 수 있도록 설계가 가능하게 된다. MIT에서 개발한 대표적인 마이크로 커널인 exokernel의 경우 애플리케이션에 specific한 운영체제 환경을 구축하도록 설계되었다. 물론 exokernel은 여러 단점을 가지고 있지만 커널의 역할이 운영체제의 역할과 구분되면서 운영체제가 다양한 원칙들을 가지고 시스템 자원을 활용할 수 있도록 구성할 수 있기 때문이다.

CHAPTER **03** 입출력시스템

SECTION 01 | Application 입출력 인터페이스
SECTION 02 | Application과 커널 간 통신방법

SECTION 01. Application 입출력 인터페이스

> **CHAPTER 03 입출력시스템**

핵심 요약(Key point summary)

이번 장에서는 앞장에서 설명한 입출력 시스템[폴링, 인터럽트 드리븐, DMA, I/O Processor(channel)]을 제외한 I/O 시스템(Application I/O 인터페이스, 커널 I/O Subsystem)에 대해 알아보자.

Application I/O 인터페이스

1 Application I/O 인터페이스의 개념

- 모든 입출력장치들이 일관된 방법으로 다루어질 수 있도록 운영체제가 인터페이스를 구성하는 기술
- 예들 들면 응용 프로그램은 디스크가 무슨 종류인지 알 필요 없이 그 디스크에 있는 파일을 오픈할 수 있고 새로운 디스크가 나오면 기존 운영체제에 혼란을 주지 않고도 이를 쉽게 추가 가능하게 하는 기술
- 다른 복잡한 소프트웨어 엔지니어링 문제와 같이 여기서도 추상화와 캡슐화, 소프트웨어 계층화를 사용한다.
- 공통적인 특징을 가진 입/출력 장치들을 패키지화하여 그 장치들을 액세스하기 위해 필요한 표준함수들을 정의한다. 이러한 표준함수들의 집합을 '인터페이스'라고 부른다.
- '장치드라이버'라고 부르는 커널 내의 모듈들은 각 입/출력장치를 위한 구체적인 코딩을 하여 바로 위에서 정의한 '인터페이스'의 표준 함수들을 내부적으로 수행한다.
- 장치드라이버의 목적은 여러 입/출력 하드웨어 간의 차이를 숨기고 이들을 간단한 표준 인터페이스들로 보이도록 포장시켜서 이것을 상위의 커널 입/출력부 시스템에게 제공한다.

2 Application I/O 인터페이스 계층도

커널				
커널 입/출력 서브 시스템				
SCSI 장치 드라이버	키보드 장치 드라이버	마우스 장치 드라이버	....	PCI 버스 장치 드라이버
SCSI 장치 제어기	키보드 장치 제어기	마우스 장치 제어기	....	PCI 버스 장치 제어기
↕	↕	↕	↕	↕
SCSI 장치들	키보드	마우스	....	PCI 버스

커널의 입/출력 관련 부분들이 소프트웨어 계층에서 구조화가 어떻게 되는지 보여준다. 즉 장치제어기가 I/O 장치들의 제어하는데, 결국 이를 운영체제와 분리시켜 운영체제의 변경사항이 없도록 하기 위해 드라이버를 사용하고 이 드라이버들은 결국 표준함수들의 집합인 인터페이스의 표준함수들을 내부적으로 수행한다.

즉 Application I/O 인터페이스는 I/O 장치가 변경되더라도 운영체제의 코드를 변경시키지 않고 자유롭게 사용하기 위해 사용한다.

커널 입/출력 서브시스템

1 커널 입/출력 서브시스템의 개념

- I/O 장치 및 그 제어 기법의 다양성 해결을 위한 서브 시스템 제공
- device drivers로 캡슐화(encapsulation)하여 일관된 I/O 서브 시스템 제공
- 입/출력 서브시스템이 컴퓨터 효율성을 증진시키는 방법 중의 하나는 입/출력 스케줄링이고 또 다른 방법은 버퍼링, 캐싱, 스풀링 등처럼 메모리나 디스크의 기억장소를 이용하는 방법이다.

2 커널 입/출력 서브시스템의 서비스 종류

서비스 종류	설명
I/O 스케줄링	• 일련의 입/출력 요구를 스케줄한다는 것은 그 요구를 실행할 순서를 결정하는 것을 의미한다. • 스케줄링은 전반적인 시스템 성능을 향상시키고 프로세스들 사이에 공평을 기해 줄 수 있다. • 입/출력을 위한 평균대기시간을 줄일 수 있다.
버퍼링	• 입출력장치와 응용 프로그램 사이에 데이터가 전송되는 동안 그 데이터를 임시로 저장시키는 메모리 영역을 말한다. • 데이터의 생산자와 소비자 사이에 속도가 다른 것에 대처하기 위함이다. • 서로 다른 장치들 사이에 사용되는 데이터 전송 크기 간의 차이를 극복하기 위함이다. • 응용 프로그램의 입/출력 복제 시멘틱을 위함이다.
캐싱	• 캐시는 자주 사용될 자료를 복사해와 저장시키는 빠른 메모리 영역이다. • 캐시된 복사본을 사용하면 원래 자료를 사용하는 것보다 효율적이다. • 버퍼는 그 데이터를 가지고 있는 유일한 장소인 반면, 캐시는 다른 곳에 이미 저장되어 있는 데이터의 복사본을 빠른 기억 장소에도 한 부 더 저장시키고 있다는 점이 차이점이다. • 캐싱과 버퍼링은 두 가지 서로 다른 기능이지만 때로는 한 메모리 영역이 두 가지 목적 모두를 위해 사용될 수도 있다.
스풀링 및 장치 예약	• 스풀은 인터리브(interleave)하게 동작될 수 없는 프린터 같은 장치를 위해 출력 데이터를 보관하는 버퍼이다. • 스풀링 시스템은 큐된 스풀파일을 한 번에 하나씩 프린터에 보낸다. 어느 운영체제에서는 스풀링은 시스템 데몬 프로세스에 의해 관리된다.
에러처리	보호 메모리를 사용하는 운영체제는 많은 종류의 하드웨어 및 응용 프로그램 에러에 대처할 수 있으며 그러한 에러가 일어나도 시스템 전체의 마비까지 확대시키지는 않는다.

SECTION 02. Application과 커널 간 통신방법

핵심 요약(Key point summary)

POSIX I/O 모델

I/O 모델은
- 운영체제에서 업무 수행은 명령에 대한 입력과 그에 대한 응답을 출력하는 형태로 이루어짐
- I/O 처리는 크게 데이터가 도착하기를 기다리는 단계와 커널의 데이터를 프로세스로 복사하는 단계로 구분할 수 있는데, 각 단계를 어떻게 처리하느냐에 따라 다양한 I/O 모델이 존재
- 이식가능 운영체제의 공통적 API를 정의한 표준이 POSIX에서는 5가지 I/O 모델유형을 제시함
- Application과 커널과의 통신(I/O) 방식을 의미한다.

1 Non Blocked I/모델

가. Non Blocked I/O의 정의

I/O 시스템콜을 요청한 프로세스는 데이터 준비 시까지 에러메시지를 수신하며 폴링하다가 데이터가 도착하면 I/O를 수행하는 모델

나. Non Block I/O 동작도

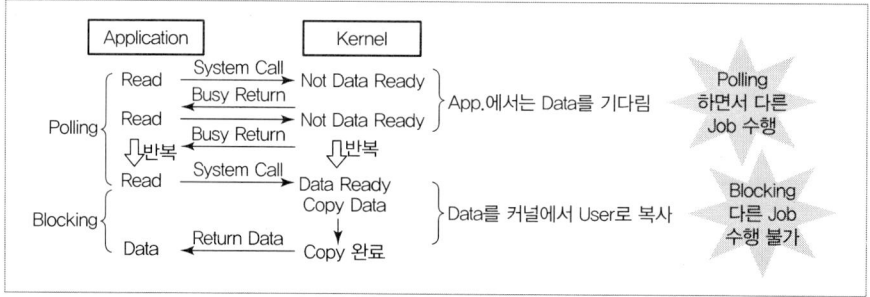

절차	설명
Read 시스템 Call 호출	파일로부터 Data를 읽기 위해 호출
Data 유무 확인 후 Return	호출 후 읽을 데이터가 없다면 데이터가 준비될 때까지 기다리지 않고 Data가 없음을 통보하면서 Return
Data 재확인	특정업무를 수행하고 나서 다시 Data가 준비되었는지 확인
반복	Data가 준비될 때까지 반복
Return Data	읽을 Data가 있으면 Data를 리턴함

다. Non Blocked I/O의 장단점 및 활용사례

[장점] : 블록되지 않으므로 다른 작업 수행가능, 멀티스레드 사용하지 않고 여러 입출력 처리, 많은 수의 작업 수행 시 디버그 용이

[단점] : 입력을 받아들이기 위해 polling을 해야 함. 즉 busy Waiting 상태에 놓이게 되고 이는 시스템 효율저하 및 복잡한 코드 진행하게 됨

[활용사례] : 병행서버(여러 클라이언트 병렬처리)

2 Blocked I/O 모델

가. Blocked I/O의 정의

I/O 시스템콜을 요청한 프로세스가 데이터가 준비되고 커널에서 프로세스 버퍼로 복사될 때까지 대기하는(리턴되지 않는) I/O 모델

나. Blocked I/O 동작도

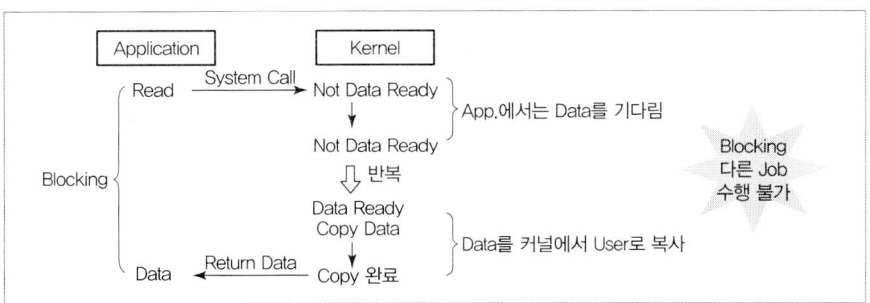

절차	설명
Read 시스템 Call 호출	파일로부터 Data를 읽기 위해 호출
Data 확인	읽을 데이터가 준비되지 않았다면 읽을 데이터가 준비될 때까지 해당 영역에서 기다림
Return Data	데이터가 준비되면 커널은 데이터를 복사하고 복사가 완료되면 데이터와 함께 Return

다. Blocked I/O의 장단점 및 활용사례

1) 장점
- 시스템 자원 소모가 적음
- 단순하고 적은 수의 작업 수행 시 고성능
- 이해하기 쉬운 직선적 코드 진행

2) 단점
- 하나의 I/O 작업이 길어지면 대기시간 지연
- 많은 작업 수행 시 디버그 어려움

3) 활용사례
- I/O 작업 시 일반적으로 사용되는 모델
- 반복서버(접속한 클라이언트 하나씩 처리)

3 I/O Multiplexing(Select and Poll) 모델

가. I/O Multiplexing(Select and Poll)의 개념
- 봉쇄(Blocked)/비봉쇄(None blocked) 모델에서는 입출력이 단일한 경우에 사용하지만 2개 이상의 파일로 동시에 읽거나 혹은 여러 개의 소켓지정번호로부터 데이터를 읽어야 할 경우에 처리하기 위한 I/O 모델
- 네트워크 프로그램이나 Interactive한 프로그램을 만들 경우 동시에 여러 개의 입력을 처리해야 할 경우 입출력 다중화 모델을 이용하여 쉽게 구현 가능함
- 여러 개의 Socket들 중 하나라도 읽을 수 있게 될 때까지 Bloack된다. 읽을 수 있게 되면(data 도착) I/O 요청하고 끝날 때까지 Lock

나. I/O Multiplexing의 동작도

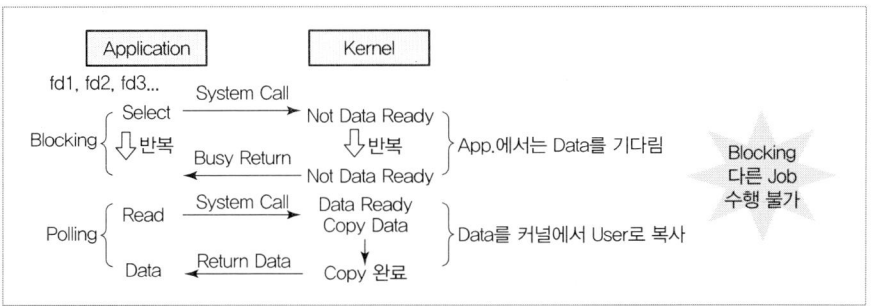

절차	설명
데이터 확인	커널을 여러 개의 파일 지시자 fd1, fd2, fd3에서 데이터가 있는지 확인하면서 해당영역에서 봉쇄된다.
데이터 Return	어느 하나의 파일 지시자에 읽을 데이터가 준비된다면 곧바로 Return 된다.
데이터 Read 및 작업	사용자는 어느 파일 지시자에 읽을 데이터가 있는지 확인 후 데이터를 읽어 들여서 필요한 작업을 하게 된다.

리눅스, 유닉스에서 이러한 입출력 다중화를 위해서 Select와 poll 함수들을 제공하며 여러 개의 입출력을 동시에 다룰 수 있다.

4 Signal Driven I/O 모델

가. Signal Driven I/O 모델의 개념(인터립트와 비슷)

- 특정 소켓에서 I/O 변화가 발생했을 때 SIGIO 시그널을 발생시키고 이 시그널을 받은 응용 프로그램에서 필요한 작업을 수행한다.
- data가 도착할 때까지 봉쇄될 필요가 없으며 프로세스는 계속해서 수행가능하며 데이터가 읽혀졌다거나 데이터를 읽으라고 신호 처리기가 알려주기를 기다린다.

나. 동작도

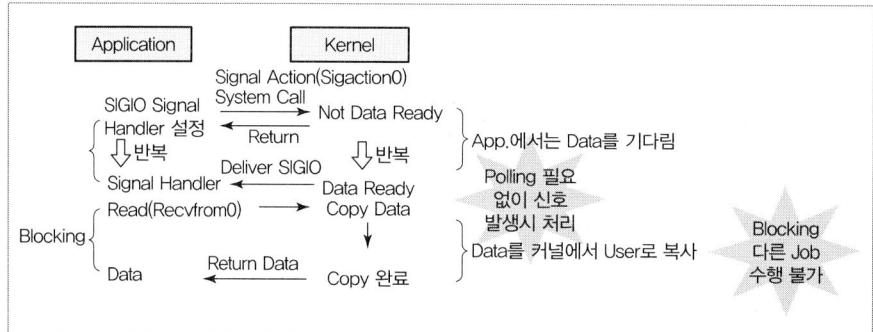

절차	설명
핸들러 등록	SIGIO의 시그널 핸들러를 등록 (sigaction( ) or signal( ) 함수를 사용)
프로세스 지속 실행	Data가 준비되는 동안 프로세스 실행을 지속
SIGIO 신호 전달	Data가 준비되면 SIGIO 신호가 프로세스에 전달되고 핸들러가 호출됨
recvfrom( ) 함수 호출	핸들러에 의해 recvfrom( ) 함수 호출
recvfrom( ) 함수 실행	recvfrom( ) 함수는 데이터를 Application에 전달

5 asynchronous I/O 모델

가. asynchronous I/O 모델의 개념

- 모든 I/O, 즉 데이터가 애플리케이션 버퍼에 복사된 후 시그널 발생
- 프로세스가 봉쇄(Blocked)되지 않는다. I/O가 완료되면 signal이 프로세스로 전달되어 해당 I/O 요청이 끝났음을 알려줌

나. asynchronous I/O 절차도

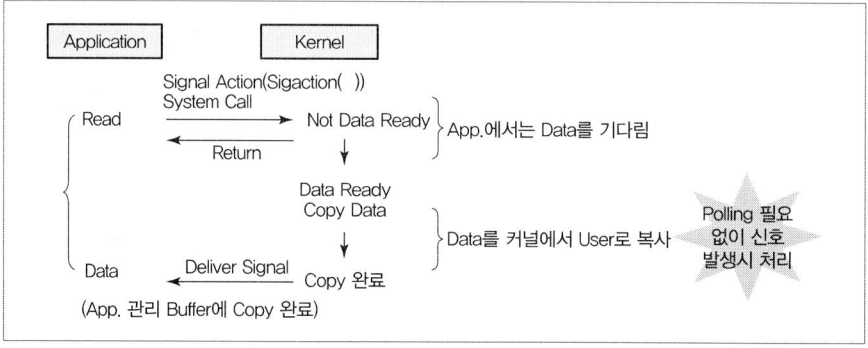

절차	설명
Data Read 요청	Application에서 커널에 sigaction( ) 함수를 통해 Data 요청
Data 준비	필요한 데이터가 없을 경우 커널에서 User로 복사 수행
Data 전송	Delivery Signal 을 통해 Application에 데이터 전송 완료

- Asynchronous I/O는 Signal을 이용해서 I/O 시그널이 오면 Handler에서 처리해주는 방식임
- Signal-driven I/O와 다른 점은 커널에서 작업을 다하고 통지만 해준다는 것임
- 반면에 Signal-driven I/O는 핸들러에서 I/O를 명시적으로 해줘야 함

Window 시스템 I/O 모델

I/O 모델	장점	단점	지원되는 OS
Select	UNIX 기반의 버클리 소켓에서 쓰던 것을 거의 그대로 구현했기 때문에 버클리 소켓을 사용했던 경험이 있다면 쉽게 접근가능, 이식성 좋음	윈속에서는 최적화되지 못해 좋은 성능을 내지 못하고 사용하기에 불편한 점이 있다.	거의 모든 Windows (윈속 1 이상)
WSAAsyncSelect	윈도우 메시지 기반의 모델이라서 처음 접하는 사용자도 쉽게 사용 가능	윈도우 메시지 기반으로 성능이 떨어지고 윈도우가 없는 서비스 프로그램 같은 곳에서는 사용할 수 없다.	거의 모든 Windows (윈속 1 이상)
WSAEventSelect	비교적 사용하기 쉽고 윈도우가 없어도 사용할 수 있다. 성능도 상당히 우수함	기본적으로 이벤트에 연결할 수 있는 클라이언트 수가 64개로 정해져 있고 스레드 사용하여 구현해야 성능이 좋다.	거의 모든 Windows (윈속 2 이상)
Overlapped I/O (Event)	EventSelect와 비슷하나 입출력 시에 Overlapped I/O라는 것을 사용해 성능을 높였음	EventSelect의 문제점을 그대로 가지고 있고 Overlapped I/O에 대한 작업 결과를 확인해야 한다.	거의 모든 Windows (윈속 2 이상)
Overlapped I/O (Call back)	Overlapped I/O Event 모델의 단점이었던 이벤트 64개에 대한 클라이언트 수의 제한이 없다. Overlapped I/O에 대한 결과를 얻기 위해 따로 함수 호출을 할 필요가 없다.	수백 수천 클라이언트를 감당하기에는 무리가 있고 Callback 함수가 하는 일이 많다면 느려질 수 있다.	거의 모든 Windows (윈속 2 이상)

Completion port I/O (Non-Albertrable)	수백에서 수천 개의 클라이언트를 처리할 수 있으며 대규모 I/O 처리를 감당할 수 있다. Windows에서 최고의 성능을 낼 수 있는 모델이다.	기본적으로 알아야 할 사항이 많아 사용하기 어렵고 OS의 사양이 높아야 한다.	Windows NT4.0 SP3 이상
Completion port I/O (Albertrable)	Non-Albertrable에서 있던 사용자 스레드의 생성과 소멸을 관리하는 번거로움이 없고 작업의 완료에 대한 결과를 알기 위해 따로 함수를 호출하지 않아도 된다.	스레드를 작업량에 따라 OS가 늘렸다 줄였다 하기 때문에 성능이 많이 감소된다.	Windows NT4.0 SP3 이상

Memo

PART 03
응용

CHAPTER 01

병렬처리 컴퓨터기술

SECTION 01 | 병렬처리 컴퓨터의 개요
SECTION 02 | 멀티코어

SECTION 01 병렬처리 컴퓨터의 개요

CHAPTER 01 병렬처리 컴퓨터 기술

핵심 요약(Key point summary)

1 병렬처리 컴퓨터의 개요

가. 병렬처리의 정의

다수의 프로세서들이 여러 개의 프로그램들 혹은 한 프로그램의 분할된 부분들을 분담하여 동시에 처리하는 기술

나. 병렬처리를 위한 조건

- 많은 수의 프로세서들을 이용하여 하나의 시스템을 구성할 수 있도록 작고 저렴하며 고속인 프로세서들의 사용이 가능해야 함
- 한 프로그램을 여러 개의 작은 부분들로 분할하는 것이 가능해야 하며 분할된 부분들을 병렬로 처리한 결과가 전체 프로그램을 순차적으로 처리한 경우와 동일해야 한다.

※ 첫 번째 조건은 최근 VLSI의 집적도가 증가함에 따라 만족되고 있다.
※ 두 번째 조건은 분할성, 복잡성, 프로세서 간 통신 이라는 새로운 과제를 야기시킨다.

다. 병렬처리의 단위 및 그레인에 따른 분류

1) 병렬처리의 단위

단위	설명
작업 단위 (Job level)	독립적인 작업 프로그램(job program) 단위로 병렬처리 예 성적관리 프로그램/실험 데이터 처리 프로그램
태스크 단위 (Task level)	하나의 큰 job을 기능에 따라 분할한 작은 프로그램(태스크) 단위로 병렬처리 예 Robot 제어 프로그램 : 팔과 다리들을 제어하는 4개의 태스크들로 분할한 후, 병렬처리 프로세서들 간의 정보 교환 필요

프로세스 단위 (Process level)	태스크 프로그램을 더 작게 분할한 크기인 프로세스 레벨에서의 병렬처리
변수 단위 (Variable level)	독립적인 연산에 의해 계산될 수 있는 변수들 간의 병렬처리
비트 단위(Bit level)	가장 낮은 레벨의 병렬처리로서, 데이터 단어를 구성하고 있는 비트들에 대한 독립적 연산들을 병렬처리

2) 그레인에 따른 분류

분류	설명
미세 그레인 병렬성	• 프로그램을 가장 작은 단위로 분할 • 간단한 프로세서 구조 필요
중간 그레인 병렬성	• Fine-Grain과 Coarse-Grain의 중간형태 • 저렴하고 고속 연산이 가능한 구조
큰 그레인 병렬성	• 많은 계산을 필요로 하는 작업 단위의 병렬처리 • 고속 벡터 계산을 위한 파이프라인 ALU 필요 • 간단한 프로세서 구조 필요

그레인(Grain) : 프로그램 내에서 병렬처리가 가능한 부분을 추출하여 태스크로 만드는 기술. 즉 각 프로세서가 처리하여야 할 작업의 단위로서, 그레인의 크기에 따라 시스템의 성능과 크기가 결정된다. 이러한 병렬처리를 위한 병렬컴퓨터는 아래와 같이 분류한다.

2 병렬컴퓨터의 분류

가. Flynn의 분류

분류	설명
SISD	• Single Instruction stream Single Data stream • 한 번에 한 개씩의 명령어와 데이터를 순서대로 처리하는 단일 프로세서 시스템 • 성능 향상을 위한 프로세서 내부 구조 : 파이프라이닝(pipelining), 슈퍼스칼라(superscalar)

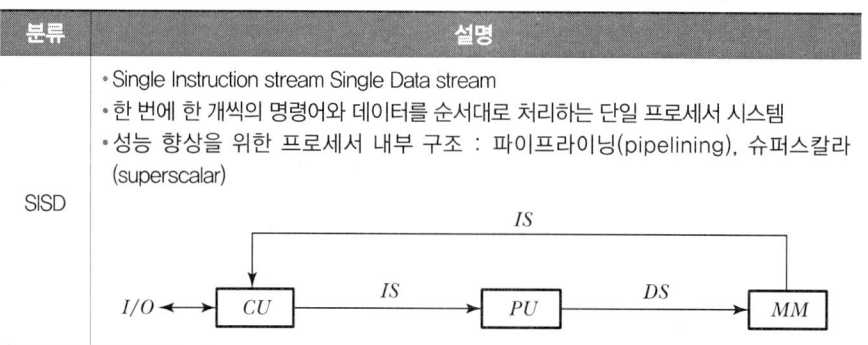

SIMD

- Single Instruction stream Multiple Data stream
- 하나의 명령어를 다수의 데이터들에 대하여 동시 실행
  → 다수의 데이터들에 대하여 동일한 연산 수행
- 배열 프로세서(Array processor)라고도 부름

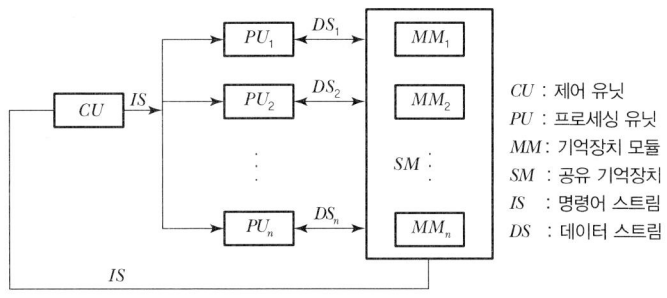

CU : 제어 유닛
PU : 프로세싱 유닛
MM : 기억장치 모듈
SM : 공유 기억장치
IS : 명령어 스트림
DS : 데이터 스트림

MISD

- Multiple Instruction stream Single Data stream
- 각 프로세서들은 서로 다른 명령어를 실행하지만, 처리되는 데이터들은 하나의 스트림
- 실제로 설계 및 구현된 사례는 없음

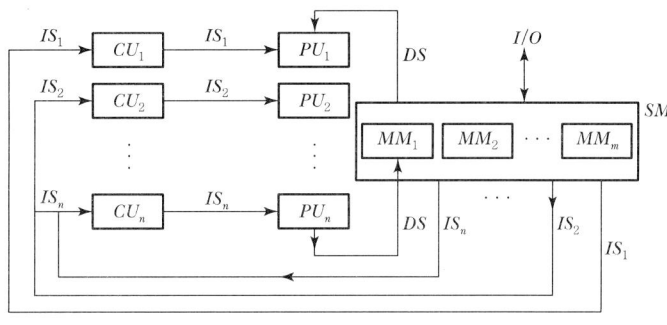

MIMD

- Multiple Instruction stream Multiple Data stream
- 다수의 프로세서들이 각각 다른 프로그램을 서로 다른 데이터들에 대하여 수행. 대부분의 병렬 컴퓨터들이 이 분류에 해당
  - 밀결합 시스템(tightly-coupled system) : 프로세서들이 공유 기억장치(shared memory)를 이용하여 데이터 교환
  - 소결합 시스템(loosely-coupled system) : 프로세서들이 메시지 전송(message passing)을 이용하여 데이터 교환

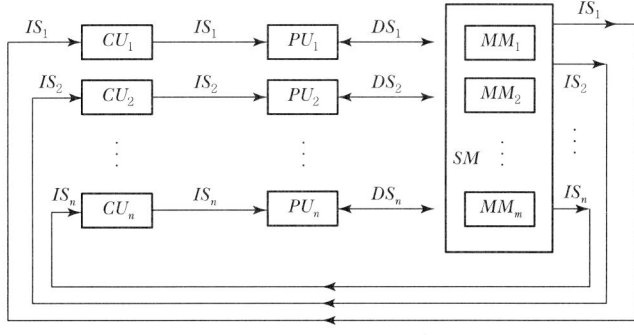

나. 기억장치 액세스에 의한 분류

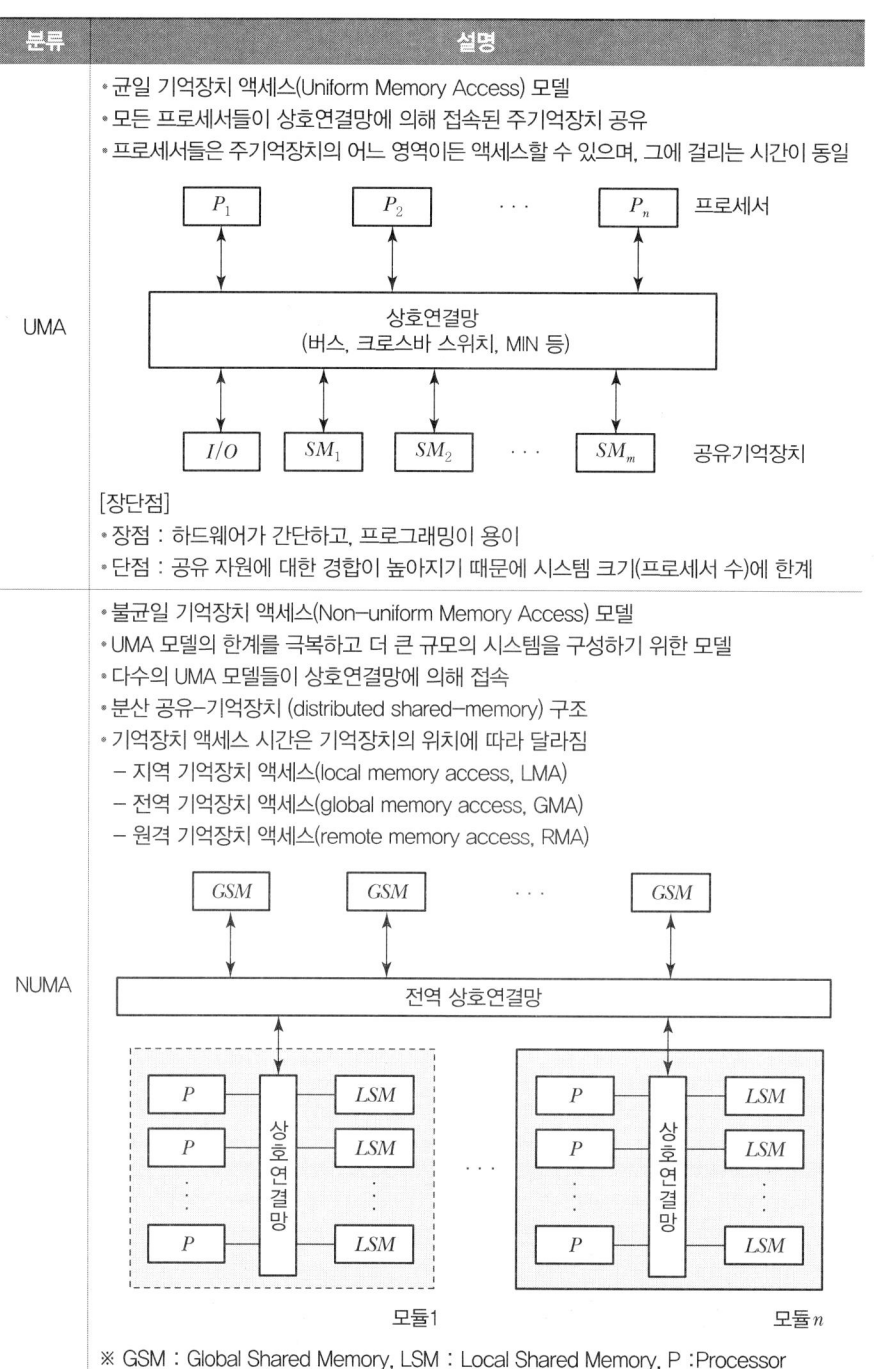

분류	설명
UMA	• 균일 기억장치 액세스(Uniform Memory Access) 모델 • 모든 프로세서들이 상호연결망에 의해 접속된 주기억장치 공유 • 프로세서들은 주기억장치의 어느 영역이든 액세스할 수 있으며, 그에 걸리는 시간이 동일 [장단점] • 장점 : 하드웨어가 간단하고, 프로그래밍이 용이 • 단점 : 공유 자원에 대한 경합이 높아지기 때문에 시스템 크기(프로세서 수)에 한계

NUMA	• 불균일 기억장치 액세스(Non-uniform Memory Access) 모델
	• UMA 모델의 한계를 극복하고 더 큰 규모의 시스템을 구성하기 위한 모델
	• 다수의 UMA 모델들이 상호연결망에 의해 접속
	• 분산 공유-기억장치 (distributed shared-memory) 구조
	• 기억장치 액세스 시간은 기억장치의 위치에 따라 달라짐
	  - 지역 기억장치 액세스(local memory access, LMA)
	  - 전역 기억장치 액세스(global memory access, GMA)
	  - 원격 기억장치 액세스(remote memory access, RMA)
	
	※ GSM : Global Shared Memory, LSM : Local Shared Memory, P : Processor

COMA
- 캐시-온리 기억장치 액세스(Cache-Only Memory Access) 모델
- 시스템 내에 기억장치가 존재하지 않음
- 각 프로세서가 가지고 있는 기억장치들이 모두 캐시로서 동작하며, 하나의 공통 주소 공간을 가짐
- 다른 캐시에 대한 액세스는 분산 캐시 디렉토리(distributed cache directory)에 의해 지원
- 초기에는 데이터들이 임의의 캐시에 저장되어 있으며, 실행 시간 동안에 그 데이터를 사용할 프로세서의 캐시로 이동

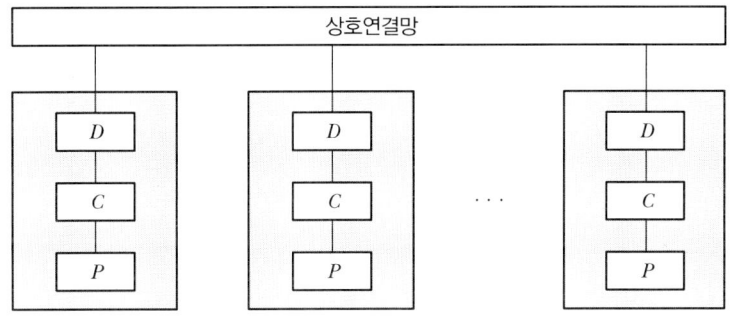

※ D : Dorectory, C : Cache, P : Processor

NORMA
- 무-원격 기억장치 액세스(No-Remote Memory Access) 모델
- 분산-기억장치 시스템(distributed-memory system)이라고도 부름
- 프로세서가 원격 기억장치(remote memory)는 직접 액세스할 수 없는 시스템 구조
- 프로세서들과 기억장치들은 메시지-전송(message-passing)을 지원하는 상호 연결망으로 접속
  - 주요 상호연결망 : 메시(mesh), 하이퍼큐브(hypercube), 토러스(torus) 등

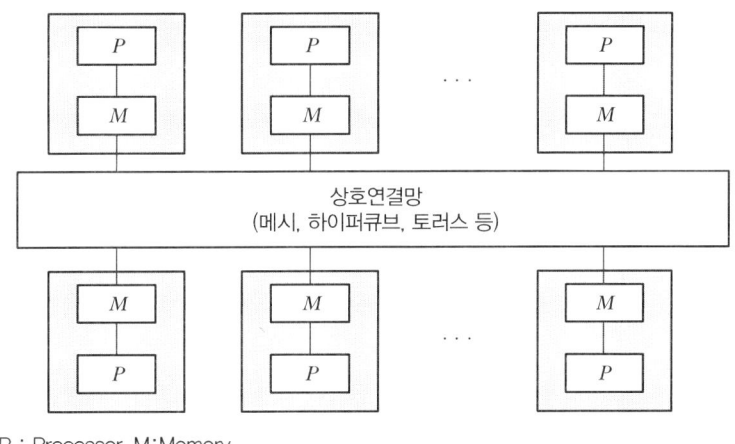

P : Processor, M:Memory

다. 구조적 특징에 의한 분류

분류	설명
파이프라인 컴퓨터 (Pipeline Computer)	시간적 병렬성(temporal parallelism)을 이용한 중첩계산(overlapped computation)을 수행하는 시스템
배열 프로세서 (Array Processor)	공간적 병렬성(spatial parallelism)을 실현하기 위하여 여러 개의 동기화된 프로세싱 유닛(processing unit)들로 구성되는 시스템
다중프로세서 시스템 (Multiprocessor System)	시스템 자원들(기억장치, I/O 장치)을 공유하는 여러 개의 프로세서들을 이용하여 비동기적 병렬성(asynchronous parallelism)을 실현하는 시스템

배열 프로세서와 다중프로세서의 차이점
- 프로그램 수행의 독립성
  - 배열 프로세서 : 모든 프로세서들이 동일한 프로그램을 동기적으로 수행
  - 다중 프로세서 시스템 : 각 프로세서들이 서로 다른 별도의 프로그램을 비동기적(독립적)으로 수행

라. 시스템 구성에 의한 분류

분류	설명

SMP	• 대칭적 다중프로세서(Symmetric Multiprocessor)
	• 완전 – 공유 구조(shared – everything architecture) : 프로세서들이 시스템 내의 모든 자원들을 공유
	• 시스템 내에 하나의 OS만 존재
	• 대칭적(symmetric)
	  – 모든 프로세서들이 필요 시 직접 OS 코드 수행
	  – 모든 프로세서들이 자원들을 동등한 권한으로 사용
	• 능력이 비슷한 프로세서들로 구성
	• 프로세서들이 기억장치와 I/O 장치들을 공유하며, 상호연결망에 의해 접속
	• 모든 프로세서들은 동등한 권한을 가지며, 같은 수준의 기능들을 수행
	• 프로세서 간 통신은 공유 – 기억장치를 이용
	• Job scheduling이 하나의 OS에 의해 통합적으로 이루어짐
	• 공유 자원에 대한 경합으로 인하여 시스템 크기에 한계

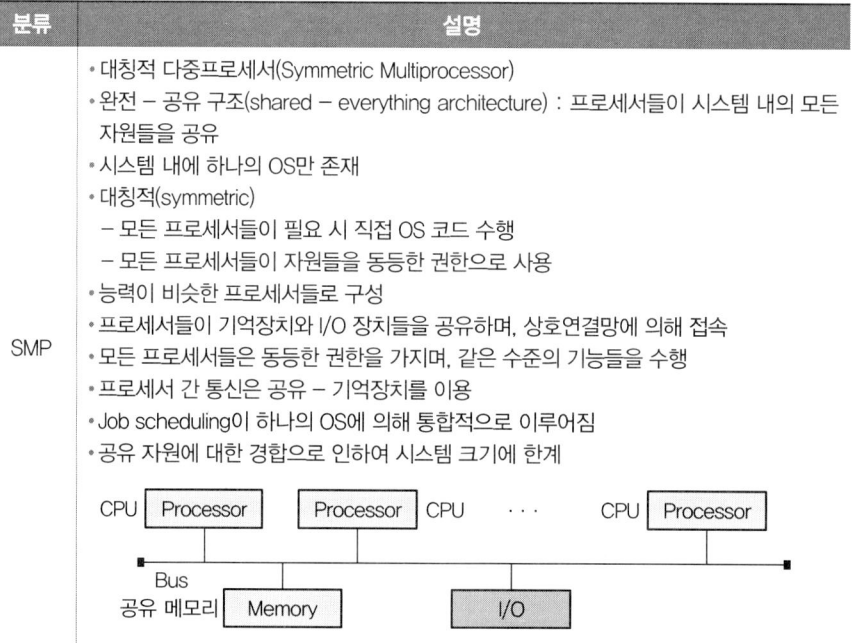

MPP	• 대규모 병렬프로세서(Massively Parallel Processor) • 무공유(shared - nothing) 구조를 기반으로 하는 대규모 병렬처리시스템 • 수백 혹은 수천 개의 프로세서로 구성 • 간단한 구조의 노드 프로세서 사용 • 마이크로 - 커널(micro - kernel) 수준의 노드 OS 탑재 • 노드들 간의 통신은 message - passing 방식 이용 • 복잡도 높은 상호연결망 이용
CC-NUMA	• 캐시 - 일관성 NUMA(Cache - Coherent NUMA) 시스템 • 독립적인 노드들(UMA 혹은 NUMA 시스템)이 상호연결망에 의해 접속 • 모든 노드들의 캐시 및 주기억장치들 사이에 데이터 일관성 유지 • 시스템 내의 모든 기억장치들이 전역 주소공간(global address space)을 가지는 분산 공유 - 기억장치 시스템(distributed shared - memory system)으로 구성 • 주요 장점 : S/W 변경 없이 SMP보다 더 큰 시스템 구축 가능
Distributed System	• 분산 시스템 • 독립적인 노드(컴퓨터시스템)들이 전통적인 네트워크에 의해 접속 • 노드들 간의 정보 교환 혹은 병렬처리를 수행할 때만 네트워크를 이용하여 통신 : 소결합 시스템(loosely - coupled system) • 노드 : PC, workstation, SMP, MPP, 혹은 그들의 조합

Cluster Computer	• 클러스터 컴퓨터
	• A collection of PCs or workstations
	• 네트워크 : 고속 LAN, 혹은 network switch
	• 모든 시스템 자원들을 SSI(Single System Image)로 통합
	• 주요 장점
	  - 저렴한 비용으로 병렬처리시스템 구축 가능
	  - 결함 대체 용이, 가용성(availability) 향상

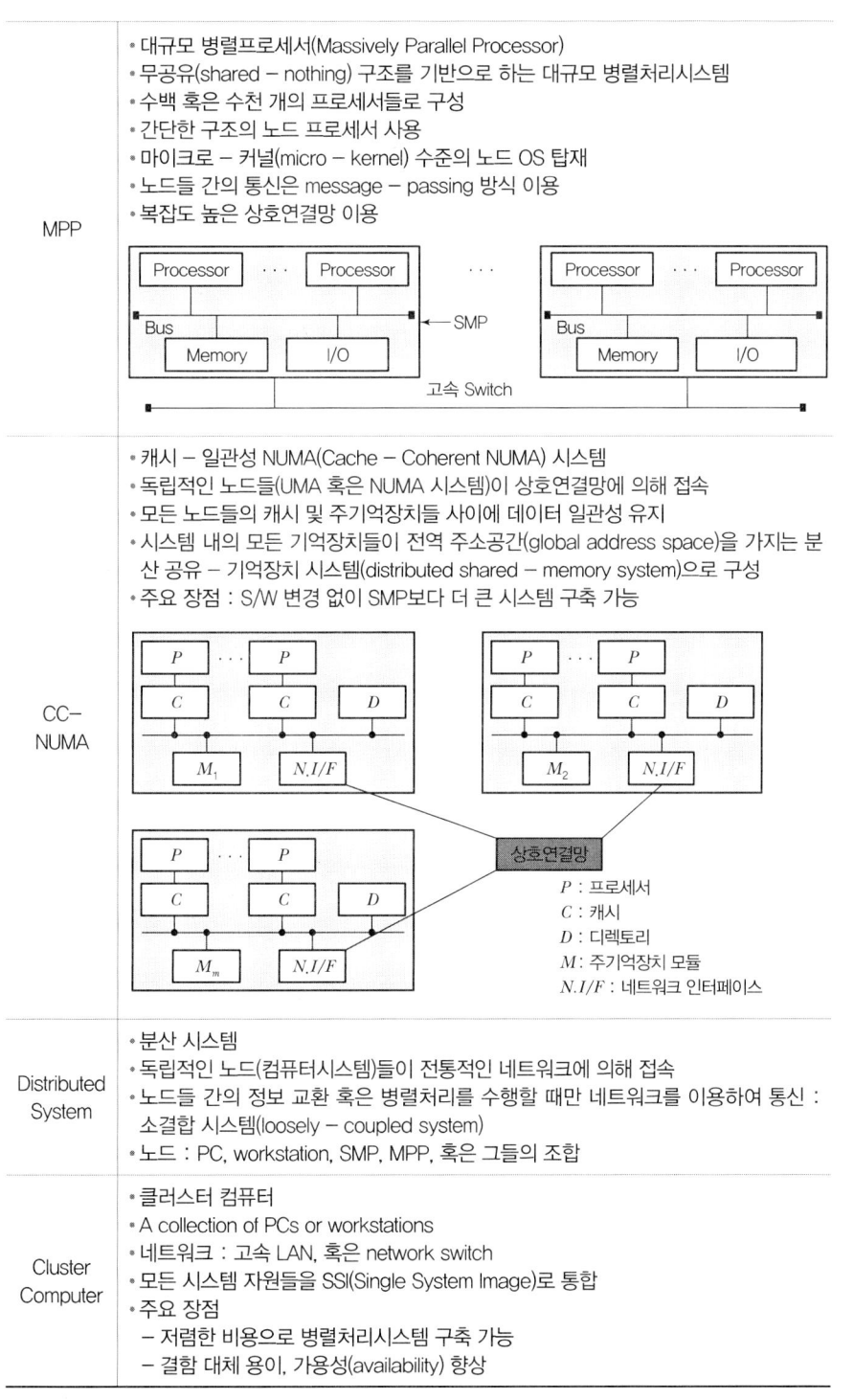

이러한 병렬처리 컴퓨터의 성능을 좌우하는 것은 얼마나 빠르게 각 Node가 통신을 하느냐에 달려 있다. 빠른 통신방법을 위해 상호연결을 위한 방법을 알아보자.

1. 다중 버스 다중 프로세서 시스템

한 개의 공유 버스(Shared-bus)를 이용한 다중프로세서 시스템은 버스 경합으로 인한 지연 시간 때문에 프로세서의 수가 어느 정도(일반적으로 20개) 이상으로 증가하면 선형적인 성능향상을 기대할 수 없다.

그러므로 더 큰 규모의 병렬 컴퓨터를 구성하기 위해서는 시스템 요소들 간에 더 많은 연결 경로를 제공해주어야 한다. 상호연결방식 중에서 가장 간단한 구조가 버스 구조이며, 이 구조를 유지하면서도 연결 경로의 수를증가시킨 구조를 버스의 수와 조직에 따라 분류한다.

단일 공유 - 버스 프로세서 시스템의 버스 경합에 의한 지연을 줄이기 위하여 다수의 연결 통로를 제공하기 위한 시스템 구조의 분류는 아래 표와 같다.

분류	설명
크로스바 네트워크 (crossbar network)	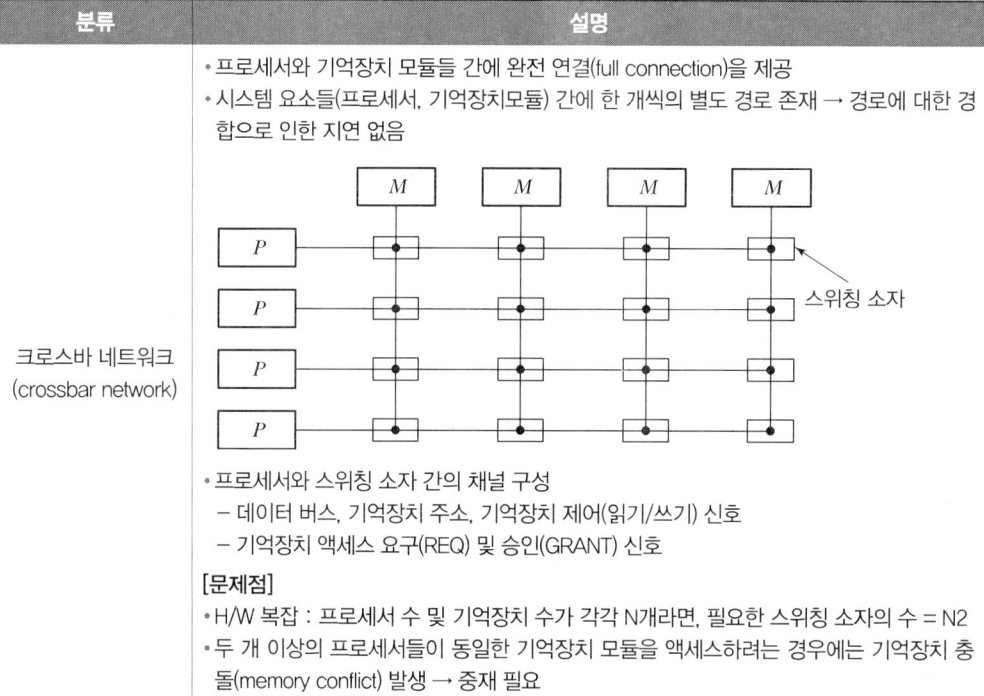

다중 – 버스 구조 (multiple – bus structure)	• 공유 버스의 수가 두 개 혹은 그 이상이지만, 프로세서 수보다는 더 적은 구조
	• 공유 – 버스의 수를 증가시키면
	  – 기억장치 대역폭(memory bandwidth : 단위 시간당 기억장치 액세스 수) 증가
	    → 기억장치 액세스의 동시성 증가
	  – 시스템 결함 허용도(fault – tolerance) 향상
	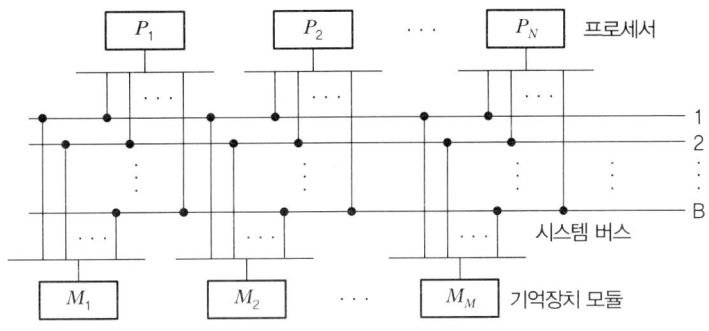
	• 버스 중재 필요
	  – 동시에 기억장치를 액세스하려는 프로세서들의 수 > 버스의 수
	    → 버스 경합(bus contention) 발생
	  – 여러 프로세서들이 동시에 동일한 기억장치 모듈을 액세스하려 할 때
	    → 기억장치 충돌(memory conflict) 발생

계층 버스 (hierarchical bus) 구조	• 버스의 역할(용도)이 서로 다른 계층적 구조의 계층버스구조
	• 버스들이 계층적으로 접속되도록 하고, 각 계층의 버스에 접속되는 시스템 요소들의 종류와 버스의 기능이 서로 다른 시스템 구조
	  – 시스템 버스/지역 버스
	  – 시스템 버스/입출력 버스
	  – 클러스터 간 버스/클러스터 버스/지역 버스
	• 장점
	  – 프로세서와 기억장치 또는 입출력 채널 간의 통신량을 각 지역 버스들로 분산
	    → 시스템 버스의 통신량이 감소되므로 버스 경합에 따른 지연시간 단축
	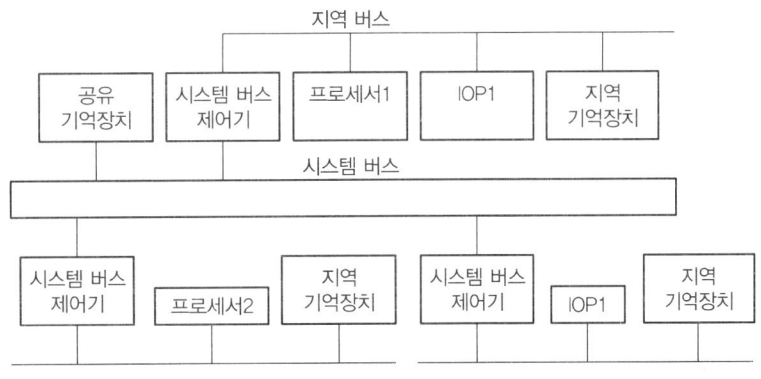

2. 상호 연결망 설명

병렬컴퓨터 시스템의 성능을 향상시키는 직접적으로 영향을 주는 것은 프로세서 간 통신 메커니즘의 속도이다. 버스를 이용한 프로세서 간 연결방식은 구조가 간단하지만 시스템의 규모가 커지면 하드웨어가 매우 복잡해지고 실제 구현에 많은 어려움이 따르고 시스템 내에 포함될 수 있는 요소들의 수에도 한계가 있다.

따라서 크로스바 네트워크와 같은 완전한 연결성을 제공해주지는 못하지만 하드웨어의 복잡성을 줄이면서도 단일-버스 구조보다는 성능을 크게 향상시키고 결함 허용도도 높여주는 여러 가지 상호 연결망들이 제안되어 있다.

분류	설명
정적 상호 연결망	• 시스템 요소들 간에 직접 연결된 경로를 가지며, 연결 구조가 고정되어 변하지 않는다. 예 ring, tree, mesh, torus, 등
동적 상호 연결망	• 시스템 요소들 간의 연결 경로가 실행 시간 동안에 다양하게 변경될 수 있으며 프로그램 실행 중 통신 패턴과 상황에 따라 필요한 경로를 설정하여 사용할 수 있는 연결망이다. 예 공유 버스, 크로스바 스위치, 다단계 상호 연결망

SECTION 02 멀티코어

CHAPTER 01 병렬처리 컴퓨터 기술

핵심 요약(Key point summary)

1 멀티코어의 개요

가. 멀티코어의 정의
- 2개 이상의 독립적인 프로세서들을 단일 패키지, 즉 단일 IC로 이루어진 하나의 패키지로 통합한 것
- CPU 내부에서 연산 및 처리를 담당하는 실질적인 '코어'(core)가 2개 이상인 제품으로 기존 코어 1개만을 탑재한 싱글코어 CPU보다 더 뛰어난 성능을 제공하는 기술

나. 멀티코어 아키텍처의 등장 배경
- 프로세서 성능이 향상됨에 따라 회로가 작아짐(90nm → 65nm → 45nm chip 생산)
- 부품 소형화는 자료 및 전력 전송 작업을 하는 전도물질의 분자 수 감소
- 부품들 간 전류 누출 및 전력소비 증가로 인한 열 발산
- 복잡한 3D 시뮬레이션, 미디어 파일 스트리밍, 향상된 보안수준, 대형 데이터베이스처리 등 속도향상에 대한 요구사항 발생

2 멀티코어의 분류 및 유형

가. 멀티코어의 분류

기반구조	설명
SMP	• Symmetric Multi Processing • 동종의 코어들을 결합하며 메모리 등의 공유를 통하여 성능 향상 • CPU의 전체적인 성능 향상에 유리 • Dual Die 방식 Homogenous Core 아키텍처

SMP

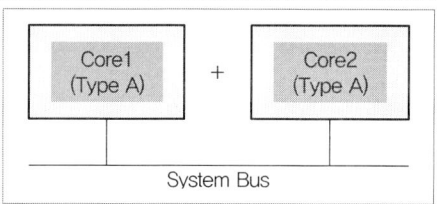

- 단일 코어를 장착한 2개의 CPU 칩(Die)을 중첩하여 패키징
- CPU 칩(Die) 점유 공간 축소 외에 멀티 코어의 장점인 저전력/저발열의 장점 확보 곤란
- 동정의 코어 사용
• Single Die 방식 Homogeneous Core 아키텍처

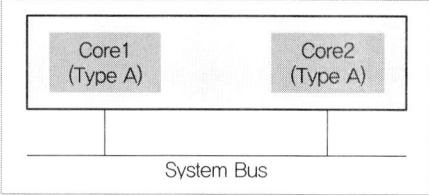

- 단일 CPU 칩(Die)에 둘 이상의 코어를 장착하여 패키징
- 본격적인 멀티코어 아키텍처로 볼 수 있으며 저전력 저발열의 장점 확보 용이
- 동종의 코어 사용

AMP

• Asymmetric Multi Processing
• 이종의 코어들을 결합하며 CPU의 용도별 부분 최적화에 유리
• 프로그래밍의 복잡성이 상대적으로 높음

- 단일 CPU 칩(Die)에 둘 이상의 코어를 장착하여 패키징
- 이종의 코어 사용(예 : 범용 Micro Processor, 그래픽 처리 전용 Micro Processor, 신호 변환 전용 Micro Processor 등)
- PSP3 게임기 등에서 그 활용 예를 볼 수 있음
- 프로그래밍의 복잡성이 상대적으로 높음

나. 멀티코어 아키텍처의 모델유형

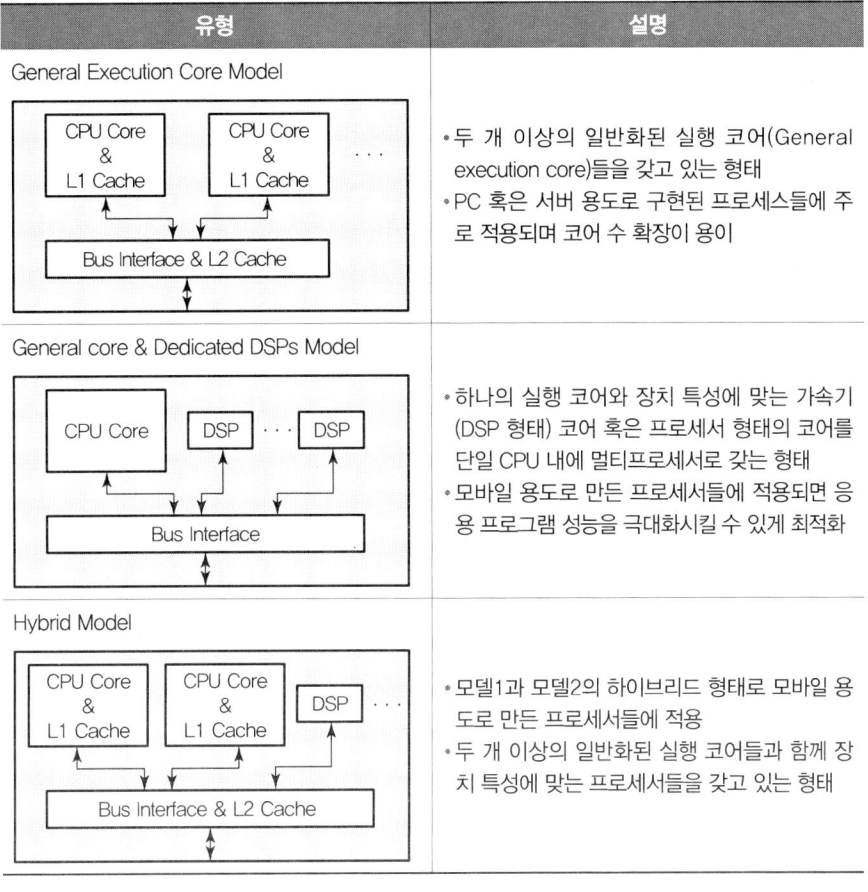

유형	설명
General Execution Core Model	• 두 개 이상의 일반화된 실행 코어(General execution core)들을 갖고 있는 형태 • PC 혹은 서버 용도로 구현된 프로세스들에 주로 적용되며 코어 수 확장이 용이
General core & Dedicated DSPs Model	• 하나의 실행 코어와 장치 특성에 맞는 가속기(DSP 형태) 코어 혹은 프로세서 형태의 코어를 단일 CPU 내에 멀티프로세서로 갖는 형태 • 모바일 용도로 만든 프로세서들에 적용되며 응용 프로그램 성능을 극대화시킬 수 있게 최적화
Hybrid Model	• 모델1과 모델2의 하이브리드 형태로 모바일 용도로 만든 프로세서들에 적용 • 두 개 이상의 일반화된 실행 코어들과 함께 장치 특성에 맞는 프로세서들을 갖고 있는 형태

3 멀티코어 최적화 기술

구분	설명
컴파일 기술 (OpenMP)	• 병렬을 고려하지 않고 순차적으로 작성된 프로그램에 디렉티브를 추가함으로써 원하는 부분만 병렬적으로 처리할 수 있는 컴파일러 디렉티브 기반의 병렬 프로그래밍 API • 수행 모델은 fork/join 모델임 • SGI(Silicon Graphics)가 공유 메모리 시스템의 확장성 연구에서 시작
부하 균등화 기술 (AMP, SMP, BMP)	• job을 코어에 적절히 분배함으로써 멀티코어의 성능을 높이는 기술 • AMP(Asymmetric Multiprocessing) 모델 : 각 프로세서 코어에 OS들이 독립적으로 수행 • SMP(Symmetric Multiprocessing) 모델 : 하나의 OS가 모든 프로세서 코어들을 관리 • BMP(Bound Multiprocessing) 모델 : SMP + 특정 응용(Application)의 경우 수행할 코어가 정해져 있음

멀티코어 간 통신 및 동기화기술 (pThread, TIPC)	• 세 가지 인터페이스 표준에 대한 작업 진행 • Resource Management API(RAPI) : pThread API와 비슷한 스레드 관리 API 제공 • Communication API(CAPI) : 트랜스포트 계층의 통신 API 제공 • Transparent Inter Process Communication(TIPC) Protocol : 코어 클러스터 간의 메시지 통신 API 제공
관련 도구 기술	• 싱글코어에 익숙한 프로그래머들을 위한 관련 도구 지원 • Thread Building Blocks : 간단한 Call을 통해 스레딩 프로그램 작성 지원 • Thread Profile : 스레드 간의 병목 지점을 찾아주는 도구, 성능 최적화에 사용 • Thread Checker : 스레드 간에 발생할 수 있는 Data Race 및 Dead Lock을 찾아내며 오류 없는 멀티 스레드 프로그래밍을 지원하는 도구 • 멀티코어 메모리 분석기 : CPU의 각 core 캐시, 메모리 및 버스 간의 병목 지점 식별

■ 코어2듀오, 듀얼코어 비교

구분	듀얼코어	코어2듀오
아키텍처	넷버스트	코어 아키텍처
코어 개수	2	2
다이 개수	2	1
개념도	듀얼코어(펜티엄D)	듀얼코어(코어2듀오)

듀얼코어와 코어2듀오의 가장 큰 차이점은 CPU 내의 캐시 공유 여부이다.

■ 멀티코어 기술이 소프트웨어에 미치는 영향

가. 멀티코어 기술이 SW에 미치는 문제점

- 기존의 싱글 Thread 방식의 프로그래밍은 멀티코어 아키텍처의 장점인 멀티 프로세싱 능력을 활용할 수 없음

- 개발자들은 싱글 Thread 방식보다 복잡도가 증가하는 멀티 Thread 방식의 프로그래밍에 빠르게 적응해야 함
- 코어 간 상호작용을 추적하고 교착 상태나 데이터 경쟁, 메모리 손상 등을 발견하여 수정하기 위한 복잡도의 증가
- 기존 CPU 성능향상방식은 프로그램 수정 없이 쉽게 마이그레이션이 가능하였으나 멀티코어에서는 멀티 스레드 프로그램이 되고 병렬성을 최대한 높여야 성능향상 효과가 있음
- 프로그래머들의 CPU에 대한 세부 지식이 부족하고 고급 레벨에서 코드 작성하여 특정 칩에 종속적이지 않기를 기대함
- 코어들이 공유 메모리를 경쟁해야 하기 때문에 병목현상이 발생하고 성능이 저하될 가능성이 있음
- 여러 코어로 프로그램을 분산시켜 병렬적으로 동작하므로 프로그램 혹은 디버깅하기가 어려움

나. 멀티코어의 소프트웨어 라이선스 문제
- IT 구매 비용에서 하드웨어 비중이 줄어드는 반면 소프트웨어 라이선스 비용이 증가
- 소프트웨어 업체마다 제각각 멀티코어에 대한 라이선스 정책이 적용되어 있어 공인된 처리능력 기준의 라이선스 정책 수립이 필요

Memo

CHAPTER 02

고가용성 컴퓨팅 기술

SECTION 01 | 구축기법 및 구축유형

CHAPTER 02 고가용성 컴퓨팅 기술

01 구축기법 및 구축유형

핵심 요약(Key point summary)

이 장에서 설명하는 고가용성 컴퓨팅 기술은 비단 HA만이 아니라 HA를 포함한 무정지 서비스를 하기 위한 기반기술과 구축유형에 관한 것이다.

1 고가용성 컴퓨팅 기술의 개요

가. 고가용성 컴퓨팅 기술의 정의

두 대 이상의 시스템을 하나의 클러스터로 묶어서 시스템 장애 시 최소의 서비스 중단을 위해 클러스터 내의 다른 시스템이 신속하게 서비스를 Fail-Over하는 시스템

나. 고사용성 컴퓨팅 기술의 필요성

장애 유연성	장애 발생 시 서비스 중단 최소화
서비스 연속성	기업의 Mission Critical한 업무에 대한 지속적인 서비스 필요성 증대
Semi-FT시스템	고비용의 결함허용시스템(FT) 대안

2 고가용성 컴퓨팅 기술의 종류

가. H/W적 고가용성 컴퓨팅 기술

기법	상세내
Duplicaion with Comparison (Check point 기법)	한 프로세스를 주 프로세서와 보조 프로세서에 중복 할당(중복성의 원리)
Dual Modular Redundancy	두 개의 프로세서가 같은 입력에 대하여 동일한 연산을 수행한 모듈 장애 시 서비스 영향 없게 하는 기법
Hot Standby	결함 감지를 위한 여분의 HW
TMR (Triple modular Redundancy)	3개 이상의 프로세서가 같은 입력에 대하여 동일한 연산 수행
Watchdog Timer	주기적 타이머 가동을 통한 초기화
Self Purging Redundancy	출력 결과가 다른 HW를 계산과정에서 배제

나. S/W 적 고가용성 컴퓨팅 기술

기법	상세내용
Check pointing	S/W 수행 중에 검사시점을 설정하여 오류발생이 발견되면 발생 이전의 검사시점으로 되돌아가서 재수행
Recovery Block	재수행 (Rollback & Retry)의 근거 검사시점에서 오류가 발견되면 지정된 이전 검사점으로 되돌아가서 같은 기능을 가진 다른 S/W 모듈을 수행
Conversation	재수행(Rollback & Retry)에 근거한 Recovery Block의 확장형 복수의 프로세서 정보를 교환하는 프로세서들 간에 적용 가능한 기법
Distributed Recovery Block	Recovery Block 기법을 분산 환경으로 확장 H/W 결함과 S/W 결함을 동일한 방법으로 대처
N Self-checking Programming	두 개 이상의 Self-checking 컴포넌트가 수행되면서 하나는 주어진 기능을 수행하고 다른 컴포넌트는 대기상태
N version Programming	H/W 결함허용기법의 Triple Modular Redundancy와 유사 N개의 독립적인 S/W 모듈의 수행결과를 비교하여 다수의 수행결과를 채택

다. 데이터 보호기법

기법	내용
Parity Code	2진 정보 내의 "1"의 개수를 홀수 또는 짝수로 규정하여 결함 감지
M of N Code	N bit의 정보 길이에서 "1"의 개수가 반드시 M 개가 되게 하여 결함 감지
Checksum	한 블록의 정보내용 합을 추가
Berger Code	한 정보의 "1"의 개수를 2진 정보로 추가
Hamming Error Correcting Code	결함 감지 및 단일 결함의 교정까지 수행하는 코드 기법

3 고가용성 컴퓨팅 기술의 구축 유형

가. 클러스터링

구분	설명
정의	네트워크에 접속된 다수의 컴퓨터들(PC, 워크스테이션, 혹은 다중프로세서시스템)을 통합하여 하나의 거대한 병렬컴퓨팅 환경을 구축하는 기법
구축가능 컴퓨팅 환경	■ 병렬처리(Parallel Processing) : 다수의 프로세서들을 이용하여 MPP(Massively Parallel Processors) 혹은 DSM(Distributed Shared Memory)형 병렬처리시스템을 구성할 수 있다. ■ 네트워크 RAM(Network RAM) : 각 노드(워크스테이션 혹은 PC)의 기억장치들을 통합하여 거대한 분산 공유-기억장치를 구성할 수 있으며, 가상기억장치와 파일시스템의 성능을 크게 높여준다. ■ 소프트웨어 RAID(S/W RAID) : 서로 다른 노드에 접속된 디스크들을 가상적 배열(virtual array)로 구성함으로써 낮은 가격으로 가용성(availability)이 높은 분산 소프트웨어 RAID(distributed software RAID : ds-RAID)를 제공할 수 있다.

구조도	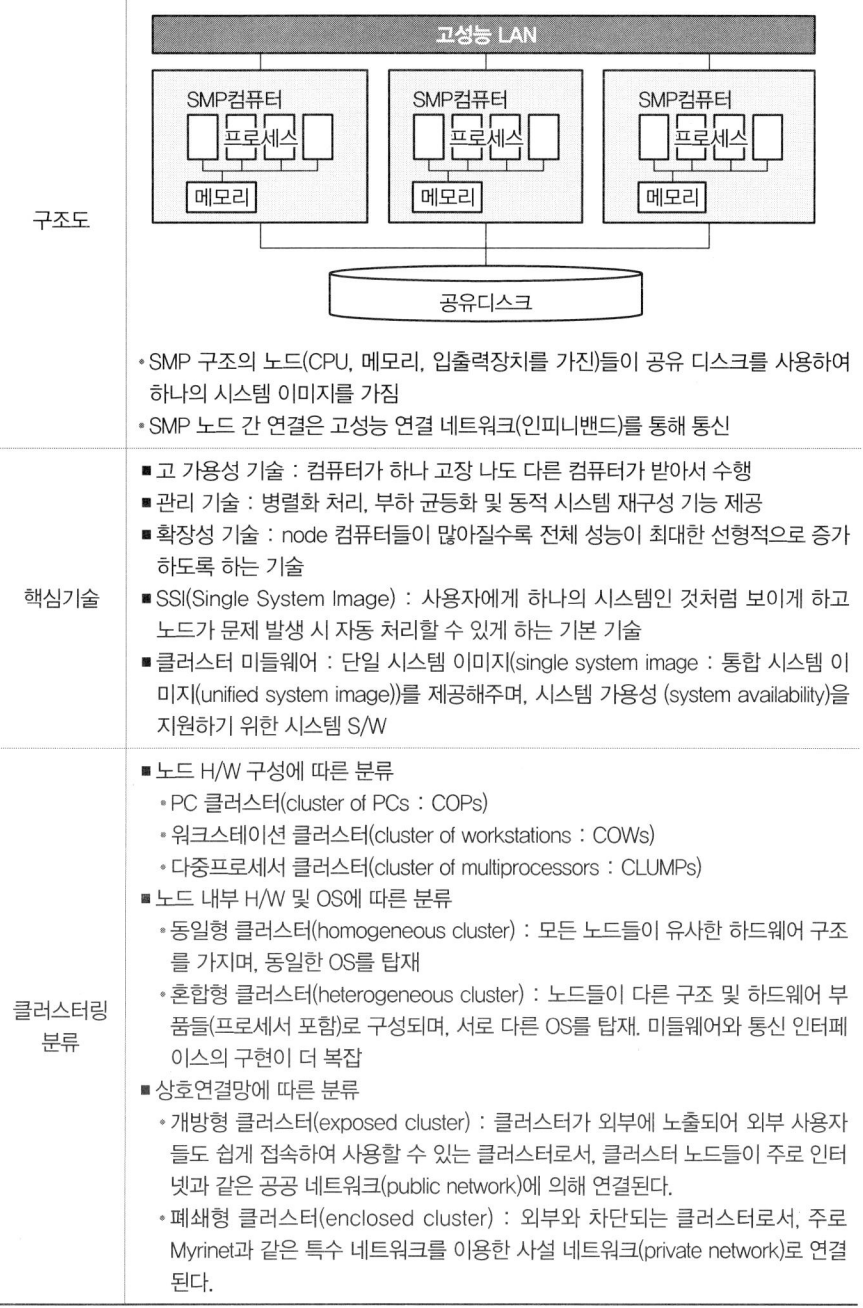 • SMP 구조의 노드(CPU, 메모리, 입출력장치를 가진)들이 공유 디스크를 사용하여 하나의 시스템 이미지를 가짐 • SMP 노드 간 연결은 고성능 연결 네트워크(인피니밴드)를 통해 통신
핵심기술	■ 고 가용성 기술 : 컴퓨터가 하나 고장 나도 다른 컴퓨터가 받아서 수행 ■ 관리 기술 : 병렬화 처리, 부하 균등화 및 동적 시스템 재구성 기능 제공 ■ 확장성 기술 : node 컴퓨터들이 많아질수록 전체 성능이 최대한 선형적으로 증가하도록 하는 기술 ■ SSI(Single System Image) : 사용자에게 하나의 시스템인 것처럼 보이게 하고 노드가 문제 발생 시 자동 처리할 수 있게 하는 기본 기술 ■ 클러스터 미들웨어 : 단일 시스템 이미지(single system image : 통합 시스템 이미지(unified system image))를 제공해주며, 시스템 가용성 (system availability)을 지원하기 위한 시스템 S/W
클러스터링 분류	■ 노드 H/W 구성에 따른 분류 • PC 클러스터(cluster of PCs : COPs) • 워크스테이션 클러스터(cluster of workstations : COWs) • 다중프로세서 클러스터(cluster of multiprocessors : CLUMPs) ■ 노드 내부 H/W 및 OS에 따른 분류 • 동일형 클러스터(homogeneous cluster) : 모든 노드들이 유사한 하드웨어 구조를 가지며, 동일한 OS를 탑재 • 혼합형 클러스터(heterogeneous cluster) : 노드들이 다른 구조 및 하드웨어 부품들(프로세서 포함)로 구성되며, 서로 다른 OS를 탑재. 미들웨어와 통신 인터페이스의 구현이 더 복잡 ■ 상호연결망에 따른 분류 • 개방형 클러스터(exposed cluster) : 클러스터가 외부에 노출되어 외부 사용자들도 쉽게 접속하여 사용할 수 있는 클러스터로서, 클러스터 노드들이 주로 인터넷과 같은 공공 네트워크(public network)에 의해 연결된다. • 폐쇄형 클러스터(enclosed cluster) : 외부와 차단되는 클러스터로서, 주로 Myrinet과 같은 특수 네트워크를 이용한 사설 네트워크(private network)로 연결된다.

나. HA(High Availability)

구분	설명
정의	2대 이상의 시스템을 하나의 Cluster로 구성하여 한 시스템의 장애발생기 최소한의 서비스 중단을 위해 Cluster 내의 다른 시스템이 신속하게 서비스를 Fail Over하는 기능
구조도	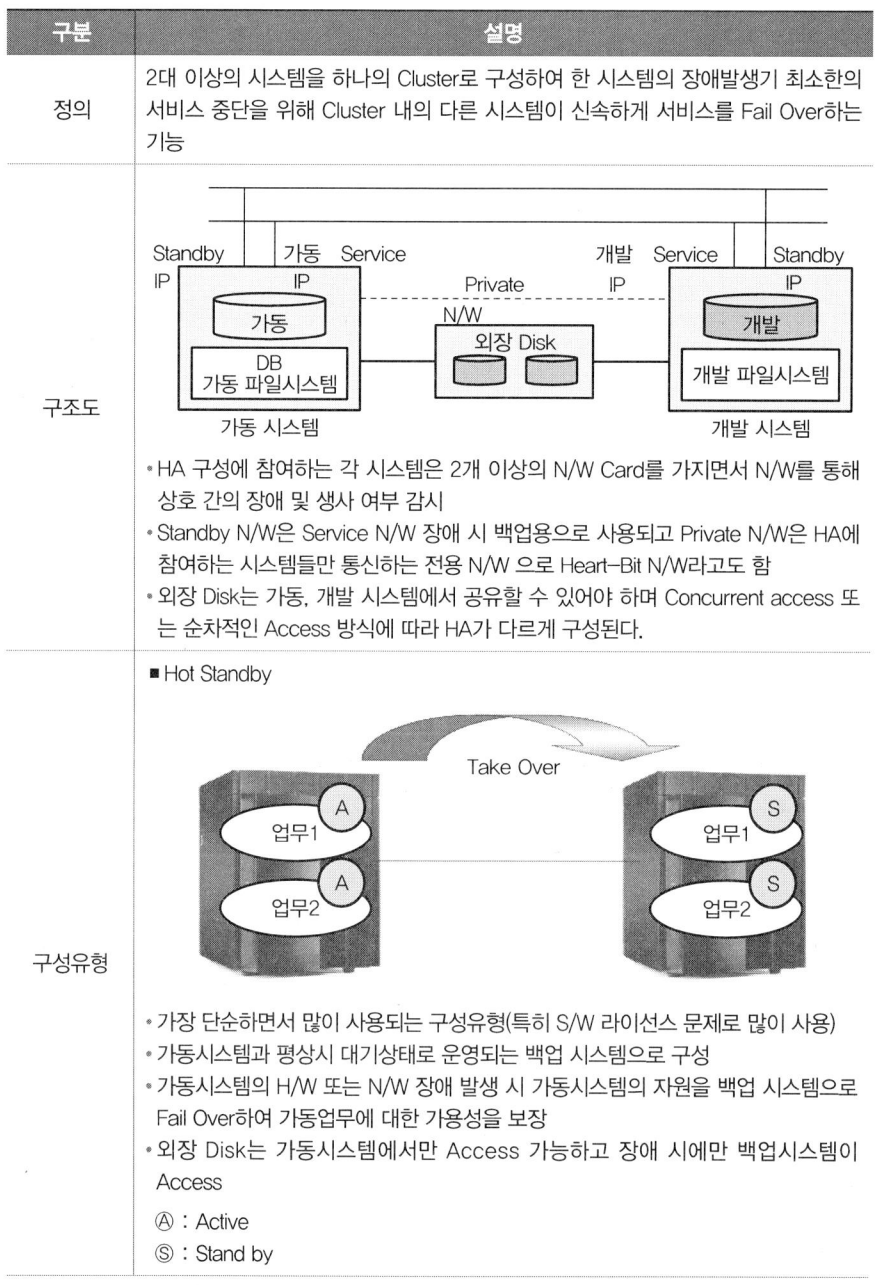 • HA 구성에 참여하는 각 시스템은 2개 이상의 N/W Card를 가지면서 N/W를 통해 상호 간의 장애 및 생사 여부 감시 • Standby N/W은 Service N/W 장애 시 백업용으로 사용되고 Private N/W은 HA에 참여하는 시스템들만 통신하는 전용 N/W 으로 Heart-Bit N/W라고도 함 • 외장 Disk는 가동, 개발 시스템에서 공유할 수 있어야 하며 Concurrent access 또는 순차적인 Access 방식에 따라 HA가 다르게 구성된다.
구성유형	■ Hot Standby • 가장 단순하면서 많이 사용되는 구성유형(특히 S/W 라이선스 문제로 많이 사용) • 가동시스템과 평상시 대기상태로 운영되는 백업 시스템으로 구성 • 가동시스템의 H/W 또는 N/W 장애 발생 시 가동시스템의 자원을 백업 시스템으로 Fail Over하여 가동업무에 대한 가용성을 보장 • 외장 Disk는 가동시스템에서만 Access 가능하고 장애 시에만 백업시스템이 Access Ⓐ : Active Ⓢ : Stand by

구성유형	■ Mutual TakeOver 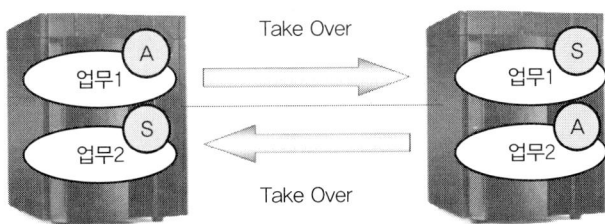 • 2개 시스템이 각각의 고유한 가동업무 서비스를 수행하다가 한 서버에 장애가 발생되면 상대 시스템의 자원을 Fail Over하여 동시에 2개의 업무를 수행하는 방식 • 장애발생시 Fail Over에 대비해 각 시스템은 2개의 업무를 동시에 서비스할 수 있는 시스템 Capacity를 갖추도록 고려해야 함 • 외장 Disk는 해당 시스템에서만 Access 가능함 ■ Concurrent Access 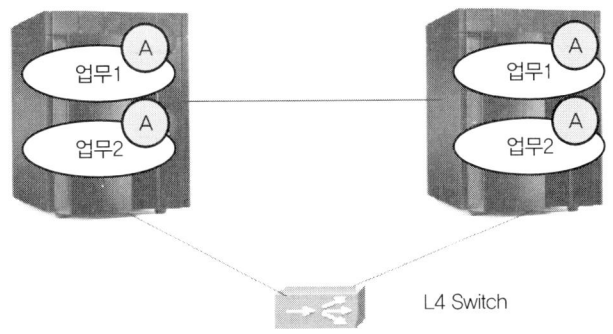 • 여러 시스템이 동시에 업무를 나누어 병렬 처리하는 방식으로 HA에 참여하는 시스템 전체가 Active한 상태로 업무를 수행하게 됨 • 한 시스템에 장애가 발생해도 다른 시스템으로 Failover하지 않고 가용성을 보장 • 두 서버에 동일업무를 수행하기 위해 L4 스위치를 이용하여 Load balancing • 외장 Disk는 Ha 참가하는 전체 대상 시스템이 Concurrent Access 가능하며 주로 Database S/W와 쌍을 이루어 구성되는 것이 일반적임 ⓔ Oracle RAC

• HA는 넓은 의미에서 클러스터링 구축의 한 유형이라 볼 수 있다.

다. FT(Fault Tolerance)

구분	설명
정의	• 하드웨어 또는 소프트웨어의 결함, 오동작, 오류 등이 발생하더라도 규정된 기능을 지속적으로 수행할 수 있는 시스템 • 시스템의 가용성, 신뢰성, 안전성 보장
개념도	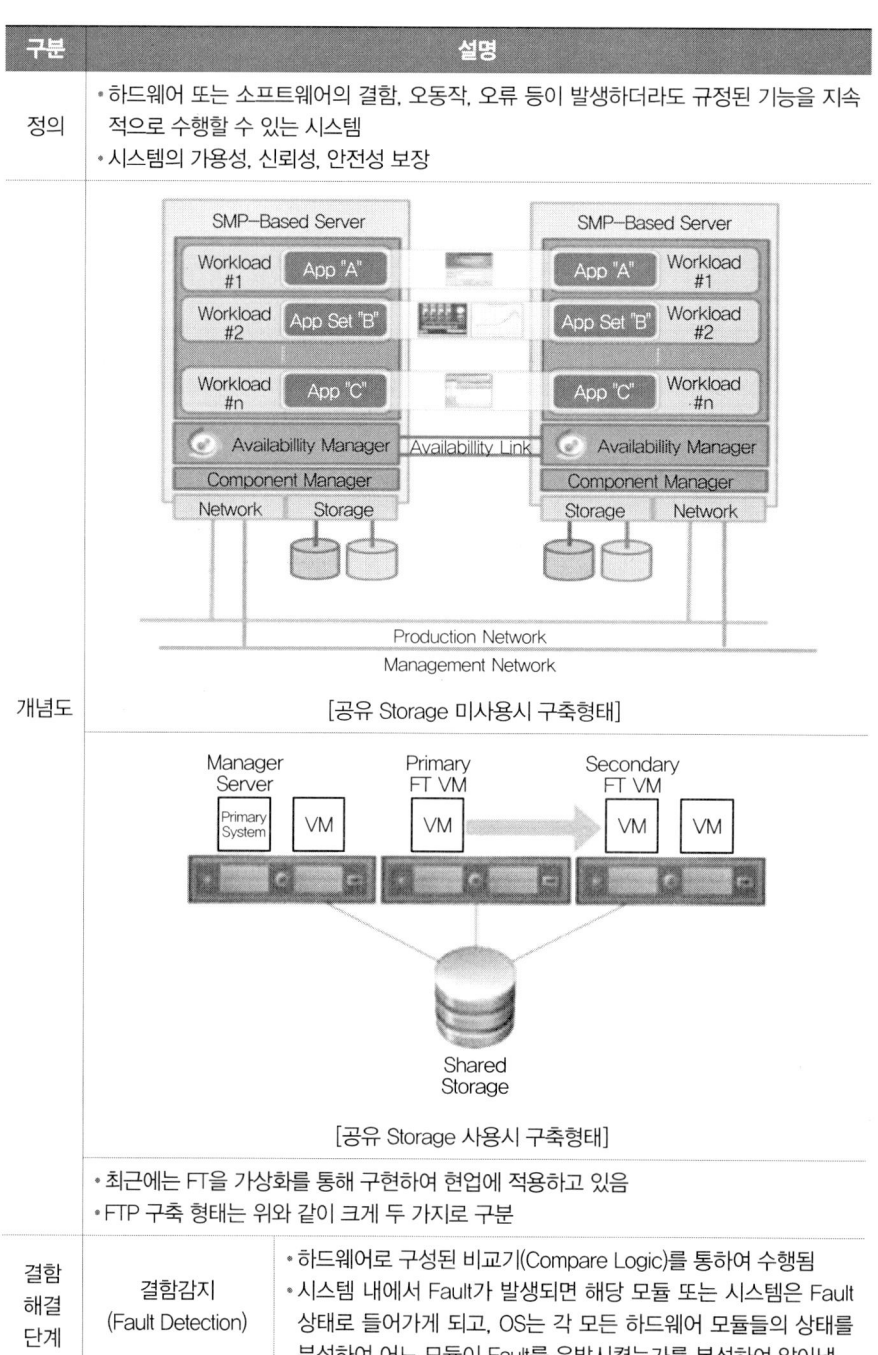 [공유 Storage 미사용시 구축형태] [공유 Storage 사용시 구축형태] • 최근에는 FT을 가상화를 통해 구현하여 현업에 적용하고 있음 • FTP 구축 형태는 위와 같이 크게 두 가지로 구분
결함해결단계	결함감지 (Fault Detection)	• 하드웨어로 구성된 비교기(Compare Logic)를 통하여 수행됨 • 시스템 내에서 Fault가 발생되면 해당 모듈 또는 시스템은 Fault 상태로 들어가게 되고, OS는 각 모든 하드웨어 모듈들의 상태를 분석하여 어느 모듈이 Fault를 유발시켰는가를 분석하여 알아냄

결함 해결 단계	결함진단 (Fault Diagnosis)	• Fault가 일시적(Transient)인 것인지 영구(Hard)적인 것인지 판단하여 영구적인 경우 해당 모듈을 시스템 구성에서 제거
	결함통제 (Fault Isolation)	• 결함으로 인한 오류 파급 차단
	결함복구 (Fault Recovery)	• Fault를 유발한 모듈을 시스템에서 제거하여 시스템을 재구성

최근에는 HA나 FT 구축시 공유 외장 Storage가 불필요한 솔루션들이 많다.
즉 서버 2대로 스토리지 공유 없이 솔루션을 통해 지속적인 미러링을 통해 가용성을 향상시키는 제품을 이용하는 경우가 많다.
굳이 스토리지를 쓸 필요는 없는데 HA나 FT가 필요한 시스템의 경우 이런 솔루션을 이용한다.

위에서 설명한 한 개의 System의 고가용성을 향상하기 위한 기술이다. 하지만 IT를 중심으로 업무를 처리하는 현상황에서는 전체 System의 고가용성, 즉 Data Center 전체의 장애에 대응해야 한다. 이러한 기업(조직)의 전체 System의 고가용성 향상기술인 DRS에 대해 알아보자.

■ DRS

개개의 시스템 측면에서의 고가용성도 중요하지만 전체 시스템 측면에서의 고가용성 향상 역시 중요하다. 특히 중요 업무시스템의 경우 원격지에 해당 시스템을 구축하여 물리적인 문제(건물붕괴, 지진 등)에 대비하는 것 역시 중요이다. 이러한 기법을 DRS라고 볼 수 있다. 이를 비즈니스 측면까지 확장시키면 BCP와 BCM까지 확대시킬 수 있다.

1. DRS의 개요

   가. DRS의 정의
   - 시스템에 대한 비상 대비체계 유지와 각 업무 조직별 비상사태에 대비한 복구계획 수립을 통한 업무 연속성을 유지할 수 있는 체제
   - 재해복구계획의 원활한 수행을 지원하기 위하여 평상시에 확보하여 두는 인적 · 물적 자원 및 이들에 대한 지속적인 관리체계가 통합된 체계

나. DRS 수준별 유형

구분	설명	복구소요시간(RTO)
Mirror Site	• 주 센터와 동일한 수준의 정보기술 자원을 원격지에 구축 • Active-Active 상태로 실시간 동시 서비스 제공	즉시
Hot Site	• 주 센터와 동일한 수준의 정보기술자원을 원격지에 구축하여 Standby 상태로 유지(Active-Standby)	수 시간(4시간) 이내
Warm Site	• 중요성이 높은 정보기술자원만 부분적으로 재해복구센터에 보유	수 일 ~ 수 주
Cold Site	• 데이터만 원격지에 보관하고, 이의 서비스를 위한 정보 자원은 확보하지 않거나 장소 등 최소한으로만 확보	수 주 ~ 수 개

2. DRS의 구축 기술

가. Data 센터 간 N/W 통신방식

통신방식	구분	설명
DWDM	정의	• 하나의 광케이블에 수십, 수백 개의 광파장을 실어 전송하여 전송용량과 채널의 수를 늘인 기술
	개념도	GbE λ_1, SDH/SONET λ_2, ESCON λ_3, ... λ_n → MUX → $\lambda_1 + \lambda_2 + \lambda_3 + \lambda_n$ (파장 1550nm 대역) → DEMUX → λ_1 GbE λ_1, λ_2 SDH/SONET, λ_3 ESCON, ... λ_n • 송신기에는 각 채널마다 전기적 전송정보를 할당된 특정 파장의 광신호로 전광 변환한 후 파장 다중화기를 통해 전송한다. 수신기에서는 역다 중화기를 통하여 원하는 채널을 파장 변환한 뒤 신호를 복구한다.
	구성 요소	<table><tr><th>구성요소</th><th>설명</th></tr><tr><td>MUX</td><td>• 파장분할/다중화, 파장 세분화 • 1개 파장에 10GHz 전송 가능</td></tr><tr><td>증폭기</td><td>• 신호증폭, 리피터, 장거리 전송 • 선로 손실 보상, 신호 세기 보상</td></tr><tr><td>분배반</td><td>• 파장별 Add/Drop, 파장관리 • 파장에 선택, 서비스 차별화</td></tr><tr><td>EDFA (Erbrium Doped Fiber Amplifier)</td><td>1530~1560nm 파장대의 광신호를 증폭하는 광 증폭기로서 EDF(Ebrium Doped Fiber)와 펌프레이 저, 펌프레이저의 파워, 광신호를 합쳐주는 WDM 커플러 및 광절연체로 구성됨</td></tr><tr><td>AWG (Arrayed Wavequide Grating)</td><td>송신단에서는 여러 파장의 신호를 합치고, 수신단 에서는 합쳐 전달된 신호를 다시 분리하는 역할</td></tr><tr><td>Dynamin Provision</td><td>DWDM의 중간부분에서 특정 파장의 전송을 더하 거나 빼는 역할을 수행</td></tr></table>

IP_SAN	정의	• IP 프로토콜 기반의 네트워크를 이용하여 SAN 스토리지에 접근하여 데이터를 액세스하는 기술 • 기존 FC로 이루어진 SAN과 기가비트 이더넷을 이용하는 IP네트워킹 기술을 접목하여 운영과 성능의 효율성을 극대화하는 기술 • 이더넷 기반의 TCP/IP를 스토리지 네트워크로 활용함으로써 기존 SAN기술의 한계점 극복
IP_SAN	유형	■ FCIP(Fiber Channel over IP) 스토리지 ― FC 스위치 ― FCIP 장치 ― IP망 ― FCIP 장치 ― FC 스위치 ― 스토리지 (터널링) • 광역의 FC로 SAN을 구축하기 위해 TCP/IP 내에 FC 프레임을 캡슐화(터널링)하는 기능 • 요소기술 : ISL, E_Port ■ iFCP(internet Fiber Channel Protocol) 스토리지 ― FC 스위치 ― iFCP G/W ― IP망 ― iFCP G/W ― FC 스위치 ― 스토리지 (D2D 세션) • FC 스토리지 장비를 직접 IP N/W에 확장(iFCP 게이트웨이 사용) • FC 라우팅 프로토콜에 독립적 • 한 지역 손상 발생시, 다른 지역 피해 없음 • 인프라 변경 없이 구축 가능하므로 S/W, H/W 모두 높은 호환성 제공 • 요소기술 : iSNS, SCN, F/FL_Port • iSNS : internet Simple Name Server • SCN : Status Change Notification ■ iSCSI(internet SCSI) iSCSI 스토리지 ― iSCSI 스위치 ― IP망 ― iSCSI 스위치 ― iSCSI 스토리지 (SCSI 명령) (IP 패킷 캡슐화) (SCSI 명령) • SCSI명령을 IP패킷으로 캡슐화하고 I/O블럭 Data는 TCP/IP 네트워크를 통해 전달 • 스토리지를 고유 iSCSI로 가정 • iSCSI는 FC 장비 혹은 FC Protocol과 통신하지 않음 • 요소기술 : Initiator, Target, SAM • SAM : SCSI Access Method

나. 데이터 복제방식

구분	디스크장치 이용	운영체제 이용	DBMS 이용
복제대상	디스크 변경 분	데이터 블록	SQL문 혹은 변경 로그
구성조건	동일한 디스크 사용	동일한 논리볼륨수준 복제 솔루션 사용	동일한 DBMS 사용
복제 시 소요자원	디스크 자체 자원	해당 서버 자체 혹은 별도의 관리서버 자원	DBMS 서버 자원

다. 데이터 미러링 방식

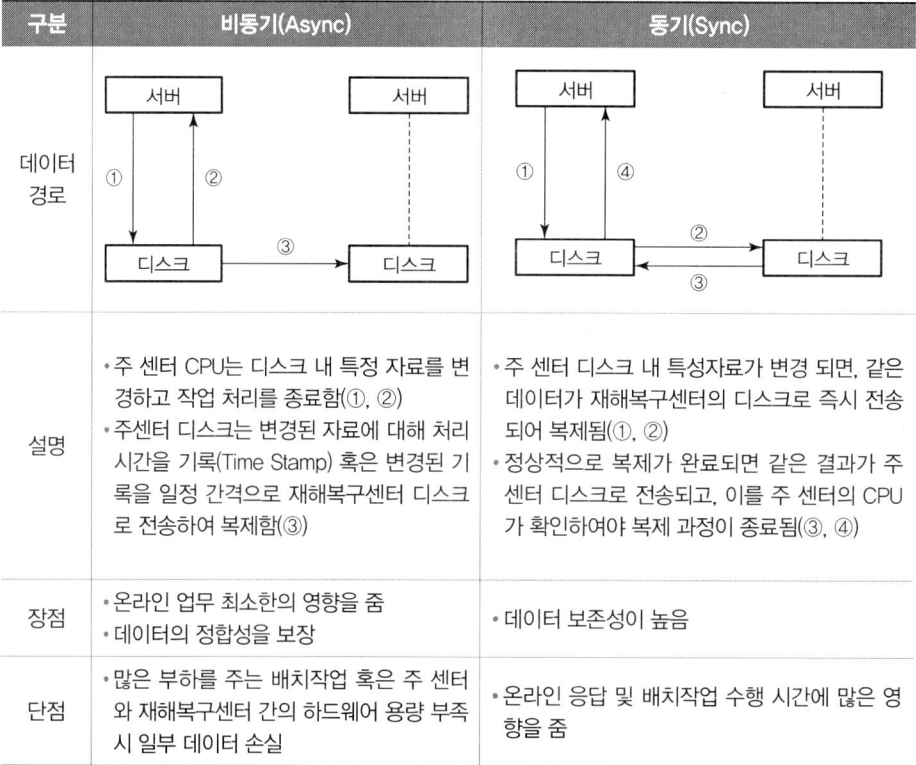

구분	비동기(Async)	동기(Sync)
데이터 경로	(서버↔디스크 ①②, 디스크→디스크 ③)	(서버↔디스크 ①④, 디스크↔디스크 ②③)
설명	• 주 센터 CPU는 디스크 내 특정 자료를 변경하고 작업 처리를 종료함(①, ②) • 주센터 디스크는 변경된 자료에 대해 처리시간을 기록(Time Stamp) 혹은 변경된 기록을 일정 간격으로 재해복구센터 디스크로 전송하여 복제함(③)	• 주 센터 디스크 내 특성자료가 변경 되면, 같은 데이터가 재해복구센터의 디스크로 즉시 전송되어 복제됨(①, ②) • 정상적으로 복제가 완료되면 같은 결과가 주 센터 디스크로 전송되고, 이를 주 센터의 CPU가 확인하여야 복제 과정이 종료됨(③, ④)
장점	• 온라인 업무 최소한의 영향을 줌 • 데이터의 정합성을 보장	• 데이터 보존성이 높음
단점	• 많은 부하를 주는 배치작업 혹은 주 센터와 재해복구센터 간의 하드웨어 용량 부족 시 일부 데이터 손실	• 온라인 응답 및 배치작업 수행 시간에 많은 영향을 줌

• 반동기식 : Mirror queue limit을 초과하는 경우 Secondary에 Write 수행

3. 재해 복구 기준

구분	설명
네트워크 복구목표(RCO)	• Recovery Communication Objective • 대상 네트워크의 정상가동 재개 시간 범위를 정의
업무 복구범위목표(RSO)	• Recovery Scope Objective • 재해 발생 시 복구되어야 할 업무들의 종류와 범위들을 정의
복구 목표 시점 (RPO)	• Recovery Point Objective • 업무를 계속적으로 수행하기 위해 손실된 데이터에 대한 유실 허용시점
백업센터 구축목표(BCO)	• Backup Center Objective • 재해 복구를 위한 재해 복구 센터의 활용 방안과 구축 형태를 정의

4. 재해 복구 시스템 유형 결정

재해복구시스템의 복구수준별 유형은 크게 미러사이트, 핫사이트, 웜사이트 및 콜드사이트로 구분된다. 이러한 유형 중 어떤 것이 선택되어야 하는 지의 결정은 RTO, RPO 및 업무시스템의 서비스 특성에 입각하여 이루어진다.

가) RTO & RPO에 따라
- RPO=0 & RTO=0 : 미러사이트
- RPO=0 & RTO < 수시간 : 미러링 방식의 핫사이트(통칭 미러사이트라고도 함)
- RTO, RPO가 약 1일 : 웜사이트
- RTO, RPO가 수일~수주 : 콜드사이트

나) 업무시스템 속성에 따라
- 데이터의 갱신이 거의 없고, 웹 애플리케이션 서비스 위주 : 미러사이트(active-active 방식)
- DBMS를 이용하며 데이터의 갱신이 많음 : 미러링 방식의 핫사이트(active-standby 방식)

Memo

CHAPTER **03** 스토리지 구성 기술

SECTION 01 | 스토리지 분류 및 가상화

CHAPTER 03 스토리지 구성 기술
SECTION 01 스토리지 분류 및 가상화

핵심 요약(Key point summary)

이 장에서는 서버 내부 스토리지가 아닌 외장 스토리지를 알아보자.

1 스토리지 개요

가. 스토리지의 정의

대량의 Data를 저장하고 빠른 성능과 가용성·안정성을 보장하기 위해 서버 내의 저장장치가 아닌 서버 외부에 저장장치들을 구성하여 독립적으로 구성하고 사용 서버에 연결하여 사용하는 장치

나. 스토리지의 필요성

- 대용량 데이터 처리능력 요구
  - 기업정보를 토대로 새로운 비즈니스 창출을 위한 다양한 정보관리시스템 구축
  - DW, ERP, EDMS, KMS 등 대형 시스템 도입 확산
  - 데이터의 멀티미디어화/Digital화에 따른 대용량화
- 전자상거래 활성화에 따른 고속의 Data 처리능력 필요
- IT Governance 등 사회적 요구
  - 전자메일의 일정기간 보존 의무화
  - 각종 종적의 유지와 관련 규제의 발효 등

2 스토리지의 구성요소 및 분류

가. 스토리지의 구성요소

모든 스토리지가 똑같은 구성을 가지고 있지는 않지만 일반적으로 스토리지를 이루는 최소한의 구성요소는 아래와 같다.

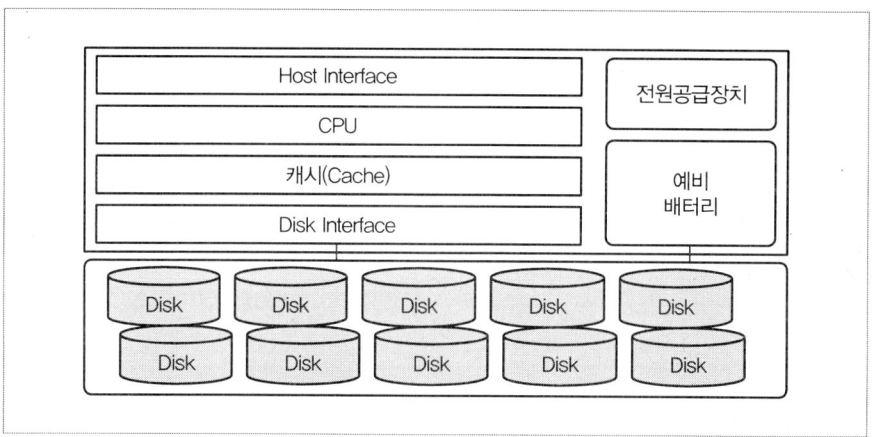

구성요소	설명
Host Interface	• 스토리지를 호스트에 연결하는 인터페이스 부분으로 서버 혹은 SAN 스위치와 연결할 때 이 부분에 있는 포트에 케이블을 연결하게 된다. • SCSI, Fiber Channel(FC), ESCON/FICON 등이 있는데, 아직까지는 FC host interface가 일반적인 편임
CPU 등 내부 Architecture	일종의 데이터 처리를 위한 구성방식. 스토리지 벤더에 따라서 스위치방식, Matrix, 서버방식 등을 제공하고 있다.
Cache	• 디스크에 데이터를 저장하기 전 데이터가 처리되는 장소 • Dynamic cache mapping, static cache mapping 등 다양한 Cache 알고리즘에 의하여 운영되고 있다.
Disk Interface	• Host 인터페이스와 유사한 개념임 • 스토리지 내부 아키텍처와 HDD를 연결하는 방식으로서, FC-AL(Fibre Channel Arbitrated Loop) 방식이 주를 이루고 있음
저장장치	• HDD나 SSD 등의 실제 Data를 저장하는 장치 • 최근에는 SSD와 HDD를 혼합하여 사용하는 추세 • SSD가 현재는 비싸기 때문에 Hot data는 SSD에서, Cold Data는 HDD에서 운용하는 방식을 사용하고 있다.
전원부	• 분전반과 전원을 연결하는 부분(AC를 DC로 전환) • 만일에 상황에 대비해서 전원이 나가더라도 대비할 수 있는 battery backup 시스템이 있다.

이 외에 스토리지 내에서 구동되는 S/W(가상화, Deduplication, data 서치, 알고리즘 등) 역시 구성 요소의 하나이긴 하지만 위에서는 H/W 위주로 설명하였다.

나. 스토리지의 분류

분류	구분	설명
DAS	개념도 및 정의	• 서버가 채널 (SCSI 나 FC)을 통해 스토리지에 직접 접속하여 자신에게 할당된 스토리지 영역에 대해 입출력 및 관리하는 기술 • 현재 기존 서버에 직접 연결된 주 저장장치를 의미하며, 네트워크 스토리지가 부각되면서, 기존 스토리지 저장장치를 쉽게 부르기 위해 등장

DAS	상세설명	■ 구성요소 : Appliacation서버, 스토리지
		■ 파일시스템 공유 불가능
		■ 장점
		  • 설치용이, 저렴한 TCO
		■ 단점
		  • 제한된 확장성(스토리지에 따라 접속 방식, 포트 수, 지원 서버 상이)
		  • 통합관리의 어려움

NAS	개념도 및 정의	저장장치와 Server를 직접 연결하는 것이 아니라 LAN을 통해 Storage에 접속하는 기술

NAS	상세설명	■ 구성요소 : Appliacation서버, 파일서버, 스토리지
		■ 파일시스템 공유 가능
		■ 장점
		  • 이기종 간 파일 공유, 설치 및 관리 용이
		■ 단점
		  • LAN 대역폭 잠식
		  • OLTP 성능저하

SAN	개념도 및 정의	• 서버와 storage를 저장장치 전용 네트워크로 상호 구성하여 고가용성, 고성능, 융통성, 확장성을 보장하는 기술

SAN	상세설명	■ 구성요소 : Appliacation 서버, 스토리지, SAN 스위치 ■ 파일시스템 공유 불가능 ■ 장점 　• 무정지 확장성, 고성능 ■ 단점 　• 고비용 　• 호환성 체계 미흡
IP-SAN	정의	• 기존 FC로 이루어진 SAN과 기가비트 이더넷을 이용하는 IP네트워킹 기술을 접목하여 운영과 성능의 효율성을 극대화하는 기술 • 이더넷 기반의 TCP/IP를 스토리지 네트워크로 활용함으로써 기존 SAN기술의 한계점 극복
	종류	■ FCIP 방식 스토리지 ─ FC스위치 ─ FC/IP ─ NW ─ FC/IP ─ FC스위치 ─ 스토리지 　　　　　　　　　　　　　　터널세션 • 광역의 FC SAN을 구축하기 위해 TCP/IP 내에 FC프레임을 캡슐화하는 기능 ■ IFCP 방식 스토리지 ─ FC스위치 ─ iFC GW ─ NW ─ iFC GW ─ FC스위치 ─ 스토리지 　　　　　　　　　　　Device to Device Session • FC스토리지 장비를 직접 IP N/W에 확장(Translation) • 광채널 라우팅 프로토콜에 독립적 • 한 지역에 손상이 발생해도 다른 지역에는 피해 없음 • 인프라 변경없이 구축 가능하므로 소프트웨어, 하드웨어 모두 높은 상호 접속성 제공 ■ iSCSI 방식 iSCSI 스토리지 ─ iSCSI스위치 ─ NW ─ iSCSI스위치 ─ iSCSI 스토리지 　　　　　　　　　　IP패킷으로 캡슐화 • SCSI 명령을 IP패킷으로 캡슐화하고 I/O블럭 Data는 TCP/IP NW을 통해 전달 • 스토리지를 고유 iSCSI로 가정 • iSCSI는 광채널 장비 혹은 FC Protocol과 통신하지 않음

Data 양이 폭증하고 기존 스토리지의 활용 효율성을 높이고 가용성과 안정성을 높이려는 요구사항이 높아졌다. 이러한 요구사항을 수용하여 발전된 기술이 스토리지 가상화 기술이다.

3 스토리지 가상화

가. 스토리지 가상화의 정의 및 필요성

구분	설명
정의	• 가상화 기능을 제공하는 소프트웨어 또는 별도의 하드웨어 장비를 통하여 물리적인 이기종 스토리지 장치를 하나의 논리적인 가상화 스토리지 풀로 통합하여 관리하는 기술

필요성	■ 스토리지 활용률 향상
	  • 데이터 센터의 스토리지 활용률은 50% 정도
	  • 가상화를 통해 기존 스토리지의 활용률을 높일 수 있음
	■ 성능 향상
	  • 여러 스토리지에 걸쳐 데이터를 스트라이핑하여 저장하는 기술 사용
	  • 데이터 입출력 성능 향상
	■ 가용성
	  • 동일한 데이터를 미러링하거나 복제해서 데이터 손실 방지
	■ 비용절감
	  • 분산된 스토리지 통합, 사용하지 않는 스토리지 재배치로 스토리지 추가비용 절감
	■ 관리용이성
	  • 개개의 많은 스토리지를 가상화를 통해 통합해서 장애복구와 같은 스토리지 관리에 용이
	  • Thin Provisioning 기능으로 자동으로 용량할당을 함으로써 손쉽게 용량계획 가능

나. 스토리지 가상화 기술 분류

구분	설명
전체 분류도	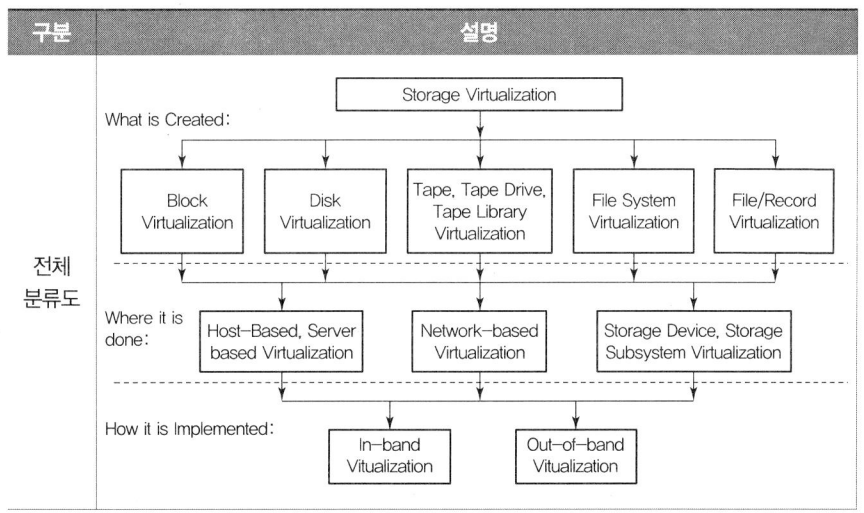

CHAPTER 03 스토리지 구성 기술

대상별 분류	구분	설명
	디스크와 블록 스토리지 장치 가상화	• RAID 시스템, 볼륨 매지저 또는 네트워크 스토리지 어플라이언스를 통해 여러 디스크를 가상의 하나의 디스크로 통합
	파일 시스템 가상화	• 원격 파일 시스템을 로컬 파일 시스템처럼 사용 • 여러 파일 시스템을 하나의 파일 시스템으로 통합
	파일 가상화	• HSM 소프트웨어는 자주 접근되지 않는 파일을 저비용 스토리지에 이동 • 필요시점에 다시 읽어들임
	테이프 라이브러리 가상화	• 디스크 장치를 테이프 라이브러리 또는 테이프 드라이브로 가상화 • 기존 테이프에 대한 백업 방법을 변경하지 않고 사용

HSM(Hierarchical Storage Management) : 비싼 저장매체인 하드디스크에 저장되어 있는 파일들을 값이 싼 다른 저장매체로 자동으로 옮겨주는 시스템 → ILM으로 발전

구현 위치별 분류	구분	설명
	호스트 또는 서버 기반 가상화	[서버 — SAN Switch — Storage (가상화 S/W)] • 서버에 가상화 소프트웨어를 설치하여 스토리지 볼륨을 가상화 • 설치가 용이하고 중소 규모의 단일 OS 환경에서 적합하나 서버의 부하 가능성이 존재 • SW적인 솔루션 • 각각의 운영 서버에 전용 SW 설치 또는 별도의 가상화 전용 서버 도입
	스토리지 기반 가상화	[서버 — SAN Switch — Storage (가상화 S/W)] • 스토리지의 컨트롤러에 가상화 솔루션 구현 • 스토리지 유형의 제한 • 가상화가 하나의 스토리지에 국한되어 호환성 및 확장성 떨어지나 다른 방식보다 안정성 우수
	네트워크 기반 스토리지 가상화	[서버 — SAN Switch (가상화 S/W) — Storage] • 여러 개의 디스크를 연결하는 스위치에 가상화 S/W를 설치하여 네트워크 중심의 가상화를 구현 • 모든 스토리지가 스위치과 같은 NW장비와 통합된 고성능 서버를 통해서 가상화 구현 • 인밴드(In-Band)/아웃밴드(Out-Band) 방식이 있음

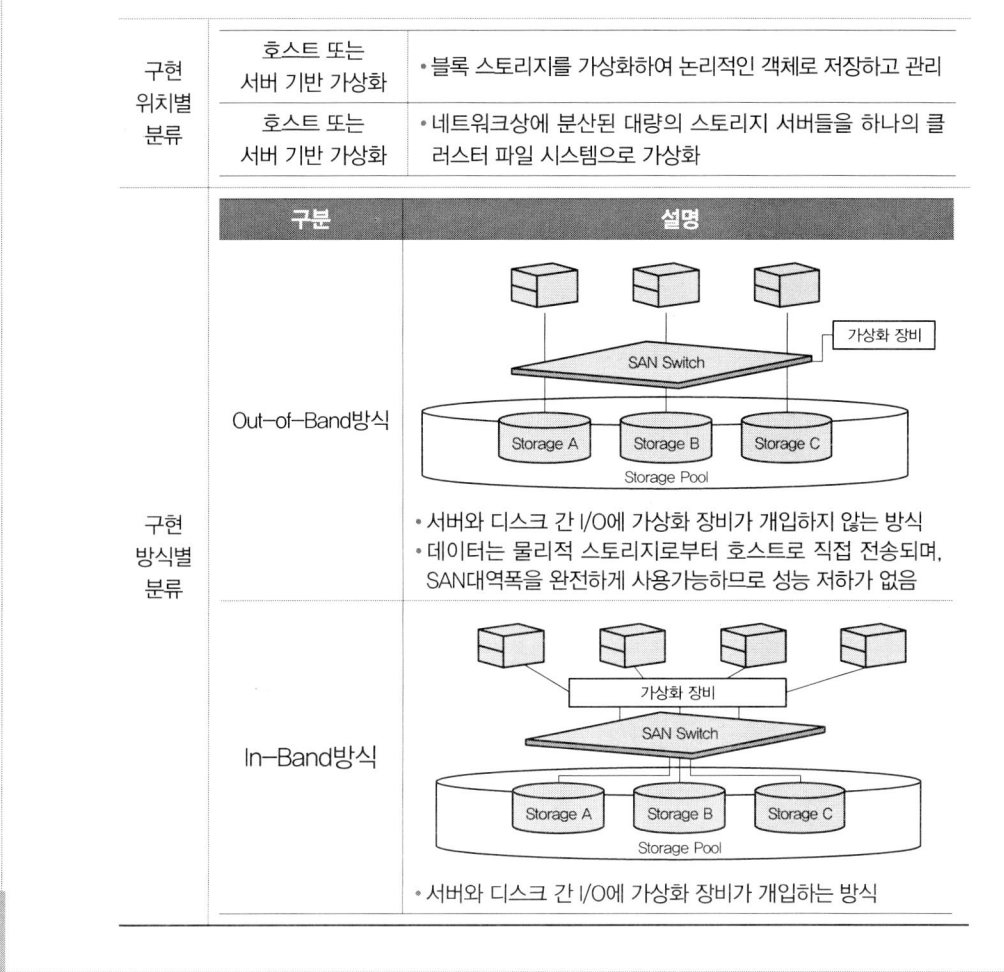

최근 클라우드 가상화 환경을 위한 통합스토리지가 주목을 받고 있는 만큼 통합 스토리지와 스토리지 가상화의 주요 기술인 Thin Provisioning과 Data De-duplication 기술에 대해 알아보자.

■ 통합 스토리지

가. 통합스토리지 개념도

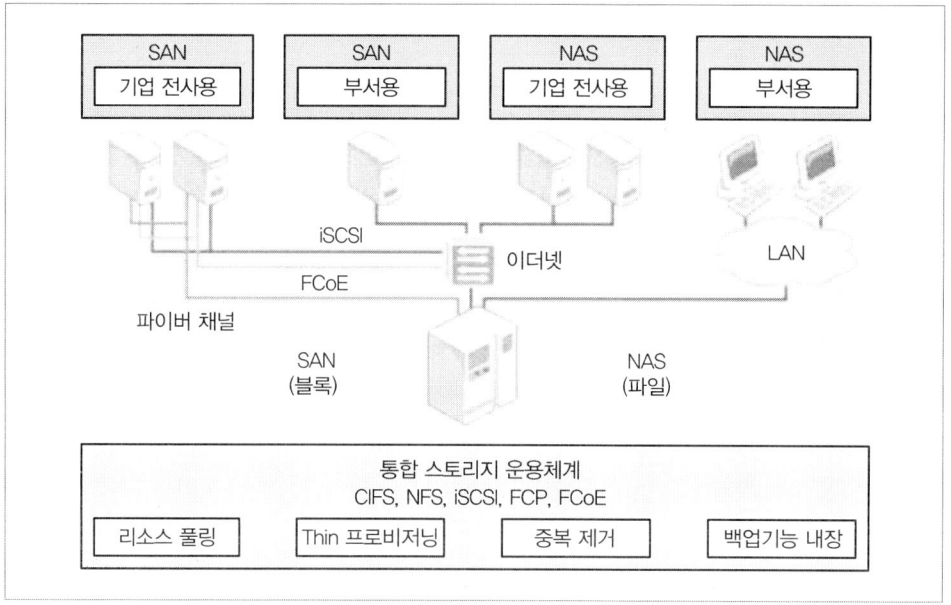

- NAS, SAN을 단일 스토리지 시스템에서 동시에 지원할 수 있는 하이브리드 스토리지 시스템
- 다수의 스토리지 플랫폼 및 이기종 스토리지 환경을 고수하는 것보다 비용절감, 다양한 데이터 센터 환경 지원 가능
- 서버 가상화 : SSD 와 HDD로 스토리지 풀을 구성, 다양한 요구에 유연하게 대처, TCO 절감
- 관리 복잡성 단순화, 스토리지 인프라 프로비저닝

나. 통합 스토리지 핵심 기술요소

핵심요건	기술	설명
스토리지 효율성	Thin Provisioning	스토리지에 남아도는 용량 없이 꼭 필요한 만큼 필요한 때 사용할 수 있도록 스토리지 용량의 활용도를 최대한 높이는 기술
	Resource Pooling	가상머신으로 구성할 경우 서버 사용량에 따라 적절하게 가상자원을 할당하고 잉여 자원의 경우 풀로 빼기 보다는 새로운 시스템 구성 시 활용하여 가능한 자원이 없도록 하는 기술
	중복제거	서로 다른 데이터(파일)들 간에 중복되는 부분을 검출해 내고 중복된 부분을 제거함으로써 스토리지 활용의 효율성을 높이는 기술

통합 페이브릭	멀티 프로토콜 지원	NAS, IP SAN, FCoE를 동시에 지원 프라이빗 및 퍼블릭 클라우드 환경 지원 가능
계층 통합	SSD	데이터가 저장되어 있는 계층에서 실시간 빠른 응답 가능 자동으로 가속화 가능
통합운영	SRM	리소스 투자 보호와 인력 통합을 요구하는 새로운 IT 시대 일반 컴포넌트, 인터페이스, 온디스크 포맷 등이 전체적으로 통합되면 모든 계층의 스토리지를 구축, 운용 용이

■ Thin Provisioning

- 공간을 미리 할당하는 대신 데이터가 기록될 때 각 볼륨 또는 LUN에 동적으로 스토리지 공간이 할당하여 최적의 스토리지를 사용토록 제공하는 기술
- 스토리지 용량을 애플리케이션이 당장 필요한 물리적 공간만 할당하되 가상화된 공통스토리지 풀에서 필요 시 용량을 제공하여 활용률을 높이는 기술
- 사용자나 Application 입장에서는 필요용량을 미리 할당받은 것으로 인식되지만 스토리지 입장에서는 실제 사용되는 양을 관리하여 활용률을 높이는 기술

구분	설명
개념도	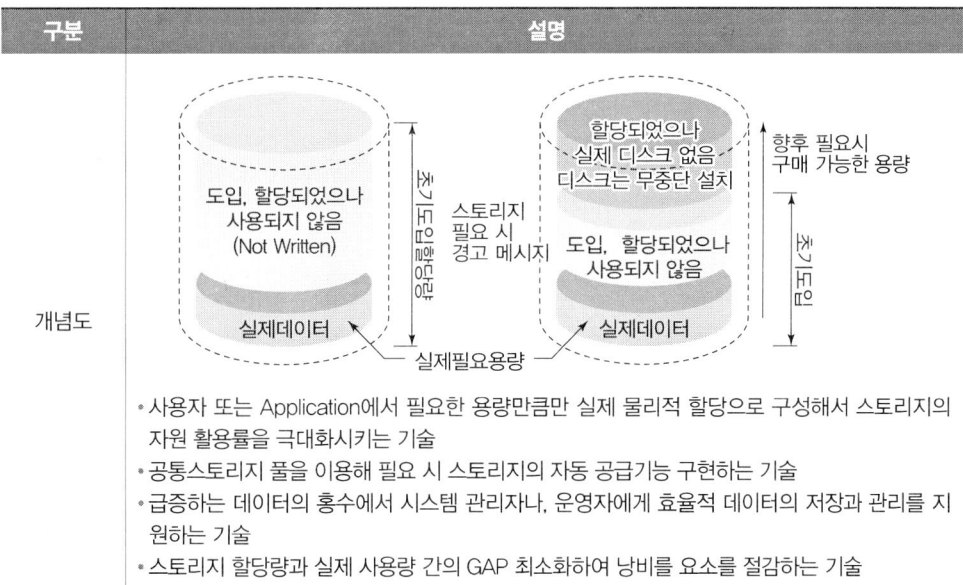
	• 사용자 또는 Application에서 필요한 용량만큼만 실제 물리적 할당으로 구성해서 스토리지의 자원 활용률을 극대화시키는 기술 • 공통스토리지 풀을 이용해 필요 시 스토리지의 자동 공급기능 구현하는 기술 • 급증하는 데이터의 홍수에서 시스템 관리자나, 운영자에게 효율적 데이터의 저장과 관리를 지원하는 기술 • 스토리지 할당량과 실제 사용량 간의 GAP 최소화하여 낭비를 요소를 절감하는 기술

CHAPTER 03 스토리지 구성 기술

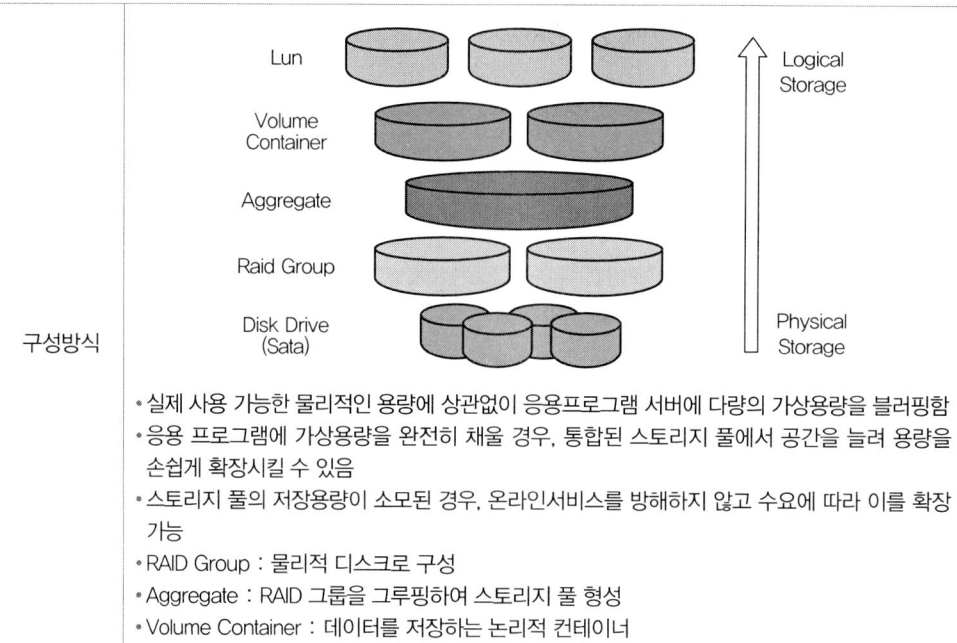

구성방식

- 실제 사용 가능한 물리적인 용량에 상관없이 응용프로그램 서버에 다량의 가상용량을 블러핑함
- 응용 프로그램에 가상용량을 완전히 채울 경우, 통합된 스토리지 풀에서 공간을 늘려 용량을 손쉽게 확장시킬 수 있음
- 스토리지 풀의 저장용량이 소모된 경우, 온라인서비스를 방해하지 않고 수요에 따라 이를 확장 가능
- RAID Group : 물리적 디스크로 구성
- Aggregate : RAID 그룹을 그루핑하여 스토리지 풀 형성
- Volume Container : 데이터를 저장하는 논리적 컨테이너
- LUN : 논리적인 스토리지 구성

■ Data De-duplication

서로 다른 데이터(파일)들 간에 중복되는 부분을 검출해 내고 중복된 부분을 제거함으로써 스토리지 활용의 효율성을 높이는 기술

가. 개념도

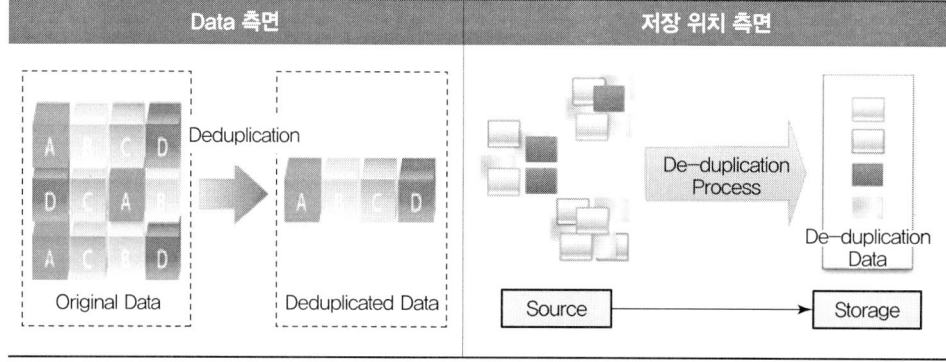

나. 중복제거 기술 설명

구분	분류기준	설명
중복제거 수준	파일 수준	파일 전체가 중복되는 경우, 중복파일 많을수록 손쉽게 구현, 비효율적 방식
	블록, 비트 단위	중복되는 블록은 1번 저장되고 그 블록을 가리키는 포인터를 저장함으로써 추후에 파일 재조합 고정길이방식, 가변길이방식, 효율적
중복제거 장소	소스 중복 제거	애플리케이션이 위치하는 데이터 소스에서 중복제거 NW 트래픽이 없음 CPU 오버헤드 발생
	타깃 중복 제거	소스 디바이스에서 보내진 원본 데이터를 타깃 스토리 측에서 중복 제거, 기존 APP 그대로 사용, 데이터가 클 경우 대량의 NW 트래픽 발생
	소스 타깃 절충	소스와 타깃 사이에 전용 어플라이언스 위치 NW 트래픽 적고 기존 APP 그대로 사용, 비용/확장성/병목구간 문제
	Post-process	모든 데이터를 임시 디스크에 저장한 후 추후 시점에 데이터 중복제거를 진행
	In-line	데이터를 수신받은 후 바로 중복 제거 작업을 진행 별도 임시 스토리지 불필요, 데이터 송수신시 오버헤드 발생
	해시 함수	특정 파일이나 블록, 비트 스트림에 대하여 해시 값을 계산하고 해시 값이 같은 두 세그먼트를 중복된 데이터로 간주(MD5, SHA-1) 빠른 저장 및 조회 가능, 해시 충돌 가능성 존재
	델타 기반 중복 제거 (델타 인코딩)	기존 복제본을 기준 향후 변동된 내용에 대해서만 기록하는 방식 빠른 백업가능, 많은 디스크 입출력으로 성능 저하 가능

Memo

CHAPTER 04 기타

SECTION 01 | 서버 가상화
SECTION 02 | 도커(Docker)
SECTION 03 | JVM
SECTION 04 | 하둡(Hadoop)
SECTION 05 | 하둡 2.0(Hadoop 2.0)
SECTION 06 | 스파크(Spark)
SECTION 07 | 스톰(Storm)

SECTION 01 서버 가상화

CHAPTER 04 기타

핵심 요약(Key point summary)

1 서버 가상화의 개요

가. 서버 가상화의 정의

- 하드웨어/소프트웨어 파티셔닝, 에뮬레이션, 시분할 등 여러 가지 기법으로 한정된 물리적 환경의 리소스를 하나의 서비스로 혹은 여러 개의 서비스 환경으로 제공하는 기술
- 물리적으로 서비스, 장비 등을 통합하고 논리적으로 재구성하여 다른 물리적인 객체와 호환되도록 만드는 기술
- 물리적으로 다른 시스템을 논리적으로 통합하거나 하나의 시스템을 논리적으로 분할해 자원을 효율적으로 사용하게 하는 기술

나. 서버 가상화의 원리

원리	설명
Sharing	물리적으로 위치한 자원을 사용자에게 나누어 사용할 수 있도록 함
Aggregation	분산자원을 통합하여 논리적으로 단순화하여 자원의 활용을 높이고 관리를 용이하게 함
Emulation	가상화로 인한 논리적 객체는 물리적인 객체와 동일한 기능의 수행이 가능함
Insulation	물리적인 자원의 교체나 변경에도 서비스를 안정적으로 유지함

2 서버 가상화의 핵심기술 하이퍼바이저

가. 하이퍼바이저의 개념 및 역할

구분	설명
개념	• OS들과 컴퓨터 하드웨어 사이의 가상화 층으로 다수의 OS들 사이에서 리소스 사용량을 스케줄링하는 기능을 수행하는 전용 Virtual Machine Manager(Monitor) 즉 VMM을 말함 • 서버 가상화 기술로 호스트 컴퓨터 환경에서 다수의 운영체제를 동시에 실행하기 위한 가상플랫폼

CHAPTER 04 기 타

역할	H/W와 OS 사이의 얇은 S/W계층 • 가상리소스 생성, 이들 사이의 강력한 격리환경 제공 • 프로세서 등의 H/W 요청에 대한 관리(스케줄링 및 격리) • 하드웨어 상위에서 CPU와 메모리 등의 자원을 상위의 가상머신에 할당 • 상위의 가상머신이 가상화 환경에서 사용할 수 있는 API를 지원

나. 하이퍼바이저의 종류

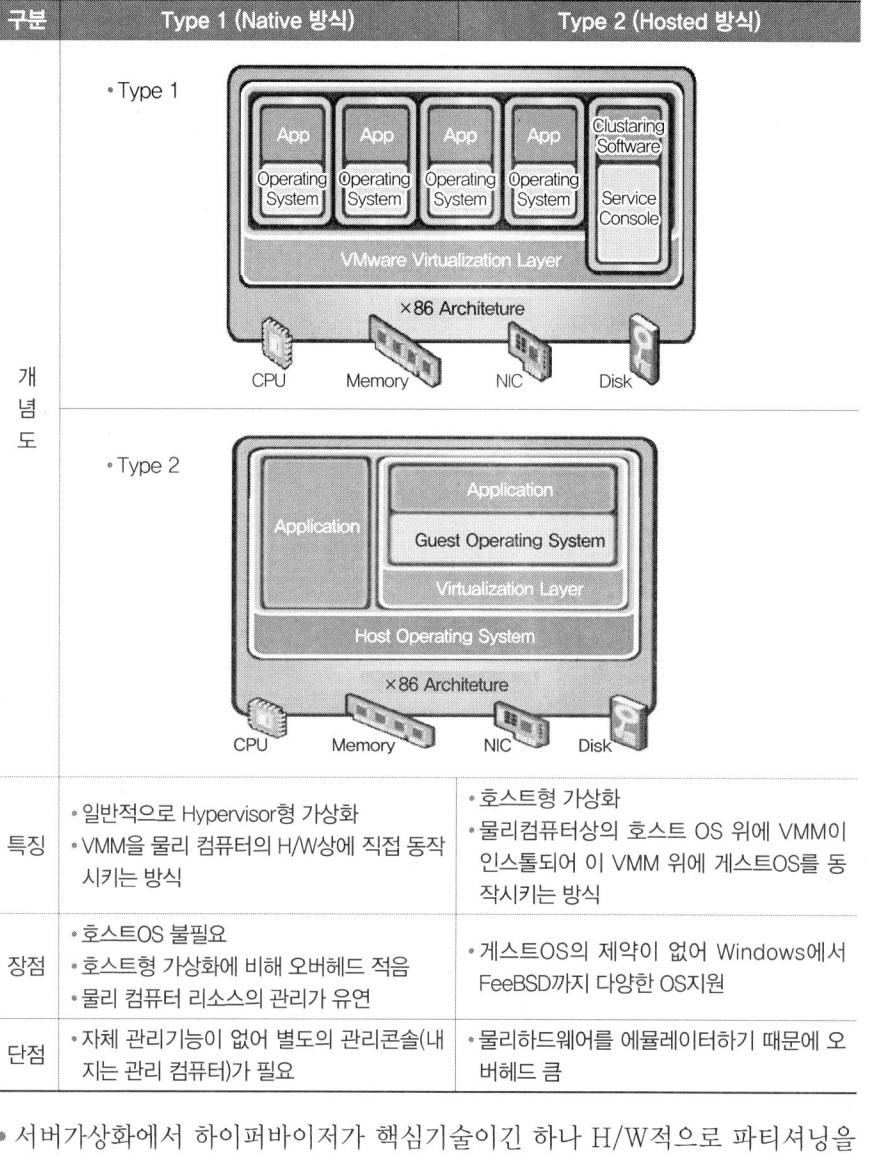

구분	Type 1 (Native 방식)	Type 2 (Hosted 방식)
특징	• 일반적으로 Hypervisor형 가상화 • VMM을 물리 컴퓨터의 H/W상에 직접 동작시키는 방식	• 호스트형 가상화 • 물리컴퓨터상의 호스트 OS 위에 VMM이 인스톨되어 이 VMM 위에 게스트OS를 동작시키는 방식
장점	• 호스트OS 불필요 • 호스트형 가상화에 비해 오버헤드 적음 • 물리 컴퓨터 리소스의 관리가 유연	• 게스트OS의 제약이 없어 Windows에서 FeeBSD까지 다양한 OS지원
단점	• 자체 관리기능이 없어 별도의 관리콘솔(내지는 관리 컴퓨터)가 필요	• 물리하드웨어를 에뮬레이터하기 때문에 오버헤드 큼

• 서버가상화에서 하이퍼바이저가 핵심기술이긴 하나 H/W적으로 파티셔닝을 하는 방법과 I/O를 가상화시키는 방식 역시 존재한다.

3 서버 가상화의 보안취약점 및 강화방안

가. 악성코드(Malware) 공격
- 공격자가 Host에 대한 접근권한을 획득하여 악성코드를 심는 경우 Host OS에서 Guest OS로 감염발생. 2차 감염으로는 Guest OS들 사이의 감염확산
- 대응방법 : Host OS에 대한 지속적인 최신 Patch 적용
- 고려사항 : 가상화 환경의 지수적 증가로 인한 효율적/효과적 Patch적용 고려

나. 정보유출
- 기본적으로 가상머신은 Host OS의 파일시스템에 직접 접근할 수 없어 다른 가상머신의 가상디스크 또는 네트워크 패킷을 볼 수 없음
- 공격자가 가상화 환경의 취약점을 이용하여 권한을 획득하는 경우, 물리적인 접근이 가능해져 저장된 정보의 유출 위험성 증가
- Host가 가상머신의 환경을 설정하고 기본적인 제어를 담당하기 때문에 모니터링을 위한 행위 발생. 가상 허브/스위치를 사용하면 이 Host와 가상머신, 가상머신과 가상머신 사이의 Packet를 볼 수 있음
- 대응방법 : Host와 가상머신이 개별 물리적 채널을 사용하여 연결

다. 서비스 거부
- 가상머신이 Host의 자원을 공유하기 때문에 발생
- 특정 가상머신이 자원을 남용하거나 공격자가 Host에 접근할 수 있는 권한을 획득하는 경우 다른 가상 머신의 서비스는 거부될 수 있다.
- 대응방법 : 가상머신별 자원사용량 제한, 디스크 파티셔닝을 통한 Host와 가상 영역 분리

라. 하이퍼바이저의 보안위협
- 하이퍼바이저는 Host OS 위에서 가상머신들이 돌아갈 수 있는 가상의 플랫폼을 제공한다. 만약 하이퍼바이저가 위협에 노출되는 경우 이 위에서 동작하는 가상머신들도 위협에 노출되게 된다.
- 대응방법 : 보안정책 적용, VM 사이의 공간 정밀 분석, 암호화

CHAPTER 04 기 타

■ 가상화 분류

가. 계층별 가상화 분류

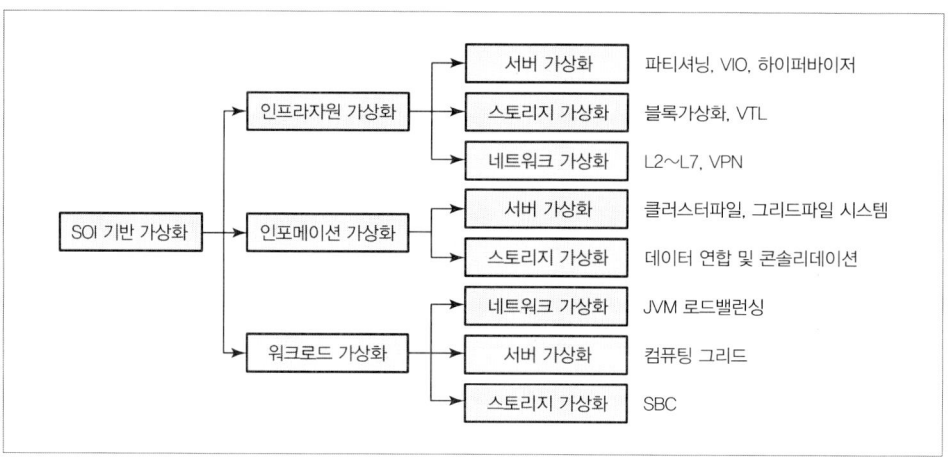

구분	유형	가상화 기술
인프라 자원	서버 가상화	파티셔닝, 가상I/O, 하이퍼바이저
	스토리지 가상화	블록 가상화, 가상 테이프라이브러리
	네트워크 가상화	L2~L7 활용, VPNs, VLANs
정보	파일 가상화	클러스터 파일, 그리드 파일 시스템
	데이터 가상화	데이터 연합 및 콘솔리데이션
워크 로드	트랜잭션 가상화	JVM 로드 밸런싱
	태스크 가상화	컴퓨팅 그리드
	프레젠테이션 가상화	서비스 기반 컴퓨팅(SBC)
	전사적 워크로드	Enterprise Workload Manager
	전력/냉각 효율화	Hibernation, Partition Mobility
	유틸리티 서비스	Metering, Provisioning
	백업 가상화	VTL 백업, 테이프 라이브러리 기반 백업
운영 환경	클라이언트 데스크탑 가상화	PC가상화, 서버기반 컴퓨팅(SBC), VDI(Virtual Desktop Infrastructure)

SBC와 VDI를 혼동하는 경우가 많으나 엄격히 말하면 SBC는 Application 가상화이고 VDI는 Virtual Machine을 만들어 각 개인에게 할당하여 사용하는 방식이다.

데스크탑 가상화의 유형은 아래와 같다.

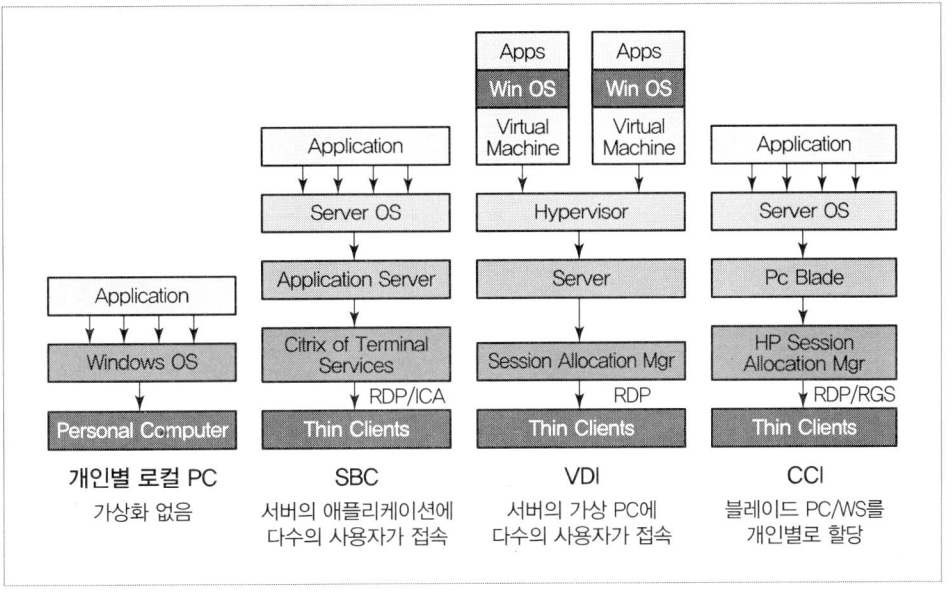

데스크탑 가상화 유형

유형	설명	요소기술
SBC	• Server Based Computing • 애플리케이션이나 IT 정보 자원의 배포, 관리, 지원, 실행 등 모든 운영이 100% 서버에서 이루어지는 컴퓨팅 아키텍처	Thin Client, 터미널 서버 Application Server Server OS
VDI	• Virtual Desktop Infrastructure • 데스크톱 가상화를 가능하게 하는 서버 컴퓨팅 모델로 가상화 환경을 지원하는 데 필요한 하드웨어와 소프트웨어 시스템 • 개별 사용자마다의 가상 머신(VM)을 두어 여기에 각 운영 체제 및 Application을 모두 설치	Thin Client, RDP, Server Hypervisor, Virtual Machine
CCI	• Consolidated Client Infrastructure • 다양한 클라이언트 및 솔루션을 통합해서 제공해 주는 통합 시스템으로 블레이드 PC 또는 워크스테이션을 개인별로 할당하는 구조	Thin Client, RDP/RGS PC Blade, Server OS Session Allocation Manager

CHAPTER 04 기 타

나. H/W, S/W 측면의 분류

분류	유형	설명	사례
Software 가상화	OS Emulation	다른 OS 환경에서 구동되는 애플리케이션을 특정 OS 환경에서 구동될 수 있도록 해주는 기술	JVM
	Resource Management	단일 OS 환경에서 Process 또는 User들의 서버 리소스 사용량을 관리함으로써 다양한 Task들이 효율적으로 운용될 수 있도록 해주는 기술	PRM (Process Resource Manager)
	Virtual OS	하나의 서버에서 여러 개의 가상OS를 구축하여 Middle Range급 이하 서버군에 대한 Consolidattion이 가능	VMware, Virtual PC Virtual Machine
Hardware 가상화	Partitioning	서버 자원을 물리적 또는 논리적으로 분할하여 독립적인 여러 개의 서버로 분할이 가능하여 물리적인 여러 개의 서버를 하나의 High-end급 서버로 Consolidation이 가능	IBM LPAR HP vPARs/NPARs VMware ESX Server
SW+HW 가상화	Distributed Workload Management	다중 OS 환경에서 workload Manager가 OS들의 리소스 사용량을 관리함으로써 다수의 OS들이 다수의 서버 리소스들을 공유할 수 있게 해주는 기술	IBM bWLM HP gWLM

SECTION 02 도커(Docker)

> CHAPTER 04 기 타

핵심 요약(Key point summary)

1 애플리케이션 격리 가상화 솔루션 도커(Docker)의 개요

가. 도커의 정의

하이퍼바이저(Hypervisor) 없이 리눅스 컨테이너(Linux Container, LXC) 기술을 바탕으로 애플리케이션을 격리된 상태에서 실행하는 컨테이너 기반의 가상화 솔루션

나. 도커의 특징 및 장점

구분	설명
특징	■ 호스트 운영체제 공유방식 하이퍼바이저처럼 애플리케이션이 각각의 가상운영체제를 제공하는 것이 아니라 호스트의 운영체제를 공유, 필수자원만 독립적으로 사용 ■ 격리 애플리케이션이나 프로세스가 해당 컨테이너 안에서 샌드박스 처리되어 외부 요인에 영향받지 않고 안전하게 구동 ■ 자원의 효율적 활용 • 하이퍼바이저와 Guest OS를 사용하는 기존 VM방식에 비해 자원의 낭비가 적으며 가볍고 빠름 • Host 부하가 적고 집적도가 높으며 구동시간이 빠름
장점	■ 자유로운 개발환경 개발언어, 툴 상관없이 어떠한 애플리케이션도 만들 수 있음 ■ 이식성 다양한 환경으로 옮겨져 실행이 가능

2 도커 개념 및 구성요소

가. 도커의 개념

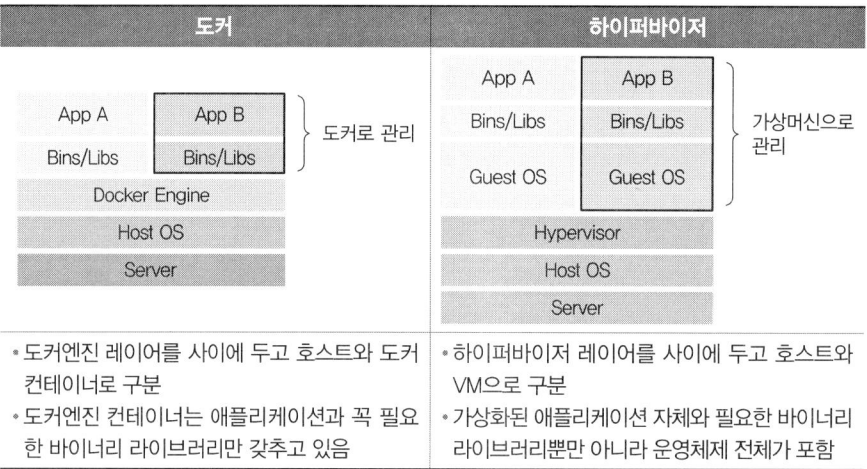

도커	하이퍼바이저
• 도커엔진 레이어를 사이에 두고 호스트와 도커 컨테이너로 구분 • 도커엔진 컨테이너는 애플리케이션과 꼭 필요한 바이너리 라이브러리만 갖추고 있음	• 하이퍼바이저 레이어를 사이에 두고 호스트와 VM으로 구분 • 가상화된 애플리케이션 자체와 필요한 바이너리 라이브러리뿐만 아니라 운영체제 전체가 포함

- 도커는 하이퍼바이저의 '자원의 비효율적 분배'라는 단점을 극복하는 한편, '애플리케이션 격리'라는 장점을 극대화하는 데 초점을 맞춤

- VM환경은 Hypervisor 위에 각각의 Guest OS가 구동되어야 하지만 컨테이너서비스는 Host OS 위에 Docker 엔진을 통하여 애플리케이션 관련 라이브러리의 가상화까지만 구현하여 VM 가상화보다 자원의 낭비 없이 훨씬 가볍게 돌아감

나. 도커의 구성요소

구성요소	설명
이미지	필요한 프로그램과 라이브러리, 소스를 설치한 뒤 파일로 만든 것
컨테이너	여러 개의 애플리케이션을 단일 호스트에서 구동하기 위한 개념으로, 이미지를 실행
LXC (Linux Container)	고유의 파일 시스템, 프로세스, 네트워크 공간을 가지며, 마치 가상 머신처럼 독립적이고 격리된 공간
도커 엔진	Docker 컨테이너를 실행하고 Command를 처리
도커 허브	Docker 컨테이너를 위한 Docker Image 저장소

3 컨테이너 서비스와 VM 비교

구분	컨테이너 서비스	VM
기반	Linux Host Kernel	Hypervisor
종류	Docker, LXC, rtk	KVM, VMware, Xen, Hyper-V
구동 소요 시간	즉각	OS 부팅 및 프로그램 로딩
시스템 Overhead	낮음	높음
성능	우위	Hypervisor로 인한 성능 저하
구동 애플리케이션 수	높음	낮음
이식성	매우 좋음	좋으나 크기 문제로 빠르지 않음
보안	Kernel 취약점 공유	컨테이너보다는 높은 수준
Host OS	Host OS에 종속적 Linux만 가능	Host OS와 관계없이 Guest OS 설치 Linux 및 Windows 가능
Kernel	동일 kernel 공유	다른 Kernel 사용 가능
관리 Tool	기능 미흡	VMware, Hyper-V 등 우수

SECTION 03 JVM

> **CHAPTER 04** 기 타

핵심 요약(Key point summary)

1 JVM(Java Virtual Machine)의 개요

가. JVM(Java Virtual Machine)의 정의
- 자바 바이트 코드를 실행할 수 있는 환경
- 메모리상에만 존재하는 가상 컴퓨터, 자바의 소스 코드를 컴파일하게 되면 바이트 코드로 변환되는데, JVM은 이러한 바이트 코드를 읽어서 실행할 수 있도록 해주는 가상의 실행 환경

나. JVM의 위치 및 역할

1) JVM의 위치

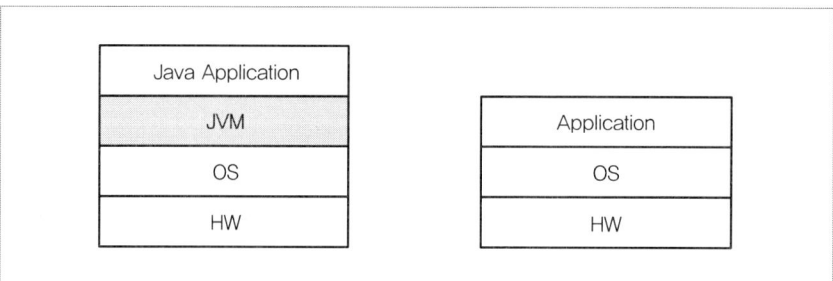

일반 애플리케이션은 OS와 바로 맞붙어 있기 때문에 OS 종속적이다. 그래서 다른 OS에서 실행시키기 위해서는 애플리케이션을 그 OS에 맞게 변경해야 한다. 반면에 Java 애플리케이션은 JVM하고만 상호작용을 하기 때문에 OS와 하드웨어에 독립적이라 다른 OS에서도 프로그램의 변경 없이 실행이 가능한 것이다. 단, JVM은 OS에 종속적이기 때문에 해당 OS에서 실행 가능한 JVM이 필요하다.

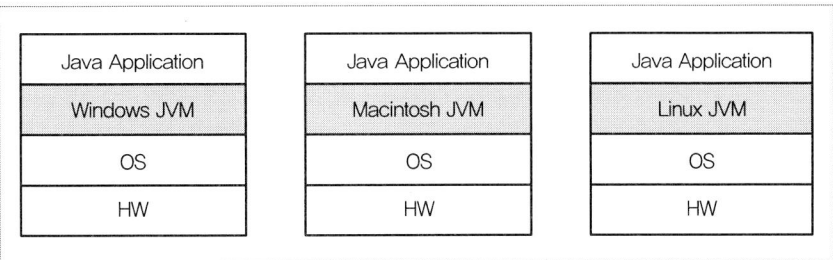

2) JVM의 역할

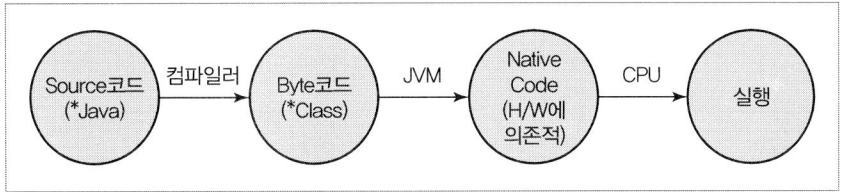

- 바이트 코드 실행을 위한 Interpreter(Byte Code 실행을 위한 가상 CPU 역할)
- 자동 GC(Garbage Collection) : 더 이상 사용하지 않는 메모리 영역을 시스템 자원으로 돌려 주는 역할 수행

2 JVM의 구성 및 구성 요소

가. JVM의 구성도

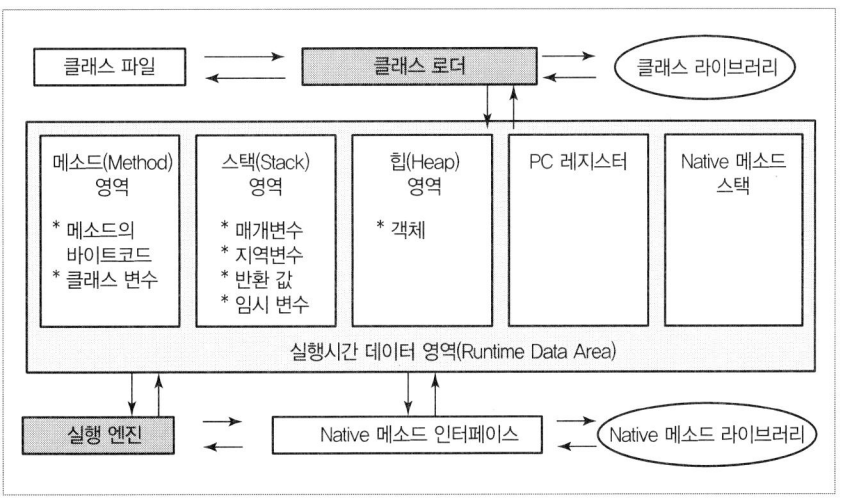

나. JVM의 구성 요소

대구분		설명
클래스 로더		JVM이 수행할 클래스를 찾아서 클래스의 바이너리 데이터를 메모리에 적재. 이때 클래스를 검증(verification), 클래스 변수를 위한 메모리를 초기화해서 기본 값으로 할당(preparation), 클래스의 참조를 직접참조로 변환(resolution) 한다. 즉, class 파일을 실행할 준비단계라고 생각하면 된다.
실행시간 데이터 영역		클래스 로더에서 준비해서 여기서 이제 수행하면서 쓸 데이터들을 보관한다. 보관소는 5개다.
	메소드 영역 (method area)	프로그램이 수행되는 동안 클래스의 정보를 참조하는 곳 저장되는 것은 로딩된 클래스의 정보, 멤버변수 정보, 메소드 정보, static 변수(클래스 변수) 등이 저장됨 이 영역은 JVM에서 실행되고 있는 모든 스레드(프로그램)에 의해 공유된다. JVM은 여러 개의 스레드가 메소드를 정상적으로 사용하기 위한 동기화(synchronization) 기법을 제공한다.
	힙 영역 (heap area)	프로그램 상에서 데이터를 저장하기 동적으로(실행시간에) 할당하여 쓸 수 있는 메모리 영역 자바 프로그램은 프로그램 실행 중 new 연산자를 사용하여 객체를 동적으로 생성 이러한 객체나 배열을 저장한다. 이 영역도 유일한 공간이므로 여러 스레드가 공유한다. 더더욱 이 영역은 메모리 해제를 할 수 없다. 오로지 GC만이 해제 가능하다. 즉 GC가 메모리를 정리하는 영역이 힙영역이다.
	스택 영역 (stack area)	메소드가 호출될 때마다 스택 프레임이라는 데이터 영역이 생성되며, 이것이 쌓여 스택을 구성한다. 수행되는 메소드 정보, 로컬변수, 매개변수, 연산 중 발생하는 임시데이터 등이 저장된다. 위와 같은 변수들은 해당 메소드가 수행되는 동안 필요로 되며 메소드의 수행이 끝나면 필요 없게 된다. 즉 메소드가 호출될 때 필요로 되는 변수들을 스택에 저장하고, 메소드 실행이 끝나면 스택을 반환한다. JVM은 이러한 스택 영역을 실행 중인 프로그램(스레드)에 따라 각각 구성하게 된다. LIFO(last-in-first-out) 각 메소드를 위한 메모리상의 작업공간은 서로 구별되며(프레임), 언제나 호출스택의 제일 위에 있는 메소드가 현재 실행 중인 메소드 아래에 있는 메소드가 바로 위의 메소드를 호출한 메소드가 된다.
	Native 메소드 스택	자바 언어가 아닌 기존의 다른 언어에서 제공되는 메소드를 의미한다. 다른 언어 메소드의 매개변수, 지역변수 등을 저장한다.
	PC 레지스터 (register)	스레드가 시작할 때 생성되어 JVM이 현재 수행할 명령어의 주소를 저장한다.
실행엔진		적재된 클래스의 메소드 내의 명령, 즉 바이트 코드를 인터프리트하여 수행한다.

JVM의 주요한 역할 중 하나인 GC(Gabage Collection)에 대해 알아보자.

1. JVM의 메모리 자원 자동수급 기능, GC의 개요

가. GC(Garbage Collection)의 정의
- 자바VM 환경에서 가용할 메모리 자원을 확보하기 위해 사용하지 않는 메모리 공간을 수거하는 활동
- JAVA Application에서 사용하지 않은 메모리를 자동으로 수거하는 기능
- 전통적인 언어인 C에서의 malloc, free 등을 이용하여 메모리를 할당 및 수거기능을 자동화

나. GC 처리의 중요한 의미
- 개발자의 메모리 관리부담 해소
- VM이 자동적으로 메모리 자원을 수급
- 소스코드의 가독성(메모리 관리 소스라인의 감소) 및 유지보수성의 향상, 즉 생산성과 품질이 향상됨

2. GC를 위한 메모리 구조 및 동작 메커니즘

가. GC를 위한 메모리 구조

구조
New/Young | Old | Perm
Eden | SS1 | SS2 | |
Used in Application → | JVM
← Total Heap Size →

- Java Application 동작시 오래 유지되는 객체와 그렇지 않은 객체를 보관
- 두 가지 영역(Young, Old)으로 메모리를 나누어 GC의 효율화를 보장함

나. GC 동작 메커니즘

구분	설명
Minor GC 동작	• New/Young 영역의 Garbage Collection 처리, Copy & Scavenge 알고리즘 • 매우 속도가 빠르며 작은 크기의 메모리를 Collecting 하는 데 매우 효과적 **예** Copy & Scavenge 1. Eden에서 Alive된 객체를 Suvivor1으로 이동, Eden 영역을 Clear 2. Eden 영역과 Suvivor1 영역에 Alive된 객체를 Survivor2에 복사, Eden 영역과 Survivor1 영역을 Clear 3. 같은 원리로 Eden과 Survivor2영역에 Alive된 객체를 Survivor1에 복사, Eden 영역과 Survivor2 영역 Clear 4. 위 방법을 반복적으로 수행, 이때 오래된 객체를 Old 영역으로 이동시킴

● CHAPTER 04 기 타

Full GC
동작
	• Old 영역의 Garbage Collection 처리, Mark & Compact 알고리즘 사용
	• 객체 사용 유무를 Markup하고, Markup된 객체를 삭제
	• 순간적으로 App 멈춤현상 발생으로 시간이 걸리기 때문에 Application성능 및 안정성에 영향을 줌
	• 예 Mark & Compact
	  1. 전체 객체들의 Reference를 따라가면서 Reference가 연결되지 않은 객체를 Mark
	  2. Mark된 객체를 삭제

3. GC의 주요 알고리즘

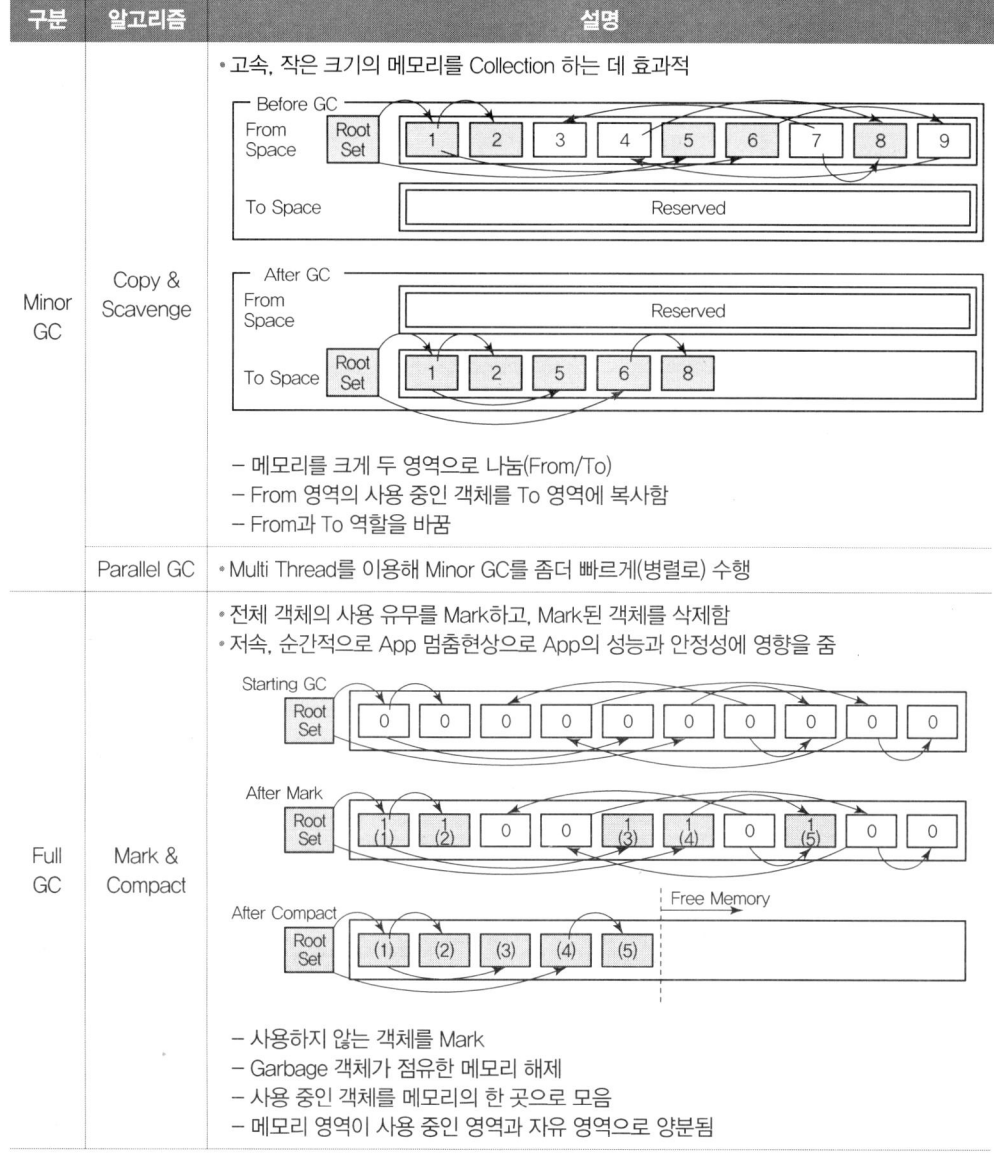

Full GC	Concurrent GC	Full GC 수행시 시스템 멈춤(Pause)현상 최소화 일부 GC는 App가 동작하는 단계에서 수행하고, 최소한만 App를 멈추고 수행함
Other	Incremental GC (Train GC)	Minor GC 수행시 Full GC영역을 조금씩 수행 Full GC 횟수와 시간을 줄이는 방법

- 현재 다양한 알고리즘이 존재하고 지속적으로 개발되고 있음
- Application의 형태(Client/Server, Long/Short 등)나 H/W Spec(CPU수, Hyper Threading 지원 여부)에 따라 충분한 테스트를 거쳐 적합한 GC 알고리즘을 선택하는 것이 Application의 성능을 향상시킬 수 있는 방법 중 하나임

4. GC 동작 메커니즘

알고리즘	설명
Minor GC	• New/Young 영역의 Garbage Collection, Copy & Scavenge 알고리즘 • 매우 속도가 빠르며 작은 크기의 메모리를 Collecting하는 데 매우 효과적

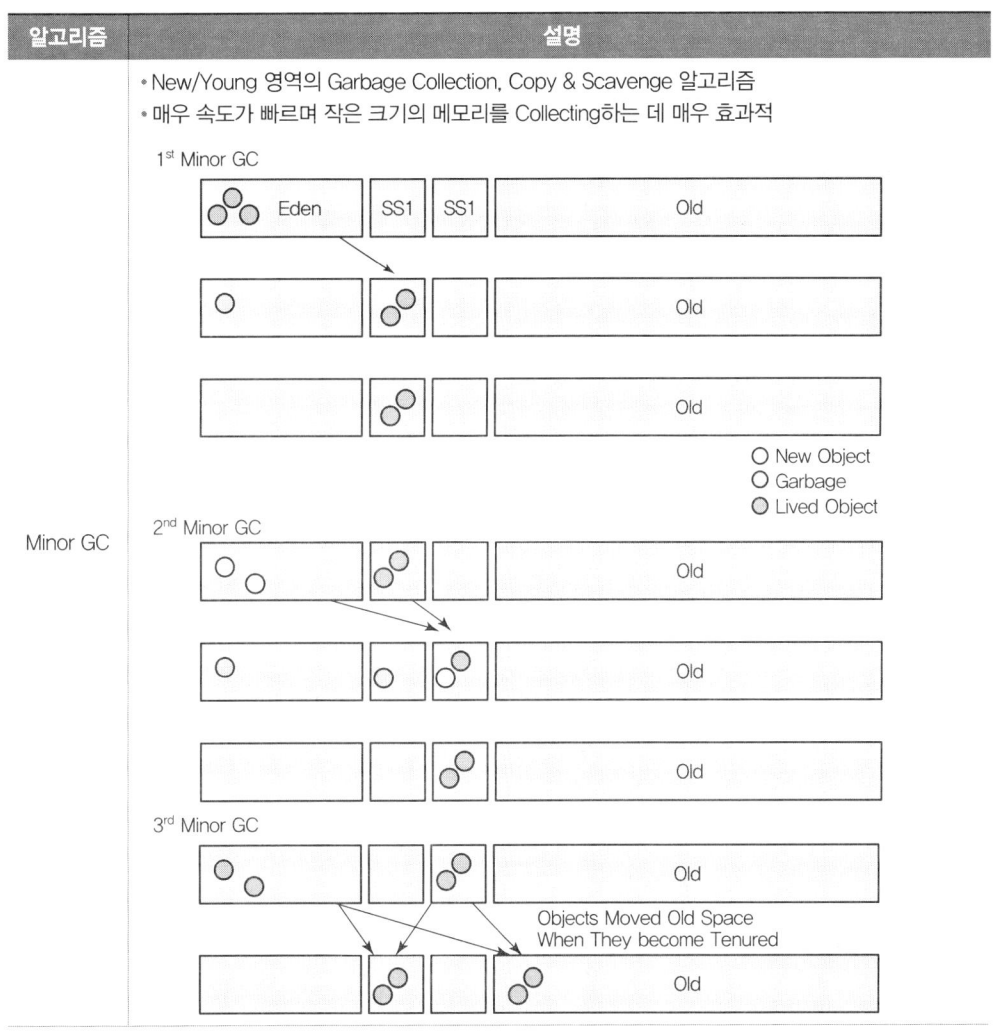

CHAPTER 04 기 타

Full GC
- Old 영역의 Garbage Collection
- Mark & Compact 알고리즘 사용
- 시간이 걸리기 때문에 Application 성능 및 안정성에 영향을 줌

| Eden | SS1 | SS2 | ○○○○○○ |

Mark The Objects to be Removed

| Eden | SS1 | SS2 | ○○○○○○ |

Compact The Objects to be Removed

| Eden | SS1 | SS2 | ○○○ |

SECTION 04 하둡(Hadoop)

CHAPTER 04 기 타

핵심 요약(Key point summary)

1 하둡(Hadoop)의 개요

가. 하둡의 정의

데이터 처리와 저장소 역할을 하는 여러 컴퓨터에 대용량 데이터를 분산 저장 및 분산처리하는 오픈 소스 소프트웨어(OSS) 프레임워크

나. 하둡의 필요성

- SNS 및 M2M 등을 통해 폭증하는 Data를 관리하기에는 기존의 아키텍처로는 한계가 있음
- Big Data 관리 및 처리를 위해 유연하고 확장성을 갖춘 아키텍처 필요
- Cloud 서비스 활성화 및 보편화에 따라 이를 지원하기 위한 구조 필요

2 하둡의 구성요소

가. 하둡의 구성도

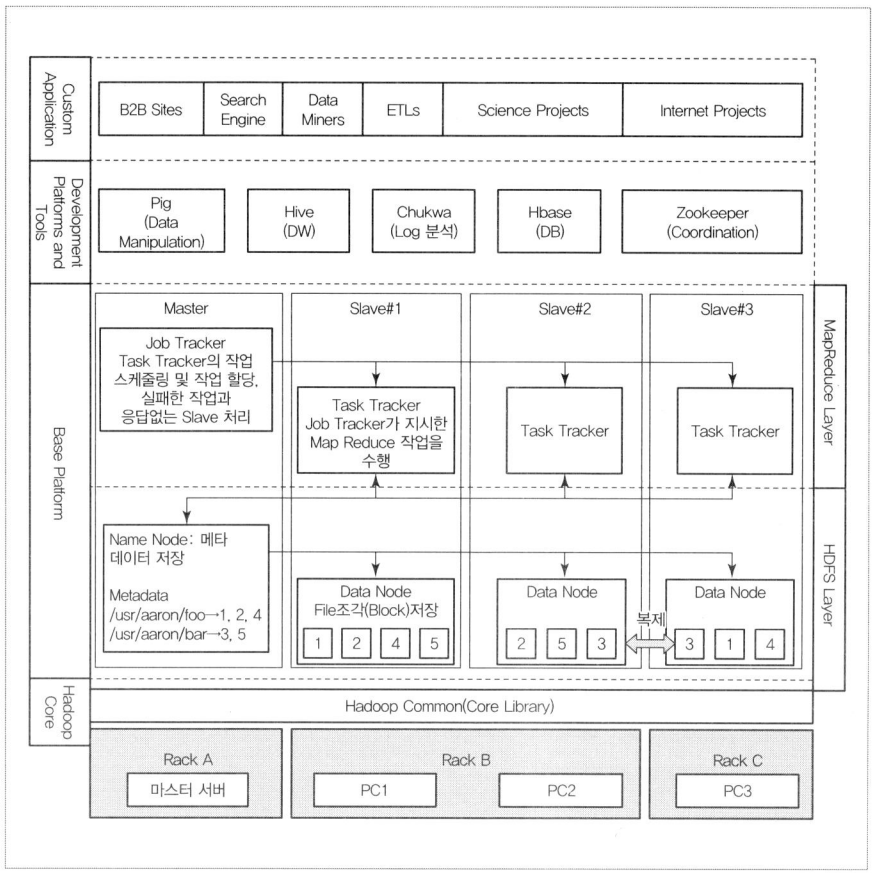

나. 하둡의 구성요소

주요 기술	설명
Hadoop Common	Hadoop 구성요소를 위한 공통 유틸리티 이 부분에는 PC Level 급의 저렴한 서버들로 구성되어 있어 고가가 아닌 저가의 기기를 통해 확장성을 제공하면서 비용 측면에서 이득이 있음

Map Reduce	대용량 데이터 세트를 처리하거나 생성하기 위한 프로그래밍 모델 Map Phase : 각 데이터를 한 줄씩 읽어서 키와 벨류로 묶어줌 Reduce Phase : Map Phase에서 데이터를 받아 합치고 정리함 	구성요소	설명
Job Tracker	분산 환경에서 작업을 분산시키는 스케줄 작업(master : Task Tracker에 작업 할당)
Task Tracker	Data Node에서 Map-Reduce 역할을 수행(slave : 할당받은 작업을 처리함)	
HDFS (Hadoop Distributed File System)	범용하드웨어로 구성된 클러스터에서 실행되고 데이터 액세스 패턴을 스트리밍 방식으로 지원하여 매우 커다란 파일들을 저장할 수 있도록 설계된 파일 시스템 ■ 매우 커다란 파일 – 페타바이트의 데이터 ■ 스트리밍 방식, 데이터 액세스 – 한 번 쓰고 여러 번 읽는 구조 • HDFS와 잘 맞지 않는 응용 분야 ■ 빠른 응답시간의 데이터 액세스 ■ 많은 수의 작은 파일 ■ 다중 라이터, 임의의 파일 수정 	구성요소	설명
Name Node	• 파일 시스템의 Metadata(디렉토리 구조, Access 권한 등)을 관리하는 서버 • 블록에 대한 배치정보를 관리하여, 특정 파일이 어떻게 블록으로 분할되어 어느 Data Node에 보관 유지되고 있는지를 관리
Data Node	• 실제 데이터를 저장 유지하는 서버 • 파일을 블록단위로 나누어 저장하며, 고정 사이즈 분할 단위는 64MB 또는 128MB • Data Node 간에는 데이터 복제를 통해 데이터의 신뢰성을 유지함
Secondary Name Node	• Name Node의 Metadata 로드 실패시 Backup Node로 사용 • Name Node에서 Secondary Name Node로 copy가 지속적으로 일어나게 됨	
개발 플랫폼과 Tool		구분	설명
HBase	확장 가능하고, 분산된 데이터베이스를 Hadoop Core 위에 제공함
PIG	대규모 데이터 세트를 탐색하기 위한 프레임워크로, 스크립트를 통해서 맵리듀스 기능을 수행하는 환경 제공
Hive	HDFS에 저장된 데이터를 관리할 수 있도록 쿼리를 제공하는 데이터 웨어하우스 프로젝트
Chukwa	분산 환경에서의 로그 수집 및 저장을 위한 오픈 소스 프로젝트	

CHAPTER 04 기 타

개발 플랫폼과 Tool	Zookeeper	• 하둡의 분산 상호조정 서비스를 이용 분산 응용프로그램들을 구축 • 단순성, 다양성, 고가용성, 느슨한 연결구조(Loosely Coupled) • 일반적인 상호조적 패턴에 대한 구현물과 구현방법을 공유 저장소에 오픈소스로 제공하는 라이브러리
	Avro	Data Serialization 시스템
	Cassandra	Single points of failure가 없는 확장 가능한 multi-master DB

- Job Tracker와 Task Tracker는 각각 Name Node와 Data Node를 이용해 Map-Reduce 역할 수행

3 하둡의 핵심 Data 처리 기술 Map-Reduce의 Data 처리 프로세스

- Map-Reduce는 클러스터 내에서 노드의 지역 스토리지를 통해 데이터를 배포하고 분산 파일 시스템을 통해 복잡한 스토리지 관리를 처리하도록 하는 분산컴퓨팅 플랫폼의 주요 구성요소임
- 분할정복은 대용량 데이터 문제를 다루기 위한 접근방법, 큰 문제를 작은 하위문제로 분할하여 해결

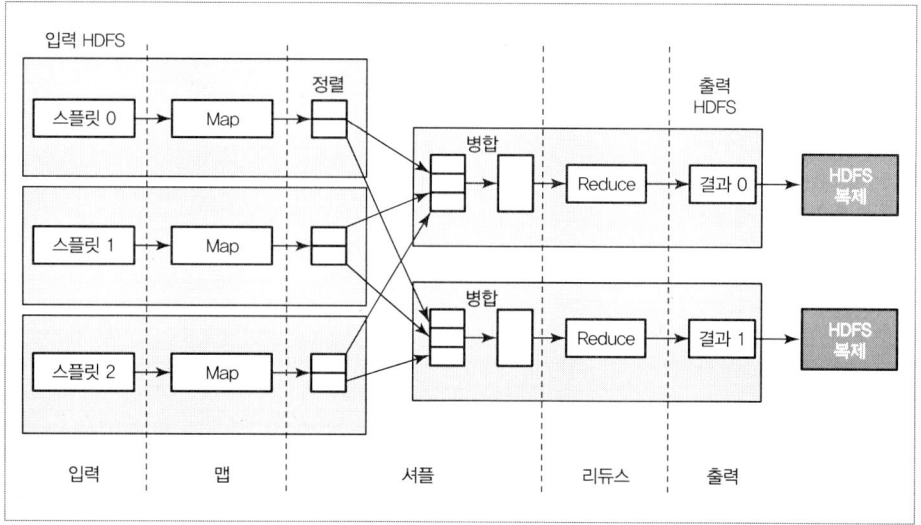

단계	내용
Split	입력데이터를 Split 단위로 쪼개어 각 split마다 하나의 Map task가 할당
Map	• map task는 각각의 split데이터를 record 단위로 읽어서 처리 　- 그 결과를 (key, value) 쌍으로 만들어 같은 key끼리 정렬하여 로컬에 저장
Partition	• 같은 key끼리 모은 데이터는 같은 reduce task에서 처리할 데이터끼리 모음 　- 같은 reduce task에서 처리할 데이터끼리 묶은 것을 partition이라고 함
Shuffle & sort	• Reduce task에서 자신이 담당하는 partition 데이터를 가져옴(shuffle) • Shuffle된 데이터를 병합하고 정렬(sort)
Reduce	정렬이 끝난 데이터는 (Key,Value list) 쌍으로 묶어서 Reduce task에서 처리
Output	• Reduce 작업까지 끝난 최종 결과는 분산파일시스템 내에 있는 사용자가 지정한 결과 디렉토리에 저장

SECTION 05 하둡 2.0(Hadoop 2.0)

> CHAPTER 04 기 타

핵심 요약(Key point summary)

1 하둡 2.0(Hadoop 2.0)의 개요

가. 하둡 2.0의 정의

기존 하둡이 갖는 리소스 관리의 비효율성을 개선하고 얀(YARN) 기반 Scheduling, 자원관리, 다양한 종류의 분산환경을 지원하는 차세대 하둡 플랫폼 기술

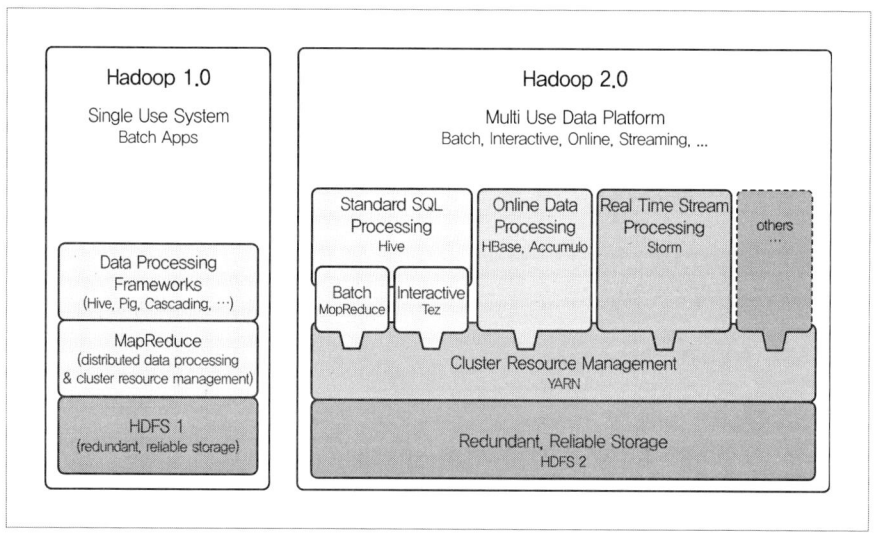

하둡 2.0의 가장 큰 변화는 얀(YARN)의 등장이다.

나. 하둡 2.0 구성

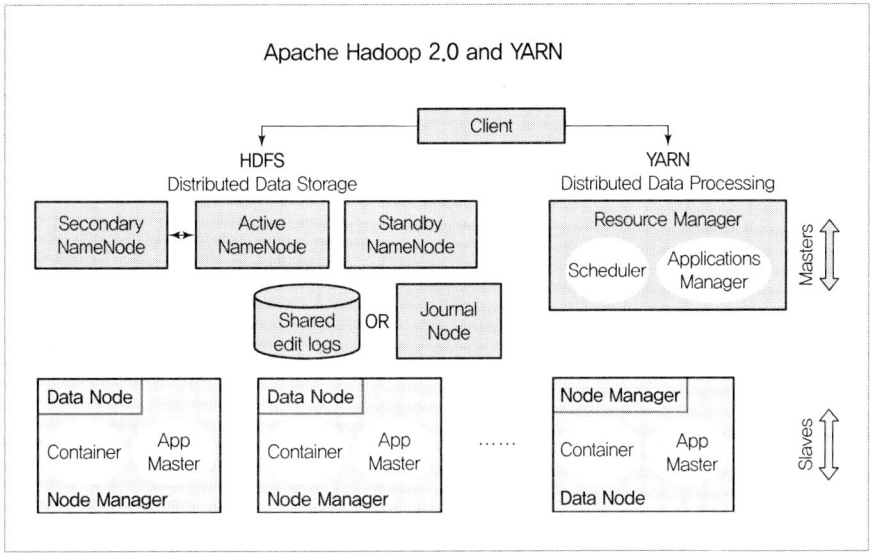

- HDFS와 YARN, Master, Slave 구조
- 클러스터마다 존재한 리소스 매니저는 전반의 자원관리와 태스크들의 스케줄링 담당
- 노드당 한 개씩 존재하는 노드매니저는 해당 콘테이너의 리소스 사용량을 모니터링하고 관련 정보를 리소스 매니저에게 알리는 역할

다. 하둡 2.0의 특징

특징	설명
YARN	• Yet Another Resource Negotiator • MapReduce 2.0(Yarn)을 통해 HDFS에서 multiple search가 가능한 환경을 구성
잡트래커 분리	• Resource Manager와 Application master로 분리 • 상호 작용, 다중성, 동시성 향상

2 얀(YARN)

가. 얀 아키텍처(YARN Architecture)

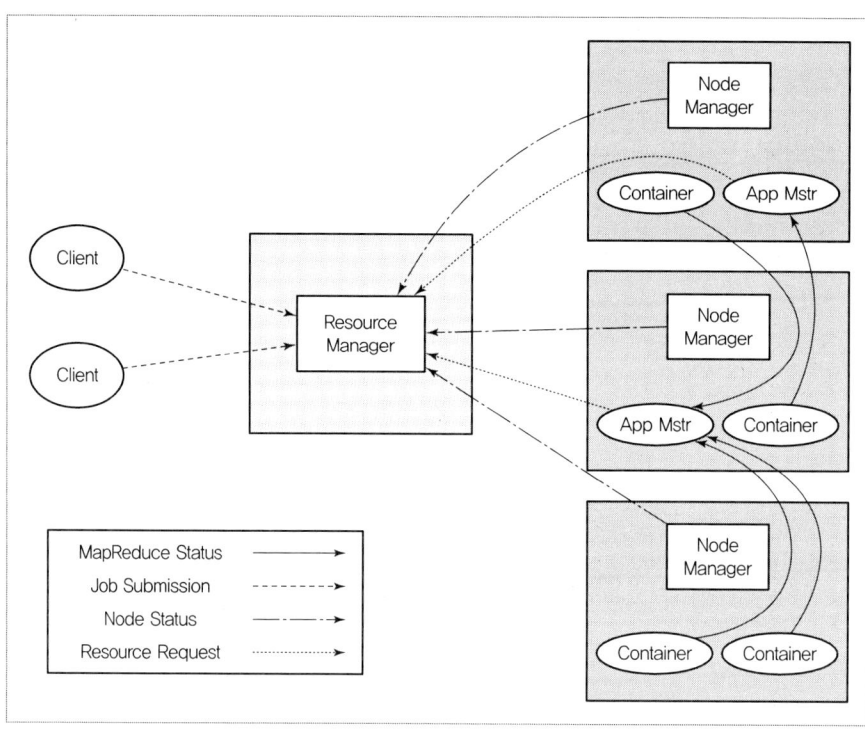

컴포넌트	내용

Resource Manager (RM)	• 시스템의 자원에 대해 경쟁하는 애플리케이션들의 중재 역할
	• 용량, SLA 등 다양한 제약조건에 대해 클러스터 활용 최적화
	• 기본적으로 스케줄러의 역할 수행하며, 아래 3가지로 구성됨
	  – 스케줄러 : Node Manager들의 자원상태를 관리하며 부족한 리소스 배정
	  – Application Manager : Node Manager에서 특정 작업을 위해서 Application Master를 실행하고, Application Master의 상태를 관리
	  – Resource Tracker : Container가 구동 중인지 확인하기 위해서, Application Master 재시도 최대 횟수, Node Manager가 중지된 것으로 간주될 때까지 얼마나 기다려야 하는지 등과 같은 설정 정보 보관

Node manager (NM)	• 노드당 한개씩 존재 • 해당 Container의 리소스 사용량을 모니터링하고, 관련 정보를 Resource Manager에게 알리는 역할을 담당하며, 아래 2가지로 구성됨 – Application Master : 하나의 프로그램에 대한 마스터 역할을 수행하며, Scheduler로부터 적절한 Container를 할당받고, 프로그램 실행 상태를 모니터링하고 관리한다.

- Container : CPU, 디스크(Disk), 메모리(Memory) 등과 같은 속성으로 정의된다. 이 속성은 그래프 처리(Graph processing)와 MPI와 같은 여러 응용 프로그램을 지원하는 데 도움이 된다.

나. 얀(YARN)의 등장배경

배경	설명
맵리듀스의 단일 고장점	• Single Point of Failure(SPOF) • 잡트래커는 모든 잡의 실행을 요청받고 전체 잡의 스케줄링과 리소스 관리를 담당함 • 잡트래커의 장애 시 맵리듀스의 잡 실행이 불가능함
잡트래커의 메모리 이슈	• 잡트래커는 메모리상에 전체 잡의 실행정보를 유지하고 맵리듀스 잡 관리에 활용 • 이런 이유로 잡트래커도 많은 메모리를 필요로 하게 됨 • 잡트래커의 많은 메모리 사용으로 만일 메모리가 부족하다면 잡의 상태를 모니터링할 수 없고 또한 잡의 실행을 요청할 수도 없음 • 이 또한 잡트래커가 맵리듀스의 SPOF가 되었음
맵리듀스의 리소스 관리 방식	• 맵리듀스는 슬롯이라는 개념으로 클러스터에서 실행할 수 있는 태스크 개수 관리 • 슬롯은 맵 슬롯과 리듀스 슬롯으로 구분됨 • 설정한 맵 슬롯과 리듀스 슬롯을 모두 사용하고 있을 때는 문제 되지 않음 • 실행 중인 잡이 둘 중 하나만 사용한다면 다른 슬롯은 잉여 자원이 되어 낭비됨

3 하둡 1.0 맵리듀스와 하둡 2.0 얀(YARN) 비교

구분	Map/Reduce	YARN
역할	리소스 관리 및 애플리케이션 생명주기 모두 한 잡 트래커가 관리	리소스관리자와 애플리케이션 마스터가 각각의 역할 수행
확장성	타 애플리케이션 플러그인 불가	YARN API를 이용하여 다양한 솔루션을 YARN에서 동작하는 애플리케이션으로 개발, 플러그인 가능
기능	• Web • REST • HDFS	• HDFS HA (고가용성) • HDFS Federation(연합) • HDFS 스냅샷 • HDFS NFSv3 지원
고가용성 (High Availability)	NameNode는 SPOF(Single Point Of Failure, 단일 고장점)	고가용 공유 스토리지를 활용한 NameNode 이중화(Active-Standby)
연합 (Federation)	• 단일 NameNode로 구성 • 단일 Namespace	• 다중 NameNode로 구성 • NameNode별 Namespace 관리

SECTION 06 스파크(Spark)

CHAPTER 04 기 타

핵심 요약(Key point summary)

1 아파치 스파크(Apache Spark) 개요

가. 아파치 스파크(Apache Spark)의 정의

- 하둡의 맵리듀스 작업에서 성능의 병목현상으로 지목되던 디스크 I/O 비용을 효율화하고 데이터 분석 작업에 용이한 인메모리 컴퓨팅 기반의 데이터 분산 처리 시스템
- 메모리 하둡이라고도 불리며 기존의 하둡이 맵리듀스 작업을 디스크 기반으로 수행하기 때문에 느려지는 성능을 메모리 기반으로 옮겨서 고속화하고자 하는 목적으로 고안

나. 스파크의 특징

특징	설명
HDFS	스파크는 하둡의 파일시스템을 사용함
통합플랫폼	하나의 플랫폼에서 배치/스트림/머신러닝/시각화 등 다양한 처리
RDD단위	RDD단위로 데이터 연산을 수행, 대용량 데이터를 처리

2 스파크 스택(Spark Stack) 구조 및 기술요소

가. 스파크 스택 구조

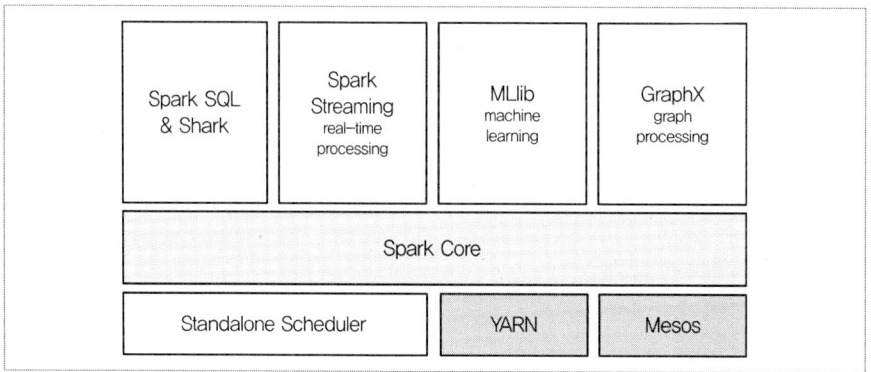

구분	구성요소	설명
Library	Spark SQL & Shark	빅데이터를 사용하기 편하게 하기 위해 SQL로 핸들링
	Spark Streaming	실시간으로 들어오는 데이터에 대한 스트리밍 처리 모듈
	MLib	머신러닝 처리
	GraphX	분석 데이터의 그래프 처리 등 데이터 시각화
Core	Spark Core	인메모리 기반 분산 클러스터 컴퓨팅 환경 제공
Infra	Stand Alone	Spark가 독립적으로 기동할 수 있는 구조
	YARN	하둡 2.0에서 확장성 및 안전성 해결을 위한 플랫폼
	Mesos	컨테이너 기반 Docker 가상화 플랫폼

나. 스파크의 기술요소

기술	내용	세부기술
RDD (Resilient distributed database)	• 데이터집합 추상화, 하나의 객체로 표현 • 여러 서버에 분산되어 다수의 파티션으로 관리 • 노드의 장애에 대한 내구성	• 이뮤터블 데이터 구조(immutable) • DAG로 표현
RDD연산자	• 데이터 처리 단위인 RDD에 대한 다양한 병렬 데이터 처리 연산을 지원하기 위한 연산자 제공 • 데이터 세트 기본 연산자 : join, union, sort, filter • 맵리듀스 : map, flatmap	병렬데이터 처리 연산자
인터프리터	• 스칼라셸을 제공하여 사용자와 대화형으로 데이터를 조작할 수 있다 -자바의 JVM으로 컴파일되어 클래스로 변환 • 하둡 연동 및 코드 추적 용이	• 스칼라 • 자바 • 파이선
작업스케줄링	• 사용자의 작업은 스파크에서 데이터 처리 단위인 RDD가 변환되는 과정을 그래프로 표현하고, 실행 단계를 구성하여 스케줄링됨 • 연산 실패 시 복구를 위해 HDFS 저장 후 연산	대부분 서버의 인메모리 동작

CHAPTER 04 기 타

3 스파크와 하둡의 성능

가. 반복횟수에 따른 성능 차이

- 기계학습의 애플리케이션 로지스틱 회귀 분석 알고리즘 수행 시 최대 10배까지 성능 차이 발생

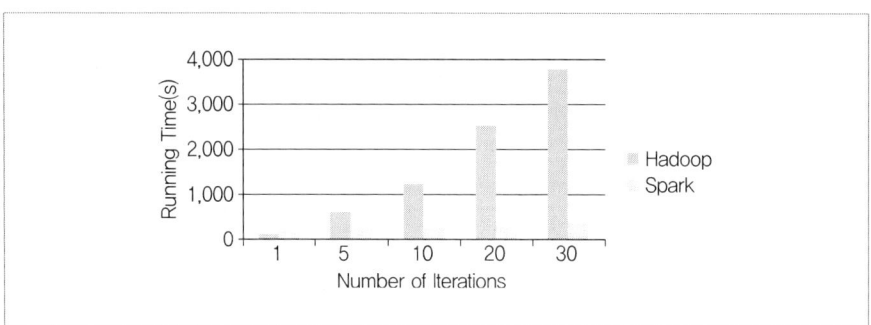

- 스파크가 최대 10배 빠른 처리(인메모리 컴퓨팅 기반으로 속도가 빠름)

SECTION 07 스톰(Storm)

CHAPTER 04 기 타

핵심 요약(Key point summary)

1 아파치 스톰(Apache Storm)의 개요

가. 아파치 스톰의 정의
- 데이터의 일괄 처리를 위해 개발된 하둡과 달리, 데이터의 실시간 처리를 위해 개발된 범용 분산 환경 기반 실시간 데이터 처리시스템
- 빠른 데이터 처리 속도, 확장성, 내고장성, 신뢰성, 낮은 운용 난도와 같은 장점을 가짐

나. 스톰의 특징

특징	설명
대용량 데이터	30테라 바이트 이상의 데이터를 실시간으로 복합 분석하는 플랫폼
프로그래밍 독립적	JVM의 바이트 코드를 직접 컴파일하는 clojure로 개발되어 사용자는 프로그래밍 언어의 종류에 종속되지 않고 데이터 처리 모델 구성 가능
무정지 상태	• 스트리밍 데이터는 생성된 후, 데이터 처리엔진으로 입력되기까지의 시간이 짧음 • 스트리밍 데이터 처리 엔진은 무정지 상태로 동작
고성능	한 개의 노드에서 초당 100만 개 메시지 처리 가능

2 스톰 아키텍처 및 구성요소

가. 스톰 아키텍처

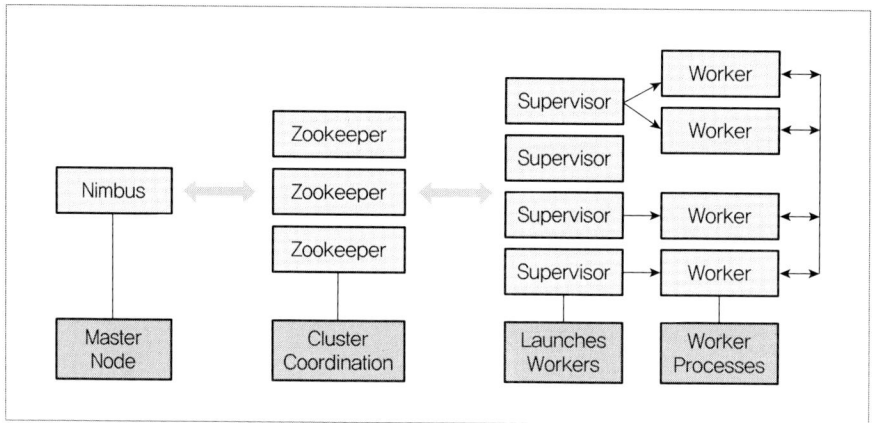

스톰 아키텍처는 마스터 노드인 님버스, 슬레이브 노드를 관리하는 슈퍼바이저, 작업을 처리하는 워커, 노드 간 통신 및 작업 상태를 관리하는 분산 코디네이터인 주키퍼로 구성

나. 스톰의 구성요소

특징	설명
Nimbus	• Master Node, MapReduce에서 작업을 분배하는 Job Tracker와 같은 개념 • Worker에 상주하는 Supervisor에 작업을 분배하고 노드 간의 통신 및 작업의 상태 관리 • 토폴로지 정의 및 현재 활용 가능한 슈퍼바이저의 현황을 파악
Supervisor	• Slave Node의 데몬으로 님버스에서 할당받은 작업을 처리 • 각 Worker는 로컬 노드에 의해 관리됨 • 노드의 성능에 따라 하나 이상의 Worker가 독립적으로 Supervisor의 하위로 실행
ZooKeeper	• 작업을 처리하는 Worker, 노드 간 통신 및 작업 상태 관리, 분산 코디네이터 • 클러스터 설정과 상태를 저장하며, 님버스와 슈퍼바이저는 주키퍼를 통해 작업 진행 상황 및 클러스터 상태 등의 정보를 제공받음
Worker	클러스터 설정과 상태를 저장하며, 님버스와 슈퍼바이저는 주키퍼를 통해 작업 진행 상황 및 클러스터 상태 등의 정보를 제공받음

3 빅데이터 분산 시스템 비교 분석

기능	하둡	스파크	스톰
데이터 처리 방법	일괄 처리	일괄 처리	실시간 스트리밍 처리
업데이트 단위	레코드	파일 또는 테이블	스트림(듀플)
컴퓨팅 환경	디스크 기반	인메모리 기반	인메모리 기반
반복연산	Weak	Strong	Medium
주 프로그래밍 언어	Java	Scala	Clojure
SQL 지원 여부	연관 프로젝트 Tajo에서 지원	Spark SQL에서 지원	관련 없음
추천환경	데이터 대비 작업 복잡도가 크지 않고 작업의 중간 단계에서 데이터 교환이 많은 시스템에 적합	반할된 데이터에 대해 반복 또는 많은 연산 작업이 발생하고, 데이터 간 교환이 적은 시스템에 적합	사용자 질의에 대한 응답시간이 짧고, 동일한 데이터에 대하여 다양한 질의 형태가 존재하는 시스템에 적합

컴퓨터구조 및 운영체제 해설

초 판 발 행	2014년 1월 15일
개정1판1쇄	2018년 4월 5일
저　　　자	최종언
발 행 인	정용수
발 행 처	예문사
주　　　소	경기도 파주시 직지길 460(출판도시) 도서출판 예문사
T E L	031) 955-0550
F A X	031) 955-0660
등 록 번 호	11-76호

정가 : 22,000원

- 이 책의 어느 부분도 저작권자나 발행인의 승인 없이 무단 복제 하여 이용할 수 없습니다.
- 파본 및 낙장은 구입하신 서점에서 교환하여 드립니다.

http://www.yeamoonsa.com

ISBN 978-89-274-2689-9　13000

이 도서의 국립중앙도서관 출판예정도서목록(CIP)은 서지정보유통지원시스템 홈페이지 (http://seoji.nl.go.kr)와 국가자료공동목록시스템(http://www.nl.go.kr/kolisnet)에서 이용하실 수 있습니다. (CIP제어번호 : CIP2018009319)